Freya Stephan-Kühn
Was in den Höhlen begann . . .

Was in den Höhlen begann ...

Die Geschichte Europas
in Geschichten

erzählt von
Freya Stephan-Kühn

Arena

Die Deutsche Bibliothek – CIP-Einheitsaufnahme

Stephan-Kühn, Freya:
Was in den Höhlen begann . . . :
die Geschichte Europas in Geschichten /
erzählt von Freya Stephan-Kühn.
- 1. Aufl. - Würzburg: Arena, 1992
ISBN 3-401-04411-7

1. Auflage 1992

Schutzumschlag: Stefan Hulbe
Innenillustrationen: Daniela Räss
Lektorat: Stefan Wendel
Gesamtherstellung: Chemnitzer Verlag und Druck GmbH
Grafische Werke Zwickau
ISBN 3-401-04411-7

Inhalt

ALS EUROPA NOCH IN HÖHLEN WOHNTE

Eigentlich sollte man ja am Anfang anfangen. Aber dieses Buch fängt an, als Europa fast am Ende war, nämlich am Donnerstag, dem 12. September 1940.

Europa befand sich im Krieg, seitdem am 1. September 1939 deutsche Truppen in Polen einmarschiert waren. Zwei Tage später hatten England und Frankreich Deutschland den Krieg erklärt, der als der 2. Weltkrieg in die Geschichte eingehen und zur Folge haben sollte, daß West- und Osteuropa für über vierzig Jahre durch einen »eisernen Vorhang« getrennt wurden. Viel Leid schon hatte der Krieg in einem Jahr über Europa gebracht, aber wohl kaum jemand wußte, welche Schrecken noch bevorstanden. Noch jubelten viele Menschen in Deutschland dem Diktator Adolf Hitler zu, der am 10. Mai 1940 den Befehl zum Angriff im Westen gegeben hatte. Gegen das Völkerrecht waren deutsche Truppen durch die Niederlande, Belgien und Luxemburg marschiert, obwohl diese Länder sich für neutral erklärt hatten. Sechs Wochen später schien Frankreich besiegt, waren Nordfrankreich und die gesamte Atlantikküste von deutschen Truppen besetzt.

Wie die meisten Franzosen, waren auch der 18jährige Marcel Ravidat und seine drei Freunde Jacques Marsal, Simon Coencas, beide 15, und Georges Agnel, 16, traurig und wütend darüber, daß ein so großer Teil ihres Landes von einer fremden Macht beherrscht wurde. Aber in dem kleinen Städtchen Montignac in der Dordogne, das zum unbesetzten Teil Frankreichs gehörte, waren die Deutschen fern, und auch an den Krieg mochte man nicht jeden Tag denken. Gefragt war bei den Jungen in diesen Tagen alles, was Abwechslung und Abenteuer versprach.

Und da gab es in der Nähe der Stadt jenes seltsame Loch im Wald, das entstanden war, als ein Baum umgestürzt war. Wohl dreißig Jahre mochte das her sein, aber so recht gekümmert hatte sich noch niemand darum. Nur eine alte Frau, die hier einmal einen toten Esel vergraben hatte, gab vor, mehr zu wissen. Von hier, so pflegte sie geheimnisvoll zu erzählen, führe ein Geheimgang zu dem benachbarten Schlößchen von Lascaux. Aber geglaubt hatte ihr das so recht wohl niemand, bis Marcel Ravidat von der Geschichte erfuhr. Seine drei Freunde waren Feuer und Flamme, als er ihnen vorschlug, der Sache auf den Grund zu gehen. Man verabredete sich für Donnerstag, den 12. September 1941.

Nun standen die Jungen, mit einer Lampe und einem Seil bewaffnet, an der Stelle, wo sie den Geheimgang zu finden hofften. War das wirklich alles? Das Loch mit einem Durchmesser und einer Tiefe von jeweils etwa 80 Zentimetern schien nicht sehr vielversprechend, wäre da nicht am Boden ein weiteres, kleineres Loch gewesen. Marcel warf einen Stein hinein, und er schien eine ganze Weile zu fallen, ehe er aufschlug. Also mußte sich hier doch ein größerer Hohlraum verbergen. Vorsichtig erweiterten die Jungen die Öffnung, bis sie groß genug war, daß sie hindurchschlüpfen konnten. Glücklicherweise waren sie ja recht schlank.

Marcel nahm die Lampe und ließ sich vorsichtig hinab, den Kopf voran. Dann verlor er den Halt und stürzte, Gott sei Dank nicht tief, denn die Erde, die über die Jahre hinweg in die Höhle hineingerieselt war, hatte sich zu einem Kegel aufgetürmt, der Marcels Fall weich abbremste. Er zündete die Lampe an und rief den anderen zu, sie sollten ihm nachkommen. Sie befanden sich in einer Höhle, aus der ein Gang in die Tiefe führte. Wenige Schritte nur, und der Gang öffnete sich zu einer großen Halle, aus der weitere Gänge abzweigten. Aber hierfür hatten die Jungen keine Augen, denn trotz des trüben Lichts ihrer Lampe waren sie überwältigt von der Farbenpracht und dem Anblick der Stiere und Kühe, Hirsche, Pferde, Bisons und Steinböcke, die sich da an den Wänden in wilder Flucht vor seltsamen Menschengestalten zu retten versuchten.

Es war Marcel, der als erster die Sprachlosigkeit überwand und aussprach, was alle schon ahnten: Sie hatten eine prähistorische Höhle gefunden! Und dann malten sie sich aus, wieviel Ehre und Geld ihnen ihre Entdeckung einbringen würde. Ihre Freude war, wie Marcel Ravidat wenige Tage später in einem Bericht schrieb, riesig, und den Freudentanz, den sie aufführten, könne man noch am ehesten mit dem Kriegstanz einer Horde Wilder vergleichen.

Sie beschlossen, niemandem ein Wort zu sagen, weihten aber doch noch einen weiteren Freund ein, mit dem zusammen sie am nächsten Tag ihre Erkundungen bis in die tiefsten Winkel der Höhle fortsetzten. Trotz der Geheimhaltung pflanzte sich die Kunde von der Entdeckung in Montignac schnell fort und gelangte nach wenigen Tagen auch zu dem Lehrer Laval, der einige Kenntnisse der Vorgeschichte besaß. Obwohl er recht skeptisch war, als er von der Entdeckung hörte, ließ er sich an den Fundort führen und zwängte sich mit einiger Mühe durch den engen Eingang. Als er dann aber die Wandmalereien in dem großen Saal erblickte, waren alle Mühen vergessen. Sofort veranlaßte er, daß Henri Breuil verständigt wurde, der als der größte Kenner vorgeschichtlicher Malerei galt.

Dieser betrat am 21. September 1941 die Höhle von Lascaux, untersuchte sie aufs genaueste und bestätigte den Findern, daß sie in der

Tat mit die bedeutendsten vorgeschichtlichen Malereien entdeckt hatten, die man je gefunden hatte, und noch ein Lob sprach er den Jungen aus. »Nach der Entdeckung«, schrieb er, »schlugen die Jungen ein Zelt neben dem Höhleneingang auf und erlaubten es niemandem, ohne ihre Begleitung die Höhle zu betreten. Und wenn von den nun schon bald 100 Besuchern aus Montignac und Umgebung keiner die Höhle ausplündern konnte, so ist es dem Einsatz dieser Jungen zu verdanken.«

Die Höhle wurde sofort unter Denkmalschutz gestellt, aber fürs erste wieder geschlossen, ehe man sie nach dem Krieg zur Besichtigung freigab. Heute kann man die Originalhöhle nur noch mit Sondererlaubnis betreten, weil die Malereien durch den Atem der vielen Besucher Schaden litten. Aber eine naturgetreue Nachbildung in einer Nachbarhöhle ist für die vielen tausend Besucher aus aller Welt, die jedes Jahr hierhinkommen, sicher fast ebenso eindrucksvoll.

Im übrigen erzählt man sich auch noch eine andere Fassung der Entdeckungsgeschichte. Danach waren die Jungen auf der Jagd, als ihr Hund plötzlich in einem geheimnisvollen Loch verschwand, und sie entdeckten den Höhleneingang, als sie ihn zu retten versuchten. Aber diese Geschichte ist wahrscheinlich die Erfindung eines Reporters, der sich an die Höhle von Altamira bei Santander im Norden Spaniens erinnerte, die 1879 tatsächlich auf diese Weise entdeckt worden war.

Auch hier war es ein Kind, das die entscheidende Beobachtung machte. Denn während ihr Vater, Marcelino de Sautuola, die Höhlenwände musterte, hatte seine kleine Tochter nach oben geschaut und an der Decke eine ganze Gruppe gemalter und eingeritzter Tiere entdeckt. Daß diese Bilder ungefähr 15 000 Jahre alt waren, wußte damals noch niemand, und man glaubte auch nicht, daß Menschen vor so langer Zeit schon solche Kunstwerke hervorbringen konnten. Manche Gelehrte erklärten die Malereien, übrigens auch die in der Höhle von Lascaux, sogar für moderne Fälschungen. Heute sind solche Zweifel ausgeräumt. Am Alter und an der Echtheit der Höhlenmalerei besteht kein Zweifel.

Wenn wir also von den Ursprüngen Europas sprechen, so sind sie auch in den Höhlen von Altamira und Lascaux zu finden, und an der Entdeckung dieser Ursprünge waren Kinder oder Jugendliche aus Europa entscheidend beteiligt.

Die ersten Europäer waren Jäger und Sammlerinnen

Wenn man alle seine Ahnen über die Jahrtausende hinweg benennen könnte, würde sich wahrscheinlich herausstellen, daß alle Menschen in Europa miteinander verwandt sind und daß jeder von uns irgendeinen Vorfahren in den Höhlen von Lascaux und Altamira hatte. Aber so recht vorstellen kann man sich das natürlich nicht. Unsere Urgroßeltern leben vielleicht noch, oder wir kennen Bilder von ihnen, aber unsere »Urururur . . . 600 mal . . . urgroßeltern«?

Und doch, wenn man sich vorzustellen versucht, daß menschenähnliche Wesen schon vor zweieinhalb Millionen Jahren auf dieser Erde lebten, gehören die Menschen, die die Höhlenmalereien geschaffen haben, noch zum engsten Familienkreis. Sie würden auch auf dem Familienfoto, wenn man ihnen Jeans und Sweatshirts zum Anziehen gäbe und sie vorher zum Friseur schickte, nicht sonderlich auffallen. Welche Sprache sie gesprochen haben, wissen wir natürlich nicht, da sie die Schrift noch nicht erfunden hatten, aber aus ihren Bildern und aus Funden konnten Wissenschaftler doch eine ganze Menge über das Leben dieser frühen Europäer erschließen, die noch in der sogenannten »Altsteinzeit« lebten. Von »Steinzeit« sprechen wir, weil man damals noch nicht die Technik kannte, Werkzeuge aus Metall herzustellen, sondern Stein, Holz oder Knochen die wichtigsten Werkstoffe waren. Mit diesen aber konnten die Menschen schon verschiedene sehr praktische Werkzeuge herstellen, von der Nadel zum Nähen über den Angelhaken bis zur Pfeilspitze und zum Messer.

Die Europäer dieser Zeit waren noch »Jäger und Sammler«, das heißt, eigentlich sollte man besser von »Jägern und Sammlerinnen« sprechen, denn es waren wohl vor allem die Frauen und Kinder, die Samen, Nüsse, wilde Gemüse und Kräuter, eßbare Wurzeln, Beeren und andere Früchte, aber auch kleine Tiere für die Ernährung sammelten. Die Männer gingen auf die Jagd. Dabei arbeiteten die Männer einer Horde zusammen. Manchmal gelang es ihnen, ganze Herden von Bisons, Auerochsen oder Wildpferden auf steile Felshänge zuzutreiben, wo die Tiere abstürzten und leichte Beute wurden. Auch in den Fallgruben, die sie mit großem Geschick anlegten, fing sich so manches Wildschwein oder Rentier. Wurfspeere, Schleudersteine – das waren mit langen Lederriemen versehene Lederbeutel, in die Steine eingenäht waren – und Pfeil und Bogen, die die Menschen in Lascaux schon kannten, waren gefährliche Waffen. Damit konnten die Männer sich selbst an Tiere wie Elche wagen, die weit größer und stärker waren als sie selbst, oder sogar schnelle Hasen erlegen. Auch Fische, in Netzen gefangen, am Angelhaken geködert oder mit der Harpune aufgespießt, waren eine willkommene Beute.

Die erbeuteten Tiere lieferten nicht nur Nahrung, sondern auch Kleidung und Werkstoffe. Man wußte schon, wie sich Tierhäute zu Leder gerben ließen und damit haltbar wurden. Daraus gefertigte Kleidungsstücke halfen den nackten Europäern auch die kalten Jahreszeiten zu überstehen. Felle dienten auch dazu, die einfachen Hütten oder Wohngruben zu decken oder Höhleneingänge so abzuschließen, daß die Kälte nicht eindringen konnte.

Wenn allerdings in einer Gegend das Wild knapp wurde, mußte die Horde weiterziehen und sich an anderer Stelle eine neue Bleibe suchen. So war so manche Höhle, die sich besonders gut als Wohnung eignete, immer wieder

einmal für einige Jahre von Leben erfüllt, um dann für Jahre oder Jahrzehnte leerzustehen, bis die nächste Horde sie auf ihrer ständigen Wanderschaft in Besitz nahm.
Und wenn sich zwei Horden begegneten? Ob sie sich verständigen konnten? Ob sie sich zu einem gemeinsamen Fest zusammenfanden? Ob sich ein Mädchen aus der einen und ein Junge aus der anderen Horde ineinander verliebten und zu Stammeltern einer europäischen Familie wurden? Wir wissen es nicht, aber es ist doch sehr wahrscheinlich, denn jeder von uns hat in sich noch das Erbe der »Jäger und Sammler«. Wer kann schon im Herbst an einem Haselnußstrauch vorübergehen, ohne sich zu bücken, wenn der Boden übersät ist von den goldbraunen Früchten, und wer ist nicht schon einmal hinter einem Ball her*gejagt* oder hat ihn zu *fangen* versucht? Auch beim Briefmarkensammeln und sogar im Straßenverkehr, wenn wir aufs Gaspedal treten, um jemanden anderen einzuholen, zeigen wir uns, wie manche Wissenschaftler behaupten, immer noch als echte Sammler und Jäger. Also herzliche Grüße an unsere unbekannten Vorfahren in Lascaux und Altamira! Was wäre Europa ohne sie?

EUROPA WAR EINE FRAU

Einst erstreckte sich dort, wo heute Bürgerkriege das unglückliche Land Libanon nicht zur Ruhe kommen lassen, das mächtige Reich von Sidon. Hier herrschte König Agenor, der eine wunderschöne Tochter namens Europa hatte, die er über alles liebte. Eines Nachts erschienen der jungen Frau im Traum zwei Weltteile in Gestalt von zwei Frauen, von denen jede behauptete, das Mädchen gehöre zu ihr. Die eine, Asien genannt, umarmte Europa zärtlich und sagte, sie habe sie geboren und aufgezogen. Darum müsse sie bei ihr bleiben. Die andere aber, fremd von Aussehen, riß sie aus den Armen der Mutter weg und nahm sie mit sich. Und obwohl das Mädchen sich nach der Geborgenheit der Mutter Asien sehnte, fühlte sie doch, daß sie sich ihrem Schicksal nicht entziehen konnte.

Voller Bangen wachte Europa auf und wußte nicht, was der Traum zu bedeuten hatte. Aber in der hellen Sonne des Morgens vergaß sie ihre Sorgen. Der Tag war so schön, daß sie Lust bekam, sich besonders hübsch zu kleiden, und sie wählte ein Gewand, das einst in einer Werkstatt der Götter kunstvoll mit Bildern aus der Sage bestickt worden war und das schon lange in ihrer Familie als Brautkleid vererbt wurde. Dann eilte sie mit ihren Freundinnen zu den blumenübersäten Wiesen am Ufer des Mittelmeeres. Da pflückte die eine Narzissen, die andere Hyazinthen, wieder eine andere zart duftende Veilchen und leuchtend gelbe Krokusse. Europa aber stand da, einen Strauß leuchtend roter Rosen im Arm.

Dies sah hoch vom Himmel der Göttervater Zeus, und auf der Stelle traf ihn der Pfeil, den sein Enkel, der Liebesgott Eros, respektlos auf seinen Großvater abschoß. Und Zeus, der sonst selbst Blitze schleuderte, fühlte sich wie vom Blitz getroffen und wünschte, die Schönheit, die da im Reiche des Agenor herangewachsen war, kennenzulernen. Allerdings konnte er bei diesem Wunsch auf wenig Verständnis bei seiner Gemahlin Hera rechnen, die aufgrund früherer Seitensprünge ihres Gatten stets ein wachsames Auge auf ihn hatte.

Zeus aber wußte Rat.

Er rief seinen Sohn Hermes, den Götterboten, und befahl ihm, die Rinder des Königs Agenor, die auf den Hügeln am Meer weideten, auf die Blumenwiesen hinabzutreiben, auf denen die Mädchen sich vergnügten. Er selbst aber verwandelte sich in einen weißen Stier, wie man schöner nie einen gesehen hatte, und mischte sich, ohne daß Hermes dies wußte, unter die Herde.

Voll Freude über die saftige Weide zerstreuten sich die Rinder bald weithin, nur der weiße Stier näherte sich wie zufällig der Stelle, wo Europa und ihre Freundinnen gegenseitig ihre Blumenkränze bewunderten.

Nun ist allgemein bekannt, daß man Stieren – und hätten sie noch so zierliche Hörner – besser aus dem Weg geht. Dieser Stier aber machte einen so zahmen Eindruck, als er auf die Mädchen zukam, daß diese nicht Reißaus nahmen. Europa war am mutigsten. Sie hielt ihm einen duftenden Blumenstrauß vors Maul, und der Stier nahm die Blumen und leckte ihr sanft die Hand. Nun wagte es Europa sogar, ihm einen Kuß auf die Stirn zu geben. Da wurde der Stier noch sanfter, legte sich zu Füßen der schönen jungen Frau nieder, blickte sie sehnsüchtig an und schien sie einzuladen aufzusitzen. Europa schmückte seine Hörner mit den Kränzen, die sie und ihre Freundinnen geflochten hatten und schwang sich dann auf den breiten Rücken des Stieres.

Dieser erhob sich ganz vorsichtig und machte zunächst ein paar langsame Schritte auf das Meer zu. Kaum aber hatte er die Wiesen verlassen und den sandigen Strand erreicht, als er immer schneller wurde. Schon hatte er das Wasser erreicht und schwamm mit Europa in den Fluten. Vergeblich rief diese um Hilfe. Es blieb ihr nur, sich an den Hörnern ihres Entführers festzuklammern und sich übers Meer tragen zu lassen. Bald war das Ufer verschwunden, dann ging die Sonne unter. Die ganze Nacht und dann auch noch den ganzen folgenden Tag hindurch trug der Stier seine Beute durch die Fluten, aber so

geschickt, daß nicht ein einziger Wassertropfen das Mädchen berührte.

Endlich erreichten sie ein Land, das Europa gänzlich unbekannt war. Vorsichtig ließ der Stier die Königstochter von seinem Rücken gleiten und verschwand, um dann in Gestalt eines Mannes wiederzukehren, schön wie ein Gott. Er erklärte, daß dies die Insel Kreta und er der König dieser Insel sei und daß er Europa zur Frau nehmen wolle. Europa willigte ein – was blieb ihr auch anderes übrig –, und Zeus erreichte, was er wollte. Am nächsten Morgen aber war er verschwunden, und Europa wurde klar, auf was sie sich eingelassen hatte. Einsam in einem fremden Land, und überdies von einem Heiratsschwindler betrogen! Laut jammernd, beklagte sie ihr Schicksal und überlegte schon, ob sie sich nicht von einem steilen Felsen ins Meer stürzen sollte. Da erschien ihr plötzlich die Liebesgöttin Aphrodite mit ihrem kleinen Sohn Eros und eröffnete ihr, daß sie es gewesen war, die ihr den Traum geschickt hatte, und daß ihr Liebhaber niemand anderes als der Göttervater Zeus gewesen war. »Dein Name«, sagte sie, »wird unsterblich werden, denn der Erdteil, der dich aufgenommen hat, wird hinfort Europa heißen.«

Mit diesen Worten verschwand sie. Europa aber wurde in Kreta glücklich und gebar hier Zeus einen Sohn, den sie Minos nannte. Dieser beherrschte die Insel über lange Jahre hinweg mit größter Gerechtigkeit und wurde nach seinem Tod zusammen mit seinem Bruder Radamantys in der Unterwelt zum Totenrichter eingesetzt.

Europas Heimat

Zwischen den Höhlenmalereien von Lascaux und der Zeit, in der die Sage von der Entführung der Königstochter Europa entstand, liegen mehr als zehntausend Jahre. Es hatte sich allerhand getan in Europa während dieser Zeit. So war es zum Beispiel wärmer geworden, weil die letzte Eiszeit gegen 10 000 v.Chr. zu Ende gegangen war. Das machte das Leben für die Menschen angenehmer, aber zugleich auch schwieriger, weil das Wild immer weiter nach Norden abgewandert war und die Jagd die Menschen nicht mehr wie früher ernährte. Dafür lernten diese jetzt durch Beobachtung, daß man den Samen bestimmter Grassorten mahlen und zu Brei kochen konnte. Man begriff auch, daß man die Körner in die Erde legen und wachsen lassen konnte. Indem man für die Aussaat jeweils die größten Körner verwendete, entstanden aus den wilden Gräsern allmählich die ersten Getreidesorten.

Jetzt waren die Menschen nicht mehr gezwungen, von Ort zu Ort zu ziehen, um nach Nahrung zu suchen, sondern sie konnten die notwendigen Lebensmittel an Ort und Stelle erzeugen. Auch ein Ersatz für die Jagd wurde gefunden, indem man lernte, Wildtiere zu zähmen und dann Tiere wie Haushund und -katze, Ziege, Schaf, Rind, Hausschwein, Esel und Pferd gezielt zu züchten.

Aus den Jägern und Sammlern waren Ackerbauern und Viehzüchter geworden. Man lebte nicht mehr in Höhlen, sondern in festen Häusern und entdeckte als neuen Werkstoff den Ton, aus dem sich Gefäße formen ließen, die im Feuer gebrannt wasserfest wurden. Es wurden allerdings immer noch viele Werkzeuge und Waffen aus Stein gefertigt. Wir nennen diese Zeit darum auch *Jungsteinzeit* oder *Neolithikum* – das ist griechisch und bedeutet das gleiche –, aber das Leben jetzt war doch so grundlegend anders geworden, daß man sogar von einer *neolithischen Revolution* spricht.

Die Menschen gaben in dieser Zeit nicht nur das Herumziehen auf und wurden seßhaft; sie beobachteten auch, daß nicht jeder gleich geschickt für jede Arbeit war und daß es günstig war, sich die Arbeit zu teilen. Schließlich mußte nicht jeder Töpfe formen und brennen, Pflüge herstellen oder weben können. Andererseits hatte auch nicht jeder Zeit, begehrte und notwendige Rohstoffe und Waren von weither zu holen. Wenn man sich in einem Dorf zusammenschloß, war es günstiger, wenn die einen die handwerklichen Arbeiten verrichteten, andere Handel trieben und wieder andere für die Äcker und Ställe sorgten. So wurden aus den steinzeitlichen Horden allmählich größere Gemeinschaften, die nun auch begannen, sich durch Mauern oder andere Befestigungen nach außen zu schützen, bis dann jemand kam, der mehrere Dörfer mit Gewalt oder mit guten Worten davon überzeugte, daß man sich zusammenschließen sollte. Und so entstanden Städte und Staaten.

Wann das alles war? Diese Frage ist gar nicht einfach zu beantworten. Bei uns in Europa ist es, wenn wir den Bodenfunden glauben dürfen, nicht einmal fünftausend Jahre her, daß die Menschen seßhaft wurden und kleine Dörfer bildeten. In Asien und Afrika dagegen hat diese Entwicklung viel früher eingesetzt. Schon aus dem 8. Jahrtausend v.Chr. stammt eine Steinmauer in *Jericho* im Jordantal, bei der man mit Fug und Recht von einer *Stadtbefestigung* reden kann. Seit dem 5. Jahrtausend vor Christus sind in Mesopotamien – das ist griechisch und heißt »Land zwischen den Flüssen«, nämlich den Flüssen Euphrat und Tigris – Stadtstaaten nachzuweisen. Um 2500 v.Chr. wurden in Ägypten am Nil die großen Pyramiden errichtet. Voller Staunen stehen wir auch heute noch vor den großen Leistungen, die von den *Hochkulturen* im *fruchtbaren Halbmond* – das ist das Gebiet, das die Flußoasen in Ägypten, Palästina und in Mesopotamien umfaßt – hervorgebracht worden sind. Hier hat Europa die Schrift und den Kalender, die Rechtsprechung und die Baukunst, die Buchführung und die Geometrie gelernt.

Die erste europäische Hochkultur entwickelte sich seit etwa 2600 v. Chr. auf der Insel Kreta. Dabei haben die Kreter vieles von den Reichen in Asien und Afrika gelernt. Die Sage, nach der Europa aus Asien kam, hat also einen sehr handfesten Hintergrund. Ihren Höhepunkt erlebte die kretische Kultur unter dem sagenhaften König Minos, dessen Reich sich weit über Kreta

hinaus über viele Inseln im östlichen Mittelmeer erstreckte. Sogar die Athener waren ihm, so erzählt die Sage, tributpflichtig.
Die kretische Kultur gehört nicht mehr der Steinzeit an. Vielmehr hatten die Menschen in den alten Hochkulturen schon gelernt, Metalle zu verarbeiten. Schmuckstücke wurden aus Gold und Silber gefertigt, Metalle, die für Werkzeuge zu weich waren. Auch das Kupfer erwies sich für diesen Zweck als wenig geeignet. Um die Mitte des 3. Jahrtausends v.Chr. aber fanden Handwerker heraus, daß eine Legierung, das heißt Mischung, aus Zinn und Kupfer einen recht harten, zugleich aber gut formbaren und beständigen Werkstoff ergab: die Bronze. Die Zeit, in der dieses Material bei der Herstellung von Waffen und Werkzeugen vorherrschend war, nennt man Bronzezeit. Sie beginnt in Ägypten und Kreta und breitet sich von hier in Europa aus, ungefähr zu der Zeit, als Zeus die Europa entführte, aber das ist ja nur eine Sage, oder?

ICH HAB'S GEFUNDEN

Archimedes träumte. Das tat er eigentlich immer, wenn er hier auf dem warmen Sockel des Grabes seines Ururgroßvaters lag, wo ihn niemand stören konnte und nur das endlose Zirpen der Zikaden zu hören war. Rund um ihn herum war dickes Dornengestrüpp, und nur er kannte den Weg hindurch, den er sich mit dem Messer mühsam freigeschnitten hatte und dessen Eingang er immer sorgfältig mit Reisig tarnte, damit niemand sein Geheimnis entdeckte.

Er war wahrscheinlich der einzige in Syrakus, der wußte, wo sein berühmter Vorfahr begraben lag. In seiner Familie bewahrte man ein altes, sonst wertloses Geldstück auf, auf dem angeblich das Grabdenkmal abgebildet war. Aber da sich niemand in Syrakus erinnern konnte, jemals eine Kugel mit einem Zylinder auf einem Grabstein gesehen zu haben, glaubte man nicht so recht daran, daß er noch existiere.

Aber dann hatte er einmal, als er mit seinen Freunden draußen vor den Toren der Stadt zwischen den Gräbern an der Straße nach Agrigent Verstecken spielte, diese Säule gesehen, die mit der Spitze aus dem Dornengestrüpp herausragte, und darauf den Zylinder mit der Kugel. »Ich hab's gefunden«, dachte er bei sich, und in seiner Muttersprache klang das wie »Heureka!«. Er erzählte niemandem von seinem Fund, weil er den Platz ganz für sich allein haben wollte.

Selbst vor seinem Vater war er hier sicher. Das war besonders erfreulich, denn der hätte ihn ja doch nur auf den Markt geschleppt, und hier hätten die Männer dann wieder endlos darüber diskutiert, ob sie den neuen römischen Quaestor, der jeden Tag erwartet wurde, nun selbstbewußt in ihrer eigenen griechischen Sprache begrüßen sollten oder lieber ihren guten Willen zeigen und ihn mit wohlgesetzten lateinischen Worten empfangen sollten.

Dabei war Archimedes auf die Römer gar nicht gut zu sprechen, waren sie es doch, die seinen Ururgroßvater im Alter von 75 Jahren gewaltsam getötet hatten, als sie 212 v.Chr., also vor 130 Jahren, die große Griechenstadt Syrakus eingenommen hatten. Was hätte er sonst noch alles erfunden!

Wenn auch sein Grab vergessen war, so waren in Syrakus doch noch tausenderlei Geschichten über den großen Mathematiker und Erfinder in Umlauf.

Zum Beispiel wurde erzählt, daß König Hieron, als er in Syrakus die Macht übernahm, den Göttern eine goldene Krone spenden wollte. Er beauftragte einen Künstler und übergab ihm für das Werk eine genau abgemessene Menge Goldes. Als der Künstler das Werk ablieferte, erhob sich der Verdacht, er hätte einen Teil des Goldes für sich behalten und dafür weniger wertvolles Silber zugesetzt. Aber niemand konnte dies beweisen, ohne das kunstvolle Werk einzuschmelzen und damit zu zerstören.

Hieron beauftragte Archimedes, die Sache zu untersuchen, aber der wußte zunächst auch keinen Rat. In einer solchen Situation nimmt man am besten zunächst einmal ein entspannendes Bad. So begab sich auch Archimedes ins Badehaus. Er entkleidete sich und stieg in das gut gefüllte Becken. Dabei bemerkte er, daß das Wasser am Rande überlief, und da hatte er die Idee. Immer wieder laut »Heureka!« rufend, stürzte er, nackt wie er war, auf die Straße und eilte so schnell, wie er nur konnte, nach Hause, um seine Entdeckung zu überprüfen. Er hatte nämlich beobachtet, daß im Schwimmbad soviel Wasser übergeflossen war, wie es seinem Körpervolumen entsprach, während ein Stein, der seinem Körpergewicht entsprochen hätte, sicher nicht eine derartige Überschwemmung verursacht hätte. Durch ein Experiment zu Hause stellte er nun fest, daß ein silberner Gegenstand von gleichem Gewicht wie ein goldener mehr Wasser aus einem randvoll gefüllten Gefäß zum Überlaufen brachte. Der Rest war einfach. Die Krone verdrängte mehr Wasser, als sie es hätte tun dürfen, wäre sie aus reinem Gold gefertigt gewesen. So konnte er den für unmöglich gehaltenen Nachweis führen, daß der Künstler tatsächlich den König betrogen hatte.

Das war, wie gesagt, eine von den vielen Geschichten, die man sich erzählte. Aber auch die Erfindung der Schraube, mit der man Wasser nach oben pumpen konnte, und des Hohlspiegels, mit dem Archimedes von der Stadtmauer her bei der Belagerung von Syrakus durch die Römer die Segel der römischen Schiffe in Brand gesetzt hatte, waren immer noch in aller Munde, von den vielen mathematischen Werken, die in Fachkreisen gerühmt wurden, ganz zu schweigen. Und dann der Tag, als die Römer Syrakus eroberten, was der Gelehrte natürlich gar nicht mitbekommen hatte, weil er über ein geometrisches Problem nachdachte und sich dazu eine Reihe von Kreisen in den Staub im Hof seines Hauses gezeichnet hatte. Da war dieser Tolpatsch von römischem Soldaten gewesen, der bei der Plünderung mitten durch die Zeichnungen gelaufen war, woraufhin Archimedes verbittert mit seinem Zeichenstock nach ihm geschlagen und gesagt hatte: »Zerstöre mir meine Kreise nicht!« Dieser Barbar von Römer hatte ihn daraufhin mit seinem Schwert durchbohrt. Nun gut, er war dafür von seinem Feldherrn später bestraft worden, aber man konnte an der Angelegenheit doch sehen, was man als Grieche von den Römern zu halten hatte.

Archimedes gähnte. Allmählich wurde es Zeit, sein Versteck zu verlassen. Vorsichtig bahnte er sich den Weg aus den Dornen nach draußen. Einmal hatte er dabei seinen Chiton zerrissen und höllischen Ärger zu Hause bekommen. Aber dieses Mal ging alles gut. Sorgfältig verschloß er seinen Geheimgang und machte sich auf zum Stadttor.

Als er hier ankam, herrschte auf einmal geschäftiges Treiben. Ein junger Mann, offensichtlich ein Römer und offensichtlich ein Beamter, was man an der kostbaren Toga sah, die er trug, trat, umringt von einer Gruppe von Griechen, unter denen Archimedes auch seinen Vater erkannte, vor das Tor.

Zuerst konnte Archimedes nicht hören, was gesprochen wurde. Der junge Römer schien etwas zu fragen, aber die Männer um ihn herum hoben nur nichtwissend ihre Schultern. Jetzt schaute der Mann auf etwas, das er in der Hand hielt. Archimedes kam näher und hörte, wie er in dem gepflegtesten Griechisch, das er je von einem Fremden gehört hatte, sagte: »Es muß doch jemand dieses Grabmal kennen! Eine Säule mit einem Zylinder und einer Kugel darauf kann man doch nicht so leicht übersehen.« Aber immer noch Achselzucken und die vage Geste auf die Tausende von Gräbern, die die Straße säumten. Der junge Mann gab sich damit aber nicht zufrieden. Suchend schaute er sich selbst um, und dann ging ein Leuchten über sein Gesicht, denn, was außer dem jungen Archimedes noch niemandem aufgefallen war, er sah es: die Spitze des Denkmals, die aus dem Gestrüpp herausragte. Triumphierend deutete er auf seine Entdeckung, und in einem Ton, der keine Widerrede erlaubte, wies er seine Begleiter an, für die Entfernung des Gestrüpps zu sorgen. Wenig später war eine Gruppe von Sklaven mit Messern und Beilen beschäftigt, das Versteck des jungen Archimedes und zugleich das Grabmal seines Vorfahren freizulegen.

Der römische Beamte trat heran und betrachtete es von allen Seiten. Das taten auch seine Begleiter, aber während sie bald den Versuch aufgaben, die halbverfallene Inschrift zu entziffern, las er diese mühelos vor und ergänzte sogar die fehlenden Teile in einer Weise, daß alle Umstehenden überzeugt waren, so und nur so müßten sie gelautet haben. Dann wies der Römer die Umstehenden an, das Grab auszubessern und in Zukunft dafür zu sorgen, daß es nicht wieder zuwüchse.

Archimedes aber wußte nicht, ob er sich ärgern oder sich freuen sollte. Mit seinem schönen Zufluchtsort war es vorbei. Aber andererseits, ein bißchen von dem Unrecht, das die Römer seinem Vorfahren zugefügt hatten, hatten sie ja jetzt wieder wettgemacht. Er mußte ehrlich zugeben, diesem Römer namens Cicero merkte man nicht an, daß er ein Barbar war.

Von den Griechen haben wir Kunst und Wissenschaft

Die Griechen kamen von Norden

Es sind schon viele erbitterte Streitgespräche darüber geführt worden, wem Europa denn nun mehr zu verdanken hat, den Griechen oder den Römern. Tatsächlich sind beide Völker aus der Geschichte Europas nicht wegzudenken. Wenn wir in fast allen europäischen Sprachen ähnliche Wörter für »Politik« und »Demokratie«, für »Geometrie« und »Mathematik«, für »Harmonie« und »Rhythmus«, für »Musik«, »Poesie« und »Theater« haben, so stecken dahinter die Griechen; aber ohne die Römer und Männer wie den in der Geschichte erwähnten Cicero, wäre vieles, was die Griechen herausgefunden haben, vielleicht in Vergessenheit geraten.
Aber eines nach dem anderen! Weil die Griechen da waren, als Rom noch nicht einmal gegründet war, wollen wir mit ihnen anfangen. Wir wollen es auch bei dem Namen »Griechen« lassen, den ihnen später die Römer gaben, während sie selbst sich »Hellenen« und ihr Land »Hellas« nannten. Für die Menschen, die im Norden Europas wohnen, wo es im Winter sehr kalt ist und man Glück hat, wenn man *eine* Ernte im Jahr bekommt, waren die Länder am Mittelmeer mit ihrem angenehmen Klima immer ein besonderer Anziehungspunkt. Das ist heute nicht anders als vor dreieinhalbtausend Jahren. Ganze Völker zogen damals nach Griechenland, aber nicht um Urlaub zu machen, sondern weil sie sich in den fruchtbaren Tälern und Küstenstreifen niederlassen wollten. Daß hier schon Menschen wohnten,

kümmerte sie nicht besonders, hatten sie doch die besseren Waffen. Wer bleiben wollte, konnte ja für die Eroberer arbeiten, wer nicht, mußte halt noch weiter nach Süden auf die Inseln oder sogar bis an die kleinasiatische Küste ziehen und da sehen, daß er die einheimische Bevölkerung vertrieb oder zusätzliches Land zum Siedeln fand.
So kamen zuerst die Achaier, dann die Ionier und schließlich die Dorer und nahmen nach und nach ganz Griechenland, die Inseln im Ägäischen Meer und die Küste Kleinasiens in Besitz und gründeten überall Städte, von denen Athen, Sparta, Korinth und Theben in Griechenland und Milet in Kleinasien wohl die berühmtesten sind. Jede dieser Städte bildete zusammen mit ihrem Umland einen eigenen Staat (griechisch: *Polis),* und alle waren sie sehr auf ihre Unabhängigkeit bedacht. Wenn die Zahl der Menschen so weit anwuchs, daß man sie nicht mehr alle ernähren konnte, schickte man eine Gruppe von Bürgern mit Schiffen los, die in einem anderen Land eine Kolonie gründeten. So entstanden griechische Städte im gesamten Mittelmeerraum, von Spanien bis zum Schwarzen Meer, auch in Südfrankreich (Marseille), Unteritalien (Neapel, Tarent) und besonders zahlreich auf Sizilien. Syrakus zum Beispiel wurde zur größten griechischen Stadt nach Athen.

Die Hellenen sind keine Barbaren

Die Kolonien bildeten auch wieder selbständige Staaten, wenn sie auch meist mit ihrer Mutterstadt eng verbunden blieben. Obwohl es also kein griechisches Reich, sondern viele, viele Einzelstaaten gab, fühlten sich die Hellenen doch als ein Volk. Schließlich sprach man, wenn auch in unterschiedlichen Dialekten, die gleiche Sprache, während die anderen Völker völlig unverständliches Zeug von sich gaben, das wie »br-br« klang. *Barbaren* waren sie, und darum durften sie natürlich auch nicht an den *Olympischen Spielen* teilnehmen, die alle vier Jahre zu Ehren des höchsten griechischen Gottes Zeus abgehalten wurden. »Wir schwören, daß wir rein griechischen Blutes sind, noch nie gegen die Gesetze verstoßen haben, uns gewissenhaft vorbereitet haben und daß wir beim Wettstreit keinen Betrug begehen werden«, mußten die Teilnehmer zu Beginn der Wettkämpfe versichern.

Nein, mit Barbaren konnte man vielleicht Handel treiben, aber, was die Religion und die Kultur betraf, fühlten die Griechen sich ihnen haushoch überlegen. Sie hatten allerdings auf vielen Gebieten auch Beachtliches vorzuweisen, und da fängt die Sache an, für Europa interessant zu werden.

Das klingt alles griechisch

Politik: In Athen entwickelte man die Idee von der *Demokratie.* Zugegeben, es war die Demokratie der freien, griechischen Männer – Frauen und Sklaven hatten politisch noch nichts zu sagen –, aber immerhin, das war doch schon mehr als die *Monarchie,* die Herrschaft eines einzigen, oder die *Aristokratie,* was eigentlich »Herrschaft der Besten« bedeutet, aber in Wirklichkeit doch meist nichts anderes hieß, als daß wenige Adlige alles bestimmten.

Architektur: In welche europäische Hauptstadt man auch immer kommt, irgendwo findet man bestimmt ein großes öffentliches Gebäude mit einer Reihe von Säulen davor, das an die *Akropolis* (eigentlich »Oberstadt«) von Athen erinnert. Der Parthenon-Tempel, der Göttin Athene geweiht, war nicht der erste griechische Tempel, aber er ist wohl der vollendetste. An seiner Errichtung war auch der berühmte Bildhauer Phidias beteiligt, dessen leider verlorenes Standbild des Zeus zu den sieben Weltwundern gerechnet wurde.

Schrift: Alpha und Beta sind die beiden ersten Buchstaben des griechischen *Alphabets.* Die Griechen haben die Schrift nicht erfunden, aber weiterentwickelt, und auf ihre Schrift gehen alle europäischen Schriften, die kyrillische Schrift in Osteuropa ebenso wie die lateinische Schrift, die in Westeuropa und vielen anderen Ländern auf der Welt gebraucht wird, zurück.

Literatur, Theater, Musik: Als Vater der griechischen und der europäischen Literatur gilt Homer, der gegen Ende des 8. Jahrhunderts vor Christi Geburt in seinen *Epen* den Trojanischen Krieg und die Irrfahrten des Odysseus beschrieb, womit er für unzählige spätere Schriftsteller zum Vorbild wurde. Auch die Stücke von Aeschylos (525-456 v.Chr.), Sophokles (496-406 v.Chr.), Euripides (480-407 v.Chr.) und Aristophanes (445-385 v.Chr.), um nur einige zu nennen, werden immer noch oft gespielt. *Drama, Tragödie,*

Komödie, Szene, Prolog und auch das Wort *Theater* selbst sind griechischen Ursprungs. Literatur und Theater, aber auch die *Musik* waren sogar Teil der griechischen Religion. Der Gott Apollo war sozusagen der Kultusminister, und da einer allein unmöglich den Überblick behalten kann, hatte er neun *Musen* bei sich, hübsche Mädchen, die sich meist die Zeit mit Tanzen und Singen vertrieben und z.B. dafür sorgten, daß gute Komödien (Thalia), Tragödien (Melpomene) oder Epen (Kalliope) geschrieben wurden oder auch daß gute musikalische Kompositionen (Euterpe) entstanden und schön gesungen wurde (Polyhymnia). Die Griechen richteten auch Plätze ein, wo sie die Musen verehrten, und nannten diese *Museum*.

Rhetorik (Redekunst): Wer in der Öffentlichkeit etwas werden wollte, mußte seine Mitbürger überzeugen können. Die Griechen stellten als erste Regeln dafür auf, wie ein Redner (Rhetor) seine Argumente sammelt und ordnet, wie er sie in eine gute sprachliche Form bringt, die die Zuhörer zunächst interessiert und dann überzeugt, und mit welchen Gesten und in welchem Tonfall er sie dann vortragen sollte. Der große athenische Redner Demosthenes (4. Jh. v.Chr.) wurde für die *Rhetorik* und, wenn man genau hinsieht, sogar für den Aufsatz, den du in der Schule schreiben mußt, zum Vorbild.

Geschichte und Erdkunde: Wenn wir schon bei der Schule sind! Alle Fächer, die in der Schule unterrichtet werden, haben eine lange Tradition. Und wenn man in dieser nur weit genug zurückgeht, wird man irgendwo fast immer bei den Griechen ankommen. Wie man »Geschichte« zusammenhängend darstellt, hat als erster Herodot (5. Jh. v.Chr.) überzeugend vorgeführt. Seine Werke sind auch heute noch nach fast zweieinhalb Jahrtausenden recht spannend zu lesen – kein Wunder, hatte er doch auch als Geschichtsschreiber eine eigene Muse, Klio, zur Verfügung.

In der Geographie haben wir allerdings gegenüber den Griechen große Fortschritte gemacht, denn diese kannten fast nur die Länder um das Mittelmeer. Auch glaubten die meisten Menschen damals, daß die Erde eine Scheibe sei. Aber es gab griechische Wissenschaftler, die durch Beobachtung der Sterne zu dem Ergebnis kamen, daß die Erde eine Kugel sein müsse, und Eratosthenes (3. Jh. v.Chr.) bestimmte sogar ziemlich genau den Erdumfang.

Mathematik und Naturwissenschaft: Den Satz des Pythagoras (6. Jh. v.Chr.) lernen wir auch heute noch in der Schule, und die Namen Thales (6. Jh. v.Chr.) und vor allem Euklid (4. Jh. v.Chr.) sind aus der *Geometrie* ebenfalls bestens bekannt. Von Archimedes (gest. 412 v.Chr.) und seinen Erfindungen, zu denen auch der Flaschenzug gehörte, war schon die Rede. Die Überlegung eines Mannes namens Demokrit (5. Jh. v.Chr.) allerdings, daß die ganze Welt aus kleinsten unteilbaren Teilchen bestehe – er bezeichnete sie mit dem griechischen Wort als *Atome* – diese Überlegung also, schien den meisten Menschen im Altertum noch zu phantastisch. Sie wurde erst zweitausend Jahre später wieder aufgegriffen.
Medizin: Aus den Lehrbüchern, die Hippokrates (5.Jh. v.Chr.) und später Galen (129-199 n.Chr.), beide Griechen, über die Medizin schrieben, lernten die europäischen Ärzte noch bis vor einigen hundert Jahren. Auch die heutige Medizin hält sich an den »Eid des Hippokrates«, befolgt allerdings nur noch in wenigen Fällen seine medizinischen Ratschläge.
Philosophie: *Philosophie* ist auch ein griechisches Wort. Es bedeutet »Liebe zur Weisheit«. Es war eine beliebte Freizeitbeschäftigung für gebildete Bürger in Athen, in der Stadt spazierenzugehen und zu diskutieren. Schließlich war man klug genug, um über alles mitzureden. Aber dann trat eines Tages ein sonst recht unscheinbarer Mann auf. Sokrates hieß er, und er behauptete von sich: »Ich weiß, daß ich nichts weiß.« Wer nun aber glaubte, als gebildeter Mensch in der Diskussion mit einem solchen Nicht-Wisser leichtes Spiel zu haben, hatte sich gründlich getäuscht. Denn Sokrates wußte so geschickt zu fragen, daß man nach kurzer Zeit auch zugeben mußte, daß man keine Ahnung hatte.

Viele junge Männer umringten ihn immer, wenn er durch seine Fragen wieder einmal einen Gesprächspartner dazu zwang, Schlußfolgerungen zu ziehen, an die er vorher nicht gedacht hatte. Die Oberen in Athen und die Eltern der jungen Leute waren allerdings davon nicht so begeistert, denn die Fragen, die ihnen dann von den jungen Leuten gestellt wurden, empfanden sie als sehr unbequem. Wenn man, an Gehorsam gewöhnt, bei jeder Anweisung nach dem »Warum?« gefragt wird, reagiert man nun einmal gereizt. Daß man deswegen aber dem siebzigjährigen Sokrates 399 v.Chr. den Prozeß machte, weil er die Jugend verderbe und die Autoritäten nicht anerkenne, und daß man ihn deswegen zum Tode verurteilte und hinrichtete, wird den Athenern heute noch mit Recht zum Vorwurf gemacht. Sie erreichten auch damit nicht das gewünschte Ziel, denn die Schüler des Sokrates schrieben die Gespräche auf, die er mit ihnen geführt hatte, und setzten seine Arbeit fort. Platon (427-347 v.Chr.) gründete eine eigene Schule, die *Akademie,* die zum Vorbild für die europäischen Hochschulen wurde. Einer seiner Schüler war Aristoteles (384-322 v.Chr.). Er schrieb zu sehr vielen Fragen der Wissenschaft und Kunst Abhandlungen, die zu den wichtigsten Lehrbüchern Europas wurden. Besonders seine Überlegungen über das Denken (griechisch *Logos)* wurden wegweisend, und wenn du heute sagst »Das ist doch logisch!«, dann steckt irgendwo auch die Lehre des Aristoteles dahinter.

Alexander der Große

Das dürften genügend Beweise dafür sein, daß die Griechen so tiefe Spuren hinterlassen haben, daß Europa ohne sie nicht denkbar ist. Von den Kolonien, durch die das griechische Denken im Mittelmeerraum verbreitet wurde, war schon die Rede. Aber in diesem Zusammenhang muß noch ein weiterer Name genannt werden.

338 v.Chr. übernahmen die nordgriechischen Makedonen unter Führung ihres Königs Philipp II. (359-336 v.Chr.) die Herrschaft über ganz Griechenland. Dessen Sohn, Alexander – einer seiner Lehrer war übrigens der eben erwähnte Aristoteles –, war damit noch nicht zufrieden. In nur 13 Jahren bis zu seinem Tod im Jahr 323 v.Chr. eroberte er das riesige Perserreich und zog im Osten bis nach Indien, im Westen bis nach Ägypten. Überall gründete er neue Städte, das ägyptische Alexandria trägt heute noch seinen Namen. Nach dem Tode Alexanders des Großen zerfiel zwar sein Reich in drei Teile, aber ausgehend von seinen Städtegründungen verbreitete sich die hellenische Kultur im gesamten Mittelmeerraum noch weiter als bisher. Man spricht von der Zeit des Hellenismus.

Und die Römer?

Als Homer seine Epen schrieb, wurde die Stadt Rom gerade gegründet (der Sage nach im Jahre 753 v.Chr.) – auf Hügeln, weil man im Tal noch knöcheltief im Schlamm watete, und mitten in der Wildnis. Ihr kennt ja sicher die Geschichte von den Zwillingen, die von einer Wölfin ernährt wurden. Und von Kultur und edler Gesinnung noch keine Spur. Bringt doch der Romulus seinen Bruder Remus einfach um, bloß weil er über die noch niedrigen Stadtmauern springt, und als es dann keine Frauen in der neuen Stadt gibt, raubt man sich einfach die Töchter der benachbarten Sabiner! Also, als Vorbild für Europa nicht zu gebrauchen.
Aber zu wehren wußten sich die Römer. Wenn einer sie angriff, verteidigten sie sich, gewannen und vergrößerten ihr Herrschaftsgebiet. Und als ihr König sich zuviel herausnahm, vertrieben sie ihn und erklärten ihr Land zur Republik, das heißt zu einer Sache, die alle angeht. Fortan ließen sie sich von zwei Konsuln regieren, die jedes Jahr neu gewählt wurden. Das war um das Jahr 500 v.Chr. herum, also ungefähr zur gleichen Zeit, als man auch in Athen die Demokratie einführte. Aber wenn man damals in Athen jemandem gesagt hätte, daß es da in Italien eine Stadt mit Namen Rom gebe, die 350 Jahre später in Athen die Herrschaft übernehmen würde, wäre man als Spinner milde belächelt worden.
In Rom gab es einen Tempel in Form eines großen Tores, der dem Gott Janus geweiht war. Janus konnte, da er zwei Köpfe hatte, zugleich nach vorne und nach hinten schauen. Er wachte über alles, was noch unentschieden war, was so oder so ausgehen konnte, also auch über den Krieg. Wenn Frieden war, wurden die Tore seines Tempels geschlossen; wenn sie offen waren, bedeutete das, daß die Römer mit irgend jemandem Krieg führten. In den ersten siebenhundert Jahren der römischen Geschichte sollen sie nur einmal geschlossen gewesen sein.
Die Römer behaupteten immer, sie führten nur dann Krieg, wenn sie angegriffen würden oder wenn jemand anders ihnen ein Unrecht zugefügt habe. Aber sie waren wohl auch sehr erfinderisch, wenn es darum ging, einen Grund für einen »gerechten Krieg« zu finden. Jedenfalls eroberten sie

Stück für Stück erst ganz Italien, dann im 3. Jahrhundert v.Chr. Sizilien, Sardinien, Südfrankreich, Spanien und Nordafrika, wobei ihnen allerdings der karthagische Feldherr Hannibal beinahe einen Strich durch die Rechnung gemacht hätte. 148 v.Chr. war Griechenland an der Reihe, fünfzehn Jahre später »erbten« sie einen großen Teil der heutigen Türkei. Andere Reiche am Mittelmeer wie Palästina und Ägypten bestanden zwar noch ungefähr hundert Jahre fort, aber ihre Könige taten nur das, was ihnen der Senat in Rom gestattete.

Griechisches Wissen in römischen Lehrbüchern

Die Griechen hatten mit all ihrer Gelehrsamkeit den römischen Legionen nur wenig entgegenzusetzen. Ein Mann wie Archimedes konnte mit seinem überragenden Wissen zwar ihren Vormarsch einmal für eine gewisse Zeit verzögern, aufhalten konnte er ihn nicht.

Und doch blieben die Griechen irgendwie auch Sieger. Denn die Römer waren nicht nur bereit zu herrschen, sondern auch zu lernen. Wo sie etwas Gutes fanden, übernahmen sie es. Die Griechen hatten ein halbes Jahrtausend gebraucht, um ihre Kultur zu entwickeln, die Römer brauchten kaum mehr als ein Jahrhundert, um sie zu übernehmen. Ein Mann wie der erwähnte Cicero sprach nicht nur perfekt Griechisch, sondern übertrug auch zahlreiche Werke der griechischen Philosophie und Rhetorik in seine eigene Sprache, das Lateinische, und entwickelte die darin enthaltenen Gedanken fort. Andere Zeitgenossen taten es ihm gleich. Die Geschichte von der Idee, die Archimedes im Badehaus kam, erzählt zum Beispiel der Schriftsteller Vitruv, der um 25 v.Chr. ein zehnbändiges Werk in lateinischer Sprache über die Architektur schrieb. Dieses und andere Lehrbücher, mit Themen von der Landwirtschaft über die Geographie und die Dichtkunst bis hin zum Kochen, wurden für über 1500 Jahre zur Grundlage aller europäischen Bildung. Und da die lateinischen Lehrbücher meist griechische Vorlagen hatten, muß man wohl den Griechen und den Römern den gleichen Rang als Baumeister am europäischen Haus einräumen.

EIN MANN AUS BOLOGNA

M(arco) Caelio T(iti) f(ilio) Lem(onia tribu) Bon(onia)
(primo) o(rdini) leg(ionis) XIIX, ann(orum) LIII s(emissis).
(oc)cidit bello Variano,
ossa (i)nferre licebit. P(ublius) Caelius T(iti) f(ilius)
Lem(onia tribu) frater fecit

Dem Marcus Caelius, Sohn des Titus von der Tribus Lemonia aus Bononia (heute: Bologna)
Centurio ersten Ranges der 18. Legion, 53 1/2 Jahre alt.
Er fiel im Krieg des Varus.
Die Gebeine (des Centurio selbst oder seiner Freigelassenen?) dürfen (in diesem Grab) beigesetzt werden. Publius Caelius, Sohn des Titus,
von der Tribus Lemonia hat (dieses Grab) als Bruder (des Verstorbenen) errichten lassen.

M(arcus) Caelius M(arcus) Caelius
M(arci) l(ibertus) und M(arci) l(ibertus)
Privatus Thiaminus.

Marcus Caelius Privatus und Marcus Caelius Thiaminus, Freigelassene (also früher »Sklaven«) des Marcus Caelius.

Dieser Grabstein aus Xanten, der einen römischen Offizier und zwei seiner Freigelassenen zeigt, ist das einzige Zeugnis, das wir von Marcus Caelius haben, und doch erzählt er, wenn man genau hinschaut, eine ganze Lebensgeschichte:

Ein freudiges Ereignis feierte man in den ersten Monaten des Jahres 45 v.Chr. in Bononia. Caelia hatte ihrem Mann Titus einen zweiten Sohn geboren. Der Vater hob ihn, wie man das von ihm erwartete, hoch und erkannte ihn damit als sein Kind an.

Eine Zeitlang dachte er über das Schicksal nach, das seinen Sohn wohl erwarten könnte. Ob er zu einem kräftigen Mann heranwachsen oder ob er, wie viele andere Kinder, in jungen Jahren schon einer Krankheit erliegen würde? Er wollte alles daransetzen, daß es seinen Söhnen an nichts fehlte, auch wenn sie nicht reich und die Zeiten unruhig waren.

Ein blutiger Bürgerkrieg lag hinter ihnen. Titus Caelius war ganz froh, daß Caesar sich gegen Pompejus durchgesetzt hatte, denn Caesar war fast zehn Jahre lang Statthalter in der gallischen Provinz gewesen, in der Bononia lag. Und während er sich im Sommer meist im fernen Norden aufgehalten hatte, um die Gallier auf der anderen Seite der Alpen für Rom zu unterwerfen, hatte er sich im Winter stets um seine südlichen Provinzen gekümmert. Dabei hatte Caelius ihn einmal selbst gesehen und war beeindruckt gewesen. Auch was man jetzt aus Rom hörte, klang verheißungsvoll. Caesar sorgte dafür, daß die Straßenkämpfe aufhörten, beschaffte vielen Leuten Arbeit und versorgte seine Veteranen, die zwanzig, dreißig oder noch mehr Jahre für ihn gekämpft hatten, mit Land, so daß sie eine gesicherte Existenz hatten.

Zugegeben, man hörte, Caesar habe sich zum Diktator ernennen lassen und frage weder Senat noch Volksversammlung, ob sie seine Maßnahmen billigten. Aber das war ihm, Titus Caelius, ziemlich egal. Schließlich wohnte er weit weg von Rom und konnte sich die Reise zur

Volksversammlung ohnehin nicht leisten. Überdies stimmten die reicheren Männer im lemonischen Stimmbezirk, zu dem Bologna gehörte, wie in den anderen 34 Tribus auch, immer zuerst ab, so daß das Abstimmungsergebnis meist schon feststand, bevor die ärmeren Männer, zu denen er gehörte, gefragt wurden. Da sollte Caesar nur allein entscheiden. Hauptsache, es blieb friedlich und die Abgaben wurden nicht erhöht.

Titus Caelius' Wunsch erfüllte sich nicht. Am 15. März 44 v.Chr., kurz vor oder nach dem ersten Geburtstag des kleinen Marcus, wurde Caesar in Rom von einer Gruppe von Senatoren ermordet, die es nicht mitansehen wollten, wie wenig er sich darum kümmerte, was die Adligen im Senat von seiner Politik hielten.

Wieder kam es zum Bürgerkrieg, in dem Antonius und Octavian antraten, um den Mord an Caesar zu rächen. Besonders Antonius war ein geschickter Politiker, der wußte, wie man die Leute auf seine Seite brachte. So schickte er zahlreiche Siedler nach Bononia, die die Stadt und ihr Umland wachsen und aufblühen ließen. Geschäfte ließen sich auch mit den vielen Beamten, Kaufleuten und Offizieren machen, die auf der Aemilischen Straße in die durch Caesar neu eroberten Gebiete reisten. Durch sie kam Geld nach Bononia, so daß Titus Caelius und seine Mitbürger ganz zufrieden mit der Entwicklung waren, die ihre Stadt nahm, besonders nachdem endlich im Jahre 30 v.Chr. alle Bürgerkriege beendet waren.

Marcus Caelius war inzwischen 15 Jahre alt. Mit sieben hatte ihn sein Vater in die Schule geschickt, auch wenn ihn das Schulgeld schmerzte. Marcus schmerzte in dieser Zeit etwas anderes, denn der Stock des Lehrers galt als unverzichtbares Erziehungsmittel, um den Kindern das Lesen, Schreiben und Rechnen beizubringen. Mit elf Jahren war er dann zum Grammatiklehrer geschickt worden, wo er die lateinische und griechische Literatur studieren mußte, wobei die Lehrmethoden nur unwesentlich feiner waren als in der Grundschule. Kinder damals waren nicht anders als Kinder heute, und so wird Marcus die Schule nicht für das Schönste auf der Welt gehalten haben. Sicher hat er lieber mit seinem Bruder auf der Straße Fangen oder eines der vielen Nußspiele gespielt; sicher machte es ihm mehr Freude, wenn er mit seinem Vater zum Schwimmen in die Thermen, zu einem Schauspiel ins Theater oder zu einem Gladiatorenkampf ins kleine Amphitheater gehen durfte.

Wann in Marcus Caelius der Entschluß reifte, die militärische Laufbahn einzuschlagen, wissen wir nicht. Vielleicht hat ihm sein Vater, als er 18 bis 20 Jahre alt war, zu verstehen gegeben, daß es an der Zeit sei, selbst für sich zu sorgen. Und vielleicht zogen gerade zu dieser Zeit Werber durch das Land, die von der Legion sprachen, die Kaiser Augustus in Aquitanien, im Westen Galliens, und in Nordspanien an der Küste des Atlantiks brauchte, um den Frieden zu sichern. Für diese Legion, es sollte die 18. sein, wurden kräftige, junge Männer benötigt, und vielleicht begann hier die militärische Karriere des Marcus Caelius.

Zuerst war er ein einfacher Soldat mit kargem Sold. Kräftig war er ja, aber wenn das Heer auf dem Marsch war, verfluchte er doch oft seinen Entschluß, sich für die Legion einschreiben zulassen.

Mantel, Helm, Brustpanzer, Schild, Schwert, Lanze, Getreide für 15 bis 20 Tage, Handmühle, Säge, Korb, Spaten, Beil, Topf und zwei bis drei Pfähle wollten erst einmal 20 bis 25 km am Tag geschleppt werden. Wenn man am Tagesziel angekommen war, mußten der Graben für den Schutz des Lagers ausgehoben, eine Palisade aus Pfählen errichtet, die großen Zelte für die Offiziere und die kleineren für die eigene Unterkunft aufgeschlagen werden, ehe man sein Getreide mahlen und den einfachen Brei kochen konnte, der die Hauptnahrung darstellte.

Gut, wenn es nicht regnete und man sich im Freien aufhalten konnte, denn im Zelt mußten sich acht Männer mit etwa 20 Quadratmetern zufriedengeben.

Zugegeben, wenn man länger an einem Ort blieb, war das Lager etwas komfortabler, und die Händler draußen vor der Befestigung boten etwas Abwechslung, wenn auch der Sold nie weit reichte. Insgesamt war es aber ziemlich langweilig. So war Marcus Caelius meist froh, wenn sie den Befehl zu einem militärischen Einsatz erhielten. Er verschwendete auch nicht viele Gedanken darauf, ob er nicht dabei sein Leben riskierte, und noch weniger darauf, wie seine Gegner wohl von ihm als Römer dachten, wenn er in ihr Land eindrang. »Befehl von oben, da kann man als einfacher Soldat nichts machen«, sagte er einmal, als er darüber mit einem gallischen Händler diskutierte, »und im übrigen geht es euch doch unter römischer Herrschaft viel besser als früher«.

Marcus Caelius scheint bald die Aufmerksamkeit seiner Vorgesetzten erregt zu haben, vielleicht als er ausgerechnet dem Feldzeichenträger seiner Kohorte einmal im Kampf zur Hilfe kam und ihm das Leben rettete. Nicht nur, daß er hierfür mit der Bürgerkrone ausgezeichnet wurde, nein, man beförderte ihn auch, zunächst zum Tubabläser und dann sogar zum Feldzeichenträger. Wenig später wurde er Beneficiarius beim Legionskommandanten. Nun erhielt er schon doppelt soviel Sold wie ein einfacher Soldat und hatte eine wichtige Stellung, denn wer zum Kommandanten wollte, mußte an ihm vorbei, und natürlich wußte Marcus Caelius jetzt auch meist im voraus, was geplant war, denn so mancher Gesprächsfetzen drang nach draußen vor die Tür, vor der er Wache hielt.

Marcus Caelius war sehr zuverlässig, und als der Träger des Legionsadlers im Kampf gefallen war, wurde er erneut befördert. Auch in seiner neuen Stellung zeichnete er sich aus. Der Ruf seiner Tapferkeit drang bis zum Legionskommandanten durch, und bald schon fand er kaum noch Platz auf seinem Lederpanzer, um alle Orden und Ehrenzeichen unterzubringen, die ihm verliehen wurden.

Etwa 32 Jahre war er alt, als Kaiser Augustus in Rom den Befehl gab, die 18. Legion aus Aquitanien in die Nähe der Rheinmündung nach Castra Vetera nahe der heutigen Stadt Xanten zu verlegen. Ob sich Marcus Caelius darüber freute oder ob er das sonnige, warme Klima Südgalliens nur ungern gegen die rauhen Gegenden am Niederrhein und die Aussicht auf Begegnungen mit den gefürchteten Germanen vertauschte? Wir wissen es nicht.

Vier Jahre war man schon in Castra Vetera, als 9 v.Chr. aus Rom die Kunde von einem großen Fest kam, mit dem die Einweihung eines Friedensaltars gefeiert worden war. Den Soldaten am Rhein kam dies seltsam vor. Frieden? Wo war Frieden? Hier an der Grenze nach Germanien jedenfalls nicht. Wie oft mußten mehrere Kohorten oder gar die ganze Legion ausrücken, um kriegerische Horden von Germanen am Rheinübergang und dem Einfall in römisches Land zu hindern. Und die lange Grenze war nur schwer zu verteidigen. Es war schon etwas dran an der Idee, die Reichsgrenze vom Rhein bis zur Elbe vorzuschieben, um mit Donau und Elbe eine kürzere Verteidigungslinie von den Alpen bis zur Nordsee zu bekommen. Daß dies aber nicht ohne erhebliche Kämpfe abgehen würde, war klar.

Oder vielleicht doch? Einige germanische Stämme wie die Ubier hatten sich schon freiwillig unter die römische Herrschaft begeben. Sie wohnten jetzt schon seit fast einem halben Jahrhundert auf der linken Rheinseite und stellten sogar Hilfstruppen für die Legion. Auch auf die Germanen auf der rechten Rheinseite schien das römische Leben Eindruck zu machen. Jedenfalls berichteten immer mehr Kaufleute davon, daß sie freundlich empfangen wurden und gute Geschäfte mit Wein und Textilien machten. Einige Male war Marcus Caelius auch schon mit der Legion weit ins Germanenland hinein vorgedrungen, ohne daß sie in größere Kämpfe verwickelt worden waren. Denn die Germanen besaßen offensichtlich Respekt vor der furchteinflößenden Armee der Römer, und sie schienen auch einzusehen, daß es besser war, Konflikte durch die römische Rechtsprechung beizulegen als durch blutige Auseinandersetzungen. Vielleicht würden sie sich doch eines Tages freiwillig an das Römische Reich anschließen.

Aber das würde er, so glaubte Marcus Caelius, wohl nicht mehr als

Soldat erleben. Er war jetzt über dreißig Jahre im Dienst, und seitdem er vor vier Jahren seinen 50. Geburtstag gefeiert hatte, dachte er immer häufiger daran aufzuhören, um sich ein Gut in der Heimat zu kaufen. Leisten konnte er sich das. In den zwanzig Jahren, die die 18. Legion nun in Germanien lag, war er zum Centurio aufgestiegen, hatte zuerst die 600 Mann einer der niedrigeren Kohorten befehligt und war jetzt Kommandant der ersten Kohorte und damit einer der bedeutendsten Männer in Castra Vetera. Sein Sold ließ nichts zu wünschen übrig. Dreißigmal mehr als ein einfacher Soldat verdiente er, so daß er es sich leisten konnte, mehrere Sklaven, darunter Privatus und Thiaminus, zu kaufen, die ihm die Wohnung versorgten, ihn aber auch bei seinen Aufgaben in der Verwaltung unterstützten. Er behandelte sie gut, nicht zuletzt, weil er daran denken mußte, wie nahe er selbst so manches Mal daran gewesen war, in Kriegsgefangenschaft zu geraten und in die Sklaverei verkauft zu werden.

Es war Frühling im Jahre 9 n.Chr., und Marcus Caelius war fest entschlossen, daß es sein letztes Jahr in der Legion sein sollte. Nur noch diesen einen Zug ins Germanenland wollte er mitmachen. Dazu hatte der Statthalter Quintilius Varus – er war seit zwei Jahren in Germanien – die 17. Legion aus der Ubierstadt und die 18. und 19. Legion aus Castra Vetera befohlen, weil er es sich in den Kopf gesetzt hatte, jetzt endlich das noch unbesetzte Germanien zu einem Teil des Reichs zu machen. »Drei gut bewaffnete Legionen«, dachte Marcus Caelius, »werden die Germanen nicht anzugreifen wagen. Aber Gefahren gibt es viele, und wer weiß, ob und wann wir zurückkommen. Es ist besser, vor dem Aufbruch noch einiges Wichtige zu erledigen.«

Er schrieb auf zwei zusammengebundenen Wachstäfelchen an seinen Bruder nach Bononia, daß er im Herbst zurückkommen wollte, und bat ihn, nach einem Landgut Ausschau zu halten, das er von der hohen Abfindung kaufen wollte, die ihm nach dem Ende seiner Dienstzeit zustand. Eine Anzahlung schicke er mit. Dann klappte er die beiden Täfelchen zusammen, versiegelte sie und rief einen seiner Sklaven. »Ich weiß«, sagte er, »daß du mir immer treu gedient hast. Wenn du diesen Brief und das Geld, das ich dir geben werde, sicher nach Bononia zu meinem Bruder bringst, werde ich dich, wenn ich im Herbst nachkomme, freilassen.« Der Sklave versprach, seinen Auftrag zuverlässig auszuführen, und brach auf.

Als nächstes ließ Marcus Caelius seine Sklaven Privatus und Thiaminus kommen und eröffnete ihnen seinen Beschluß, sie freizulassen. Außerdem überließ er es ihrer Entscheidung, ob sie den Feldzug ins Germanenland mitmachen wollten oder nicht.

Privatus und Thiaminus wußten vor Freude über die unerwartete Freilassung gar nicht, was sie sagen sollten. Zwar waren sie mit ihrem Sklavendasein nicht unzufrieden, denn Marcus Caelius hatte sie immer gut behandelt, und an ihrem Leben würde sich auch jetzt nicht viel ändern. Sie wußten, daß sie auch als Freigelassene nicht viel mehr Rechte hatten. Aber ihre Kinder würden schon angesehener sein, und ihre Enkel würden das volle römische Bürgerrecht besitzen. Dafür waren die beiden mehr als dankbar, und um dies zu zeigen, nannten sie sich fortan nach ihrem früheren Besitzer Marcus Caelius Privatus und Marcus Caelius Thiaminus. Natürlich wollten sie ihn auch auf dem Feldzug begleiten.

Es wurde Marcus Caelius' letzter Feldzug. Ende September des Jahres 9 n.Chr. gerieten die drei Legionen des Varus auf dem Rückmarsch zum Rhein in einen Hinterhalt, aus dem kaum jemand entkam. Marcus Caelius und seine beiden Freigelassenen starben.

Die Kunde von der schrecklichen Niederlage verbreitete sich rasch im ganzen Reich und gelangte auch nach Bononia. Hier erwartete Titus Caelius eigentlich jeden Tag seinen Bruder zurück. Er hatte schon ein Landgut für ihn in Aussicht. Außerdem hatte er einen Freund, der nicht abgeneigt war, seine hübsche Tochter mit einem Landgutbesitzer zu verheiraten. Das sechzehnjährige Mädchen war zwar von dem Gedanken an einen über fünfzigjährigen Ehemann wenig angetan, würde sich aber fügen müssen.

Nun waren all diese Pläne hinfällig. Zuerst war es nur ein Gerücht, dann wurde es zur Gewißheit, dann wurden alle schrecklichen Einzelheiten bekannt. Sein Bruder war tot. Es hieß, die Germanen hätten alle Centurionen, die nicht im Kampf gefallen waren, an Altären für ihre Götter geopfert. Niemand sei ordnungsgemäß bestattet worden. Zwar hatte Augustus versprochen, ein neues Heer an den Schlachtort zu schicken, um die Toten zu begraben und ihren Seelen Ruhe zu geben, aber das konnte noch Jahre dauern.

Titus war sich sicher, daß es seine Pflicht als Oberhaupt der Familie Caelius war, so bald wie möglich nach Germanien zu reisen. An dem Ort, von dem aus das Heer zu seinem verhängnisvollen Feldzug aufgebrochen war, sollte wenigstens ein Stein an Marcus erinnern. Und vielleicht würde es ja doch noch gelingen, die Gebeine des toten Bruders und seiner beiden Freigelassenen zu finden und in dem Grabmal zu bestatten.

Hier endet die Geschichte der Familie Caelius, soweit wir sie sicher oder mit einiger Wahrscheinlichkeit aus dem Grabstein erschließen können. Aber die Tatsache, daß wir sie in dieser Ausführlichkeit erzählen können, zeigt, daß Titus Caelius' Hoffnung, die Erinnerung an seinen Bruder wachhalten zu können, sich erfüllt hat.

Europa fast grenzenlos

Wie der Rhein zur Grenze des römischen Europa wurde

Im letzten Kapitel war die Rede davon, wie sich das Römische Reich besonders im Osten, Süden und Westen rund um das Mittelmeer ausgebreitet hatte. Im 1. Jahrhundert vor und nach Christus setzen die Römer ihre Ausdehnung nach Norden fort. Hier trafen sie auf zwei große Völker, die Kelten und die Germanen. Die Feldzüge gegen die Kelten verliefen aus der Sicht der Römer sehr erfolgreich. In acht Jahren, von 58 bis 51 v.Chr. eroberte Caius Iulius Caesar ganz Gallien (natürlich mit Ausnahme eines kleinen Dorfes!), das heißt das heutige Frankreich, die Beneluxländer, das linksrheinische Deutschland und den größten Teil der Schweiz. 35 Jahre später unter Kaiser Augustus wurden die in Süddeutschland und dem heutigen Österreich lebenden Raeter besiegt, wieder 60 Jahre später unter Kaiser Claudius wurde das keltische Britannien, dem auch schon Caesar einmal einen Besuch abgestattet hatte, endgültig Teil des Römerreichs.
Der Plan, auch die rechts des Rheines lebenden germanischen Stämme unter römische Herrschaft zu bringen, scheiterte mit der großen Niederlage im Teutoburger Wald, bei der Marcus Caelius sein Leben verlor. Die Römer begnügten sich danach im wesentlichen damit, kampferprobte Legionen am Rhein zu stationieren, um die Germanen daran zu hindern, den Strom zu überqueren. Wo sie keine natürlichen Hindernisse ausnützen konnten, bauten sie einfach Grenzwälle, die Hunderte von Kilometern lang sein konnten. Eine solche Befestigung nennt man *Limes*. Reste davon findet man nicht nur in Süddeutschland, sondern auch, zum Teil besonders gut erhalten, an der Grenze zwischen England und Schottland. Das waren aber keine undurchdringlichen Mauern wie der sogenannte »eiserne Vorhang«, der für über vierzig Jahre Osteuropa von Westeuropa trennte. Wer in friedlicher Absicht ins Römische Reich hineinwollte, durfte dies, und umgekehrt gab es zahlreiche römische Kaufleute, die durch die Tore des Limes hindurch zum Beispiel nach Germanien zogen, um Handel zu treiben.

Ein gemeinsamer Markt

Ob nun die Germanen das bessere Los gezogen haben, als sie die Römer abwehrten, oder die Kelten, die in Provinzen des römischen Reiches lebten, ist nicht zu entscheiden. Zuerst haben die Kelten die fremden Herren nicht gerade begeistert begrüßt, und sie haben sich erbittert gewehrt. Vercingetorix in Frankreich und Caratacus in Britannien waren berühmte keltische Führer, die heute noch als Freiheitshelden gefeiert werden, weil sie ihre Völker, wenn auch ohne Erfolg, gegen die Eroberer führten.

Ein oder zwei Generationen später aber, wenn die Erinnerung an die blutigen Kriege verblaßt war, scheinen die Menschen mit der römischen Herrschaft nicht unzufrieden gewesen zu sein. Das Leben im *Imperium Romanum,* so nannten die Römer selbst ihr Reich, bot ja auch nicht zu unterschätzende Vorteile.

Die Kelten waren vorzügliche Handwerker. Niemand übertraf sie zum Beispiel in der Eisenschmiedekunst. Sie waren das erste Volk in Mitteleuropa, das diesen neuen, harten Werkstoff, der sich im letzten Jahrtausend v.Chr. gegenüber der Bronze immer mehr durchsetzte, in größerem Umfang nutzte. Auch keltische Töpferwaren, Textilien und Lederwaren hielten jedem Vergleich mit denen anderer Völker stand.

Wer Qualitätsware herstellt, möchte sie natürlich auch gern absetzen, und hierzu bot das römische Reich unschätzbare Vorteile. Von der Grenze Schottlands bis an die Südgrenze Ägyptens, von Gibraltar bis zum Schwarzen Meer, alles war ein Staat und ein Markt. Überall galten die gleiche Währung, die gleichen Gesetze, gab es gute Straßen und Schiffahrtslinien, war man einigermaßen sicher, daß man nicht in Kriege verwickelt oder von Piraten aufgebracht wurde, konnte man sich in der Sprache der Römer, dem Lateinischen, verständigen. Was wir heute in Europa noch anstreben, nämlich die Grenzen zwischen den Staaten zu öffnen, war damals im Römischen Reich für große Teile Europas Wirklichkeit. Man vermag es sich kaum vorzustellen: Abgesehen von Irland, Island, den skandinavischen und baltischen Staaten und Polen gibt es keinen modernen europäischen Staat, der nicht ganz oder zumindest teilweise auf dem Boden des alten Imperium

Romanum liegt. Das gilt selbst für einen, allerdings ganz kleinen, Teil der ehemaligen Sowjetunion am Schwarzen Meer. Und überall hin brachte der römische Bürger, der sich selbst *civis Romanus,* nannte, seine *Zivilisation* in Form von Straßen und Wasserleitungen, von großen Badeanstalten und Theatern, von Rechtsprechung und Kochkunst mit.

Was die Römer Europa hinterlassen haben

Das große *Imperium Romanum* zerfiel im Westen, als im 4. Jahrhundert n.Chr. germanische Völker wie die Goten sich durch die Grenzbefestigungen nicht mehr aufhalten ließen und eine große *Völkerwanderung* einsetzte. Aber dennoch hinterließen die Römer in Europa Spuren, die wir heute noch sehen, hören, schmecken, riechen und tasten können. Das glaubst du nicht? Ich will es beweisen.

Römische Bauwerke, wie den Hadrianswall in England, die Porta Nigra in Trier oder das Kolosseum in Rom kennst du sicher. Manche werden sogar noch genutzt. Im Amphitheater von Verona finden berühmte Opernaufführungen statt, in Rom fließt das Wasser in die berühmte Fontana di Trevi stellenweise noch durch eine zweitausend Jahre alte Wasserleitung, in Trier rollt der Verkehr über eine Moselbrücke, die auf römischen Fundamenten steht. Und wenn man in Rom über die alte Via Appia geht, spürt man die römischen Pflastersteine deutlich durch die Schuhsohlen, so daß die Sache mit dem Tastsinn auch erklärt ist. Überhaupt liegen viele moderne Straßen noch auf den gleichen Trassen wie die meist schnurgeraden Römerstraßen, wenn sie auch heute oft eine glattere Oberfläche haben.

Und wie ist das mit dem Schmecken? Die Römer waren es, die den Kirschbaum in Europa einführten, und wenn heute jemand mit verklärtem Gesicht die Blume seines Glases mit französischem oder deutschem Wein prüft, so kann er das nur deswegen, weil die Römer in diesen Ländern auf das heimische Getränk nicht verzichten wollten und begannen, hier Reben anzupflanzen.

Bleibt noch das Hören. Da könnte ich mir die Sache einfach machen und darauf hinweisen, daß immer noch viele Schülerinnen und Schüler mit Latein gequält werden, aber das würdest du vielleicht nicht für ein gutes Argument halten. Wenn du aber Portugiesisch, Spanisch, Italienisch, Französisch oder Rumänisch sprechen hörst, bist du auch im römischen Europa. Denn jede dieser Sprachen hat sich aus dem Lateinischen, das die römischen Eroberer sprachen, entwickelt, und auch alle anderen europäischen Sprachen wie zum Beispiel das Deutsche und das Englische enthalten viele lateinische Wörter.

Es besteht keine Frage: Am europäischen Haus haben die Römer kräftig mitgebaut – und mitgeschrieben, denn die lateinische Schrift benutzen wir auch noch, und dieses Buch ist geschrieben ANNO DOMINI MCMLXXXXII.

IN DIESEM ZEICHEN WIRST DU SIEGEN

Es war ein milder, sonniger Morgen im November des Jahres 312. Die Hänge über der Mosel in Trier zeigten sich immer noch in den schönsten Herbstfarben. Trotzdem machte Fausta ihrem Namen, der die »Glückverheißende« bedeutet, keine Ehre. Sie war ausgesprochen sauer, denn sie hatte eine heftige Auseinandersetzung mit ihrer Schwiegermutter Helena gehabt, die sie wegen ihrer Frisur getadelt hatte. Nun gut, sie war erst 15, aber mußte sie sich das gefallen lassen? Schließlich war sie schon seit über fünf Jahren die Frau des Kaisers, und sie liebte Konstantin, und eigentlich hätte er sie auf seinen Feldzug nach Italien mitnehmen müssen. Dann wüßte sie jetzt, wie die Entscheidung zwischen ihrem Mann Konstantin und ihrem Bruder Maxentius um die alleinige Herrschaft im Westen des Reiches verlaufen wäre. Hoffentlich kam bald Nachricht. Daß sie bei dieser Ungewißheit nicht zwei Stunden stillsitzen konnte, bis alle Haare bis ins letzte durchgestylt waren, war ja wohl natürlich. Dabei wußte sie genau, daß sich auch Helena Sorgen machte, aber sie zeigte das nie, sondern sah immer aus wie aus dem Ei gepellt.

Fausta war von dem Säulengang in den großen, neuen Kaisersaal getreten. Ganz klein kam man sich hier vor in der weiten Halle, deren Wände mit Marmor verkleidet waren. Da hinten in dem Halbrund an der Stirnseite thronte Konstantin, wenn er Gesandte aus allen Teilen des Reiches empfing. Ob er wohl gesund und erfolgreich zurückkehren würde? Und ob sie ihn wohl endlich dazu bewegen könnte, die Christen in seinem Reich nicht nur zu dulden, sondern sich selbst zur christlichen Religion zu bekennen wie sie? Schon lange hatte sie versucht, ihn zu bekehren, aber er hatte sie nur ausgelacht und ihre Worte als Kinderkram abgetan. Aber das war jetzt vorbei. Konstantin würde sich wundern, wenn er zurückkäme und sähe, wie sie in dem Jahr seiner Abwesenheit gewachsen und wie hübsch sie geworden war. Außerdem war sie jetzt eine erwachsene Frau und konnte ihm Kinder gebären, und wenn sie schon ihren Mann nicht zum christlichen Glauben bekehren konnte, wollte sie wenigstens ihre Kinder so erziehen, wie sie von ihrer Mutter Eutropia erzogen worden war.

Der Gedanke an ihre Mutter riß das Mädchen aus seinen Träumen. Vielleicht hatte diese schon Neuigkeiten. Fausta eilte, wieder ein wenig weniger würdevoll, als es einer Kaiserin geziemt, in den Flügel des Palasts, den ihre Mutter bewohnte. Eutropia war froh, ihre Tochter zu sehen, aber Nachricht aus Rom hatte auch sie noch nicht. »Und ich weiß nicht«, seufzte sie, »ob ich eine erneute Unglücksbotschaft verkrafte. Was nützen die ganzen Kaisertitel? Deine Schwester Theodora, Witwe eines Kaisers, verbannt; dein Vater, ein Kaiser, gewaltsam gestorben; dein Mann, ein Kaiser, im tödlichen Streit mit deinem Bruder, einem Kaiser. Ich habe Angst, daß ich entweder einen Sohn, deinen Bruder, oder einen Schwiegersohn, deinen Mann, oder sogar beide verliere.«

Fausta verstand, was die Mutter meinte. Aber, wenn sie ehrlich sein sollte, so wollte sie vor allem hören, daß Konstantin lebte, denn er war nicht nur ihr Mann, sondern hatte ihr immer viel näher gestanden als ihr Bruder Maxentius. Als sie drei Jahre alt war, damals als ihr Vater noch einer der beiden Oberkaiser war, war sie schon mit Konstantin, dem Sohn seines Unterkaisers, verlobt worden. Sie konnte sich an die Ereignisse vor zwölf Jahren nicht mehr erinnern, aber sie hatte oft das Wandgemälde im Speisesaal ihres Palastes in Aquileia mit der Verlobungsszene angeschaut. Es zeigte sie als ganz kleines Mädchen, wie sie Konstantin, der auch noch ein Junge war, Helm und Schild überreichte. Sie sahen beide ganz ernst aus auf dem Bild, aber Mutter hatte ihr erzählt, wieviel Mühe der Maler gehabt hatte, diesen Gesichtsausdruck hinzubekommen, denn in Wahrheit hatten Konstantin und sie die ganze Zeit herumgealbert.

In Aquileia und dann nach Vaters Abdankung auf ihrem Landgut in Lukanien war oft von Konstantin die Rede. Niemals war es ihr in den Sinn gekommen, daß sie jemand anderen heiraten könnte, aber so früh hatte doch niemand mit der Hochzeit gerechnet. Die Ereignisse hatten sich damals überstürzt. Zuerst hatte sich ihr Bruder Maxentius widerrechtlich von der Prätorianergarde in Rom zum Kaiser ausrufen lassen, dann hatte Vater seine Abdankung widerrufen und beanspruchte ebenfalls den Kaisertitel. Das sah aber nun Maxentius gar nicht ein, was wiederum Vater erbost hatte. Damals vor fünf Jahren waren sie dann mit der ganzen Familie den weiten Weg nach Trier zu Konstantin, dem rechtmäßigen Kaiser, gereist. Vater hatte gemeint, Konstantin wäre eher bereit, ihm Truppen gegen Maxentius zur Verfügung zu stellen, wenn dieser sein Schwiegersohn wäre, und hatte auf die Hochzeit zwischen ihr und ihm gedrängt.

Konstantin dachte zwar nicht daran, seine gut ausgebildeten Truppen für Maximinians ehrgeizige Pläne in Gefahr zu bringen, mit der Hochzeit war er aber einverstanden, denn er mochte Fausta wirklich. Sie war zwar mit noch nicht ganz zehn Jahren als Ehefrau noch zu jung und eigentlich durfte sie nach römischem Recht auch erst mit zwölf Jahren verheiratet werden, aber bei Kaisern macht man schon einmal eine Ausnahme, und so war eine prachtvolle Hochzeit gefeiert worden, ganz nach der alten Sitte und der alten Religion. Eutropia hatte sich zwar eine Hochzeit nach christlichem Ritus gewünscht, aber das hatte Konstantin abgelehnt.

Drei stürmische Jahre waren danach ins Land gegangen. Jedesmal, wenn Konstantin zu einem seiner Feldzüge nach Britannien oder an den Rhein aufbrach, zitterte Fausta. Nie nahm er sie mit. »Das ist viel zu strapaziös für ein Mädchen«, sagte er immer, denn er sah sie immer noch mehr als seine kleine Schwester an denn als seine Frau. Bis zu jenem Ereignis vor zwei Jahren. Fausta schauderte bei dem Gedanken. Damals hatte sich ihr Vater Maximinian in Massilia erhängt. Warum genau, das wußten nur sie und Konstantin. Selbst Mutter würde sie es nie erzählen, um ihr nicht noch mehr Kummer zu machen. Vater war damals so neidisch auf die Erfolge Konstantins gewesen, daß er ihn ermorden wollte. Und er hatte ausgerechnet sie dazu aufgefordert, ihm dabei zu helfen. Sie aber hatte Konstantin gewarnt, und so war ihr Vater gefaßt worden, als er mit dem Dolch in ihr Schlafzimmer eindrang. Konstantin hatte ihn zwar auf Faustas Bitten hin begnadigt, aber Vater hatte wohl keinen anderen Ausweg als den Tod gesehen. Und nun ließ ihr ehrgeiziger Bruder Maxentius, der vorher kein gutes Haar an Vater gelassen hatte, im ganzen Reich verkünden, Konstantin habe Vater ermordet. Sie wußte, daß das nicht stimmte, aber viele Leute glaubten es.

Jetzt war Konstantin mit seinem Heer unterwegs in Italien. Ganz Oberitalien hatte sich ihm schon unterworfen. Das letzte, was sie in Trier gehört hatten, war, daß er auf Rom zumarschierte. Aber hier standen die Truppen des Maxentius, und die waren viel stärker als die Konstantins. Außerdem, wie sollte man die unbezwingbaren Mauern Roms einnehmen, an die Fausta sich noch gut erinnern konnte, weil sie einmal für kurze Zeit dort gewesen war? Was für eine Stadt! Der Palast in Trier war schön, aber an die Pracht des Lateranpalastes in

Rom, den sie von ihrem Vater geerbt hatte, kam er nicht heran. Wie gern hätte sie jetzt, da sie fast erwachsen war, die ewige Stadt einmal wiedergesehen. Was für ein Erlebnis müßte es sein, wenn sie dort dem Bischof von Rom, dem Nachfolger des Apostels Petrus, dem Oberhaupt aller Christen begegnen würde. Fausta bekreuzigte sich bei dem Gedanken, und ihre Mutter, die ihr schon eine ganze Weile zugeschaut hatte, sah mit Wohlgefallen, daß ihre Tochter sich von Konstantin, der noch die Sonne als höchsten Gott verehrte, nicht von ihrem christlichen Glauben hatte abbringen lassen.

Während Mutter und Tochter so ihren Gedanken nachhingen, wurde es plötzlich unruhig in der großen Halle des Palastes. Alles schrie durcheinander, dann stürzte ein Sklave ins Zimmer. Er nahm sich kaum Zeit, die gebotene ehrerbietige Haltung einzunehmen, sondern es sprudelte geradezu aus ihm heraus: »Nachricht aus Rom, Konstantin hat gesiegt, Helena, die Mutter unseres glorreichen Kaisers lädt euch ein, zu ihr zu kommen, um den genauen Bericht des Boten zu hören.«

Fausta und Eutropia ließen sich nicht lange bitten. Dieses Mal sah Helena großzügig über Faustas immer noch unordentliche Frisur hinweg. Sie bewahrte zwar Haltung wie immer, aber man merkte ihr an, daß auch sie gespannt war. Dann wurde der Centurio hereingerufen, den Konstantin von Rom aus in Eilmärschen nach Trier geschickt hatte, um die Botschaft zu überbringen. Kurz und knapp erzählte er, was sich ereignet hatte: »Als wir auf Rom losmarschierten, entdeckten wir, daß Maxentius die Milvische Brücke über den Tiber hatte einreißen lassen. Wir mußten auf dem Nordufer des Tibers haltmachen, weil es unmöglich war, ohne große Verluste den reißenden Fluß zu überqueren und auf Rom zuzumarschieren. Glücklicherweise hat Maxentius unsere Legionen unterschätzt. Er ließ eine Schiffsbrücke über den Tiber bauen, über die er selbst mit seinem großen Heer übersetzte. Auf unserem Flußufer lief er in Konstantins Falle. Der Kampf dauerte nur wenige Stunden, dann hatten wir gesiegt. Es war trotzdem ein Wunder. Wenn der Kaiser nicht in der Nacht vor der Schlacht diesen Traum gehabt hätte, wären wir verloren gewesen.« »Welchen Traum?« fragte Helena. »Ach«, sagte der Centurio, »der Kaiser ließ uns am Morgen vor der Schlacht zusammenrufen und erzählte, eine himmlische Erscheinung habe ihn in der Nacht aufgefordert, seine Soldaten sollten auf ihre Schilde ein bestimmtes Zeichen malen. Dann wurde ihm noch prophezeit: ›In diesem Zeichen wirst du siegen.‹ « Bei diesen Worten zeigte der Centurio auf seinen Schild, auf dem das Zeichen zu sehen war, ein griechisches »chi«, gekreuzt von einem griechischen »rho«.

Fausta und Eutropia brauchten keine Erklärung. Sie sahen sofort, daß es sich um die Anfangsbuchstaben des Namens Christi handelte, und sie freuten sich über die darin erkennbare Hinwendung Konstantins zu ihrer Religion.

Helena aber wurde, als sie die Bedeutung des Zeichens erfahren hatte, nachdenklich. Wenn der Christengott ihren Sohn Konstantin zum Herrn der Welt machen konnte, mußte er stärker sein als die alten römischen Götter, an die sie bisher glaubte. Sie nahm sich vor, mehr über den christlichen Glauben in Erfahrung zu bringen.

»Und Maxentius?« fragte Eutropia mit leiser Stimme, denn sie ahnte nichts Gutes. »Wir hatten alle Anweisung, ihn zu schonen«, sagte der Centurio, aber als er versuchte, sich mit den Resten seiner Truppen über die Schiffsbrücke ans andere Ufer zu retten, zerbrach diese und Maxentius ertrank.« Eutropia ließ sich ihren Schmerz nicht anmerken, aber wenig später fand Fausta ihre Mutter in der Kapelle, wo sie gemeinsam für den Sohn und Bruder beteten, der noch als Heide gestorben war.

Fausta aber schrieb an Konstantin, wie glücklich sie über seinen Sieg und die Hilfe Gottes war, und sie bat ihn, als Dank für diese Hilfe sollte

er dem Bischof von Rom ihren Lateranpalast schenken und dort eine prächtige Kirche errichten lassen.

So geschah es. Der Lateranpalast, der einst Fausta gehört hatte, wurde zum Sitz der Päpste in Rom, und noch heute nennt man die von Konstantin errichtete, später mehrfach umgebaute Lateranbasilika »Mutter und Haupt aller Kirchen«. Das Christentum aber wurde mit der Schlacht an der Milvischen Brücke zur wichtigsten Religion im Römischen Reich und von dort zur Religion Europas.

Ein Reich zerfällt – die Kirche überlebt

Ein gewisser Jesus von Nazaret

Kehren wir von Konstantins Sieg an der Milvischen Brücke noch einmal gut 300 Jahre in der Geschichte zurück. Damals herrschte in Rom, das lange Zeit eine Republik mit zwei jährlich wechselnden, gewählten Konsuln gewesen war, der erste Kaiser, der berühmte Augustus. In seiner Regierungszeit wurde in Palästina, dort wo heute der Staat Israel liegt, ein Kind geboren, das den Namen Jesus erhielt. Sein Eltern, Maria und Josef, waren fromme Juden.

Die Juden waren das einzige Volk in der gesamten Mittelmeerwelt, das nur an einen Gott glaubte. Der kleine Jesus wurde ganz im Geiste dieser Religion erzogen. Als er etwa dreißig Jahre alt war, begann er, durch das Land zu ziehen und den Menschen zu predigen. Er lehrte sie, daß man Gott unbedingt vertrauen dürfe und daß man »seinen Nächsten lieben solle wie sich selbst«, und er versprach den Menschen, die ihm folgten, daß ihnen ihre Sünden vergeben würden und sie nach dem Tod im Reich Gottes das ewige Leben erlangen würden.

Seine Lehren, vor allem aber wundersame Heilungen und andere Wundertaten, erregten viel Aufsehen, aber auch das Mißtrauen der jüdischen Priester in Jerusalem. Dort herrschte damals dem Namen nach ein jüdischer König, Herodes, tatsächlicher Herr war aber der Kaiser in Rom, vertreten durch seinen Statthalter. Als Jesus wohl im Jahr 30 unserer Zeitrechnung zum jüdischen Passah-Fest nach Jerusalem kam, wurde er verhaftet und des Hochverrats angeklagt, weil er sich als König der Juden bezeichnet habe. Die römische Behörde hatte zwar Zweifel, beugte sich aber dem Druck, weil sie einen Aufstand fürchtete, und so wurde Jesus verurteilt und am Kreuz hingerichtet. Das war eine besonders erniedrigende Hinrichtungsart, die sonst vor allem bei Sklaven angewendet wurde.

Jesus hatte aber eine Reihe von Schülern, die sogenannten Apostel (»Boten«), die wenig später das Evangelium (die »frohe Botschaft«) von der

Auferstehung ihres Herrn von den Toten verkündeten. Sie begannen, wo immer sie hinkamen, neue Gemeinden zu gründen, zunächst nur unter Juden. Zu den Aposteln stieß bald ein gewisser Paulus, ein strenggläubiger Jude, der die neue Lehre zunächst erbittert bekämpft, aber dann ein Erlebnis gehabt hatte, das ihn bekehrte. Er war ein gebildeter Mann, der den neuen Glauben auch für Nicht-Juden verständlich zu machen verstand. Er gab Jesus die griechische Bezeichnung »Christus« (Gesalbter). Die Zahl der Christen stieg ständig. Da es im großen Römischen Reich keine Grenzen gab und Kaufleute und Soldaten oft in ferne Reichsteile reisten oder versetzt wurden, verbreitete sich das Christentum rasch. Viele Leute fühlten sich von der neuen Botschaft angesprochen, die sagte, daß Arme und Reiche, Freie und Sklaven vor Gott gleich seien und daß jeder, der seine Sünden bereue, Vergebung finden könne.

Lebendige Fackeln

Die römischen Behörden nahmen zunächst von den Christen kaum Notiz. Für sie war der Prozeß mit der Hinrichtung des Anführers der Bewegung abgeschlossen. Im Jahr 58 gab es aber Unruhen in Jerusalem, weil Paulus angeblich gegen jüdische religiöse Vorschriften verstoßen hatte. Um die Menge zu beruhigen, verhafteten ihn die römischen Behörden. Der Prozeß gegen ihn sollte in Rom geführt werden. So kam Paulus in der Regierungszeit des Kaisers Nero (54-68) in die Hauptstadt des Reiches, wo es schon eine Christengemeinde gab. Auch der Apostel Petrus soll sich zu dieser Zeit in Rom aufgehalten haben.

Im Jahr 64 ereignete sich in Rom eine Katastrophe. Ein gewaltiger Brand legte große Teile der Stadt in Schutt und Asche. Viele machten Nero für das Unglück verantwortlich, und um den Zorn des Volkes abzulenken, beschuldigte dieser seinerseits die Christen, sie hätten den Brand gelegt. Zahlreiche Anhängerinnen und Anhänger des neuen Glaubens wurden grausam hingerichtet. Einige von ihnen soll Nero als lebendige Fackeln zur Erleuchtung seiner Gärten benutzt haben. Auch die Apostel Paulus und Petrus haben wohl bei dieser ersten Christenverfolgung ihr Leben verloren.

Das tat aber der Verbreitung des Christentums keinen Abbruch. Ganz im Gegenteil, die Christen, die für ihren Glauben gestorben waren, wurden als Märtyrer, das heißt Blutzeugen, verehrt und für andere Gemeindemitglieder zum Vorbild. Zahlreiche neue Gemeinden entstanden im gesamten Römischen Reich. Sie wurden jeweils von einem Bischof, das heißt Aufseher, geleitet. Manchmal kamen die Bischöfe aus einer oder mehreren Provinzen zu einer Versammlung zusammen, die der angesehenste unter ihnen, der Erzbischof (= erster Bischof), leitete. Unter den Erzbischöfen wiederum nahm in der Hauptstadt Rom der Papst als Nachfolger des Apostels Petrus eine besondere Stellung ein. So entstand aus den einzelnen Gemeinden eine gut organisierte Kirche. Keine andere Religion im Römischen Reich hatte etwas Ähnliches aufzuweisen.
Der römische Staat schrieb seinen Bürgerinnen und Bürgern nicht vor, was sie zu glauben hatten. Allerdings war jeder, gleichgültig, welche Religion er sonst hatte, verpflichtet, den Kaiser als Gott zu verehren und beim Opfer für diesen vom Opferwein und vom Opferfleisch zu kosten. Christen, die sich aufgrund ihrer religiösen Überzeugung weigerten, dies zu tun, begingen nach römischem Recht ein Verbrechen, für das sie vor Gericht gestellt und mit dem Tod bestraft werden konnten. Im 1. und 2. Jahrhundert gab es nicht viele solcher Prozesse. In der zweiten Hälfte des 3. Jahrhunderts war aber die christliche Kirche schon so bedeutend, daß einige Kaiser in ihr eine große Gefahr für ihre Herrschaft sahen. Vor allem unter den Kaisern Decius (249-251), Valerian (253-260) und Diokletian (284-305) fanden große Christenverfolgungen statt. Wer die Teilnahme am Kaiseropfer verweigerte, wurde ohne Gerichtsverfahren vielfach nach qualvollen Foltern grausam hingerichtet.

Rom wird christlich

Die Jahre der Verfolgung waren erst beendet, als Konstantin 313, im Jahr nach seinem Sieg über Maxentius, durch ein Gesetz das Christentum mit den anderen Religionen im Römischen Reich gleichstellte. 321 wurde eine weitere, noch für uns heute wichtige Entscheidung getroffen: Damals wurde nämlich die christliche Wocheneinteilung mit dem Sonntag als Feiertag für das ganze Reich festgeschrieben. Im Jahr 380 schrieb Kaiser Theodosius allen Reichsbewohnern durch Gesetz vor, Christen zu werden, im Jahr 391 wurde auch der Besuch heidnischer Tempel verboten. Menschen, die am alten Glauben festhielten, wurden verfolgt. Heidnische Tempel wurden zerstört oder in christliche Kirchen umgewandelt.

Europa verändert sich

Als das Christentum im Römischen Reich Staatsreligion wurde, waren die Tage dieses Reiches im größten Teil Europas allerdings schon fast gezählt. Rom hatte schon länger aufgehört, Hauptstadt zu sein. Von der Kaiserstadt Trier war schon die Rede; auch das englische York, Ravenna in Italien, Sirmium im heutigen Jugoslawien und andere Städte in Asien und Afrika waren Sitz römischer Kaiser gewesen. Konstantin aber hatte in der alten Stadt Byzanz am Bosporus, an der Grenze zwischen Europa und Asien, eine völlig neue Hauptstadt erbauen lassen, die Konstantinopel, das heißt »Konstantinstadt« hieß und als »neues Rom« bezeichnet wurde. Von hier aus herrschten seine Nachfolger noch über tausend Jahre lang im Oströmischen Reich, das heißt auf der Balkanhalbinsel und in der heutigen Türkei. Für Europa ist dieses Reich, obgleich es scheinbar am Rande liegt, von großer Bedeutung, denn hier lebten Kenntnisse aus der griechisch-römischen Welt weiter, die später für ganz Europa wiederentdeckt wurden. Dazu zählt besonders das römische Recht, das in Byzanz gesammelt und aufgezeichnet wurde und das zur Grundlage aller europäischen Rechtsordnungen wurde. Daß man immer beide Seiten hören muß oder daß man nach dem Sinn und nicht nach dem Wortlaut der Gesetze urteilen muß, das sind Grundsätze, die die Römer formuliert haben.

Im Westen mußte sich Europa dagegen ohne das Römische Reich weiterentwickeln. Eine unruhige Zeit brach an. Um 400 drangen die Hunnen, ein wildes Reitervolk aus Asien, in Europa ein und bis zum Rhein vor. Ihrem Ansturm war kein Volk gewachsen. Ganze Völker brachen auf, um sich in Sicherheit zu bringen, diese vertrieben wieder andere Völker. Die Grenzen des Römischen Reiches hielten dieser *Völkerwanderung* nicht stand. Germanische Völker, wie die West- und Ostgoten, Burgunder, Wandalen und Franken zogen durch das Reich und gründeten eigene Königreiche. Im Jahr 476 setzte ein germanischer Heerführer den letzten weströmischen Kaiser, Romulus, ab; zehn Jahre später wurde ein letztes Teilreich im römischen Gallien von den germanischen Franken erobert. Im Westen hatte das Römische Reich aufgehört zu existieren.

Eine neue Zeitrechnung

Und dennoch berufen wir uns heute in Europa oft auf unsere römische Vergangenheit, und das mit Recht. Denn mochte auch das Römische Reich politisch zerfallen sein, so lebten ja doch weiter die gleichen Leute hier. Die einwandernden Germanen waren ihnen militärisch überlegen, aber sie waren an Zahl viel geringer. Wenn sie irgendwo seßhaft wurden, nahmen sie bald Sitten und Gebräuche ihrer Umgebung an. Es kam zu Eheschließungen und zu einer Verschmelzung ursprünglich verschiedener Völker. Auch die lateinische Sprache starb nicht aus. Allerdings wurden durch die Zuwanderer die Dialekte in den verschiedenen Reichsteilen stärker ausgeprägt, so daß sich aus der lateinischen Sprache allmählich die verschiedenen romanischen Sprachen entwickelten, die aber alle unser gemeinsames römisches Erbe bewahren.

Schließlich nahmen die einwandernden Völker auch sehr schnell den christlichen Glauben an. Der Papst in Rom wurde das, was zuvor der Kaiser gewesen war, ein Oberhaupt, das von allen anerkannt wurde. In der Kirche lebten viele der alten römischen Traditionen fort. Es entstanden Klöster. Hier lebten Männer oder Frauen, die ein besonders gottgefälliges Leben führen wollten. Sie gelobten Armut, Ehelosigkeit und Gehorsam und lebten nach dem Leitsatz »Ora et labora!« (Bete und arbeite!), den ihnen der heilige Benedikt um 500 in Italien als Regel gegeben hatte. Zu den Arbeiten in solchen Klöstern gehörte auch das Abschreiben von Büchern. Viele Werke des Altertums sind auf diese Weise für Europa gerettet worden.

Im Kloster entstand auch eine neue Zeitrechnung. Auch nach dem Untergang des Römischen Reiches zählte man die Jahre noch nach dem Beginn der Regierungszeit des wegen seiner Christenverfolgungen berüchtigten Kaisers Diokletian, der um 300 regiert hatte. Das fand ein römischer Mönch namens Dionysius unpassend. Er kam als erster auf den Gedanken, die Jahre ab Christi Geburt zu zählen. Er rechnete aus, daß er im Jahr 532 nach diesem Ereignis, also im 532. Jahre des Herrn (Anno Domini) lebte. Auch wenn wir heute wissen, daß diese Rechnung falsch war und daß Jesus im Jahr 6 oder 7 vor Christi Geburt geboren wurde, denkt niemand daran, den Fehler zu korrigieren, denn dann müßten wir ja die ganze europäische Geschichte neu schreiben – und wer will das schon?

EINE SCHULE FÜR EUROPA

Wann und wo die Geschichte sich genau zugetragen hat, weiß ich nicht. Und eigentlich bin ich nicht einmal sicher, ob sie sich überhaupt zugetragen hat. Aber Notker der Stammler hat sie im Jahre 884 aufgeschrieben, und der hatte sie von Werinbert, und der wieder von jemandem, der dabeigewesen war, und warum also soll es keine wahre Geschichte sein? Eine europäische Geschichte ist es auf jeden Fall, denn, wenn wir die heutigen Nationalitätsbezeichnungen verwenden, haben Iren und Briten, Franzosen, Deutsche und Italiener an ihr mitgewirkt, und aufgeschrieben wurde sie in St. Gallen in der Schweiz.

Es muß um das Jahr 775 herum gewesen sein. Im großen Frankenreich, das sich vom Atlantik bis weit über den Rhein und vom Mittelmeer bis zur Nordsee erstreckte, regierte seit 768 König Karl, den man in Deutschland Karl den Großen, in Frankreich Charlemagne nennt. Das Römische Reich war hier im Westen Europas nur noch Erinnerung, und mit ihm war auch vieles in Vergessenheit geraten, was antike Wissenschaftler noch gewußt und gelehrt hatten. Das heißt, ganz stimmt das nicht. Denn in den Klöstern wurden nach wie vor die alten Texte gelesen und abgeschrieben. Vor allem englische und irische Mönche hatten wegen ihrer Kenntnisse und Fähigkeiten einen großen Ruf auf dem Kontinent.

Aber dieser Clemens aus Irland und sein Begleiter machten einen recht seltsamen Eindruck. Sie standen zusammen mit den britischen Kaufleuten, auf deren Schiff sie herübergekommen waren, auf dem Markt in Boulogne – oder in einem anderen Hafen in Nordfrankreich – und priesen mit lauter Stimme etwas an. Erfolgreich, denn von überall her strömten die Menschen neugierig zusammen, um zu sehen, was man bei ihnen kaufen konnte. Aber es waren keinerlei Waren zu entdecken. Was die beiden Mönche so lautstark anboten, war etwas anderes. »Wenn jemand Verlangen danach hat, ein weiser Mann zu werden,« riefen sie, »soll er zu uns kommen. Bei uns kann er Weisheit kaufen.«

Selten hatte man auf dem Markt dieser Stadt so viele Leute gesehen, die sich mit dem Finger an die Stirn tippten. »Komplett verrückt«, war noch das höflichste Urteil, das man hören konnte. Aber Aufsehen erregte die Geschichte doch, und so erzählte bald einer dem anderen von den beiden Spinnern, die Weisheit verkaufen wollten, als handelte es sich um ein Luxusgut. Auf diese Weise hörte endlich auch der König, der sich gerade in diesem Teil seines Reiches aufhielt, davon. Er ließ die beiden Männer sofort zu sich kommen und fragte sie, ob sie wirklich Weisheit abzugeben hätten. Sie bejahten dies. Da fragte der König, was sie dafür verlangten, und sie antworteten: »Nichts weiter als einen passenden Ort, Leute, die uns zuhören wollen, Nahrung und Kleidung.« Der König wunderte sich und fragte sie, warum sie denn den Eindruck erweckt hätten, als wollten sie ihr Wissen teuer verkaufen. Sie aber sagten, daß sie damit die Leute einzig und allein neugierig machen wollten. Dies sei ihnen gelungen, denn sonst wären sie ja nicht zu ihm, dem König, gelangt.

Die Erklärung überzeugte Karl, und er behielt die beiden längere Zeit an seinem Hof und ließ sich selbst von ihnen unterweisen. Als er aber zu einem Kriegszug aufbrach, schickte er einen der beiden nach Pavia

in Italien, wo er im Kloster des heiligen Augustinus eine Schule gründen sollte. Clemens wurde zum gleichen Zweck ein Ort im heutigen Frankreich zugewiesen. König Karl selbst suchte eine große Zahl von Knaben aus, die teils aus adligen Familien, teils aber auch aus ärmlichen Verhältnissen stammten, die in der Schule leben und lernen sollten. Er sorgte auch dafür, daß Wohnungen, Kleidung und Nahrung zur Verfügung gestellt wurden, und kündigte an, daß er sich selbst vom Lernfortschritt der Knaben überzeugen werde.

Nun hielten sich in der Zeit, in der sich die Geschichte abspielt, die Könige in Europa meist noch nicht dauernd an einem bestimmten Ort auf, sondern sie zogen in ihrem Reich von einer Königsburg oder Pfalz zur anderen, von Kloster zu Kloster, von Stadt zu Stadt und regelten jeweils an Ort und Stelle, was zu regeln war. Clemens nahm sich vor, die Zeit zu nutzen, bis Karl wieder in diesen Teil des Reiches kommen würde.

Er lehrte seine Schüler zu lesen, zu schreiben und zu rechnen. Auch mußten sie lateinische Vokabeln und Grammatik büffeln, denn in Karls Reich wurden zwar eine ganze Reihe von verschiedenen Sprachen und Dialekten gesprochen, aber für den Gottesdienst und für alles, was aufgeschrieben wurde, also z.B. für Briefe, Urkunden, Gedichte und Erzählungen, mußte man die lateinische Sprache beherrschen. Darum bestand ein großer Teil des Unterrichts in der Lektüre lateinischer Schriften. Die gab es in großer Auswahl, angefangen von den antiken lateinischen Dichtern und Schriftstellern über die lateinische Bibel und die Werke der Kirchenväter bis hin zu den fast »modernen« Schriften des Angelsachsen Beda oder sogar zeitgenössischen Werken, die Leute wie der Gelehrte Alkuin aus England oder der Schriftsteller Einhard am Hofe Karls des Großen verfaßt hatten.

Solche Werke also, aus denen man auch allerhand Nützliches auf vielen Gebieten, wie Geographie, Geschichte oder Naturkunde, lernen konnte, ließ Clemens lesen und zum Teil auch abschreiben, und dann lehrte er seine Schüler, wie man selbst nach diesem Muster Briefe, Gedichte und andere Texte verfassen konnte.

Nun gibt es solche Schüler und solche – das war vor 1200 Jahren nicht anders als heute. Bei den Schülern aus armen Familien hatte Clemens keinerlei Schwierigkeiten. Sie waren sich der Tatsache voll bewußt, daß es für sie eine Auszeichnung bedeutete, wenn sie zu den wenigen Kindern gehörten, die überhaupt eine Schule besuchen durften, und sie strengten sich entsprechend an. Bei den Söhnen aus adligen Häusern war das anders. Sie waren sich sicher, daß ihre Väter schon für ihre Karriere sorgen würden, und sie blickten eher verächtlich auf ihre Mitschüler herab.

Dann kam die Botschaft, daß Karl wieder in Frankreich sei und daß er prüfen wolle, was die Schüler bei Clemens gelernt hätten. Bernhard – so wenigstens möchte ich ihn nennen – hatte ein ungutes Gefühl. Zwar hatte er studiert, bis ihm die Augen weh taten, und Clemens hatte seine Gedichte und Briefe gelobt, aber was, wenn sie dem König nicht gefielen? Seine Eltern, einfache Dienstleute, waren tot, und sie hatten ihm und seiner Schwester Gisela nichts hinterlassen können. Er wollte gern Geistlicher werden, aber ohne die Fürsprache eines Mächtigen ging das nicht. Gerade gestern noch hatte sich Adalbert, sein Mitschüler und Sohn eines einflußreichen Grafen, über ihn lustig gemacht. »Was nützt dir denn dein Pauken, du Streber«, hatte er gesagt, »willst du den Ochsen beim Pflügen die Kommandos auf Lateinisch geben? Außerdem weißt du Bauer ja gar nicht, wie man sich in Gegenwart des Königs zu benehmen hat.«

Das wußte er in der Tat nicht, und als sie in den Saal geführt wurden, wo Karl die Prüfung abhalten wollte, hielt er lange den Kopf gesenkt. Er wagte es erst aufzublicken, als der König Clemens herzlich begrüßte. Seltsam, die helle Stimme paßte gar nicht zu dem großen Mann, der seine Begleiter um Haupteslänge überragte. Mit dem Schwert in der Hand, mußte er jedem Gegner Angst einflößen. Aber jetzt hing das Schwert, dessen Griff mit Gold und Silber verziert war, an seiner Seite, und der König lächelte die Knaben aus seinen großen Augen so freundlich an, daß auch Bernhard Zutrauen faßte. Dann mußten sie einer nach dem anderen vortreten und selbstverfaßte Gedichte und Briefe vorzeigen und -lesen. Ängstlich suchten sie in der Miene des Königs zu erkennen, wie sie in seinen Augen abgeschnitten hatten, aber Karl zeigte keinerlei Regung. Endlich hatte er alle gehört.

Einen Moment lang war es ganz still. Dann zeigte der König auf einzelne Knaben, darunter auch Bernhard, und befahl ihnen, sich zu seiner Rechten aufzustellen. Die anderen mußten auf die linke Seite treten. Bernhard blickte sich um und merkte, daß diejenigen, die der König ausgesucht hatte, gerade die aus den armen Familien waren. Also hatte Adalbert doch recht gehabt. Wer arm ist, bleibt arm, und gleich würde der König sie zurück in ihre Dörfer oder Hütten schicken. Aber es kam ganz anders. »Ich danke euch, meine Söhne«, sagte der König, »daß ihr euch so fleißig bemüht habt zu lernen. Eure Gedichte und Briefe zeigen Klugheit und Können. Lernt weiter so, und ich werde euch aufs schönste belohnen.« Dann aber wandte er sich an die adligen Knaben zu seiner Linken, und seine helle Stimme wurde geradezu unangenehm schrill, als er sie, die Rechte hoch erhoben, anfuhr: »Ihr adligen Fürstensöhnchen, die ihr euch so zierlich und hübsch zu kleiden und zu bewegen wißt, habt nur auf eure Herkunft und euren Reichtum vertraut und die Zeit mit Spiel und Faulheit vergeudet, anstatt euch um die Wissenschaft zu kümmern. Beim Herrn des Himmels! Ich gebe nicht viel auf euren Adel und euer hübsches Aussehen. Ihr könnt sicher sein, daß ihr von mir nie etwas Gutes zu erwarten habt, wenn ihr nicht eiligst euer Verhalten ändert und sofort anfangt, zu lernen und zu arbeiten.«

Bernhard brauchte eine ganze Weile, bis er begriff, was geschehen war. Er schaute zu Adalbert hinüber, der eben noch so selbstbewußt ausgesehen hatte, jetzt aber auf Geheiß des Königs mit hochrotem Kopf zusammen mit seinen Kameraden den Saal verließ. Ob er in Zukunft fleißiger sein würde? Bernhard verscheuchte die Gedanken an Adalbert aus seinem Kopf. Für ihn selbst sah die Welt jetzt viel rosiger aus. Nach dem Lob des Königs waren seine Aussichten, Geistlicher zu werden, deutlich gestiegen. Vielleicht würde man ihm eine Gemeinde anvertrauen, in der genügend Kirchenzehnt anfallen würde, damit er nicht nur für die Armen sorgen, sondern auch seiner Schwester eine kleine Mitgift in die Ehe geben könnte, und dann . . . Es war schön, sich die Zukunft auszumalen.

Da jedoch wurde Bernhard jäh aus seinen Träumen gerissen, denn plötzlich hörte er, wie der König seinen Namen rief und ihn vortreten ließ. Wieder überfiel ihn lähmende Angst, so daß er kaum einen Fuß vor den anderen setzen konnte. Aber wieder war die Furcht unbegründet. Denn der König blickte ihn freundlich an und lobte die von ihm abgelieferte Arbeit über alle Maßen. »Auch Clemens hat mir berichtet, ein wie vortrefflicher Schüler du bist«, sagte er. »Ich möchte, daß du von nun an in meiner Hofkapelle Dienst tust.« Die Hofkapelle hatte, wie Bernhard von Clemens wußte, ihren Namen von dem Mantel des heiligen Martin, den man auf Lateinisch »cappa« nannte, einer kostbaren Reliquie, die der König immer mit sich führte. Die Geistlichen, die sie verwahrten, nannte man »Kaplane«. Sie waren nicht nur für die täglichen Gottesdienste in der »Kapelle«, wo die Reliquie verwahrt wurde, verantwortlich, sondern auch für Urkunden, Verträge, Briefe, Gesandtschaften, kurz, sie waren das, was wir heute als Minister bezeichnen würden.

Es war also eine wirklich große Auszeichnung, wenn Bernhard als Sohn einfacher Eltern in die Hofkapelle berufen wurde. Aber dies war noch nicht das Ende seiner Laufbahn. Nachdem er für einige Zeit seine Aufgaben zu des Königs voller Zufriedenheit ausgeführt hatte, traf es sich, daß er zugegen war, als dem König der Tod eines Bischofs gemeldet wurde. Da fragte der König den Boten, ob der Bischof denn in seinem Leben Geld für die Armen gespendet hätte, bevor er seine letzte Reise antreten mußte. »Nicht mehr als zwei Pfund Silber, Herr«, meldete der Bote. Da konnte Bernhard ein Seufzen nicht unterdrücken und sagte leise: »Ein dürftiges Reisegeld für den langen und weiten Weg.« Der König hatte diese Worte gehört und fragte ihn, ob er denn als Bischof dafür sorgen würde, daß er für seine letzte Reise mehr Reisegeld vorausschicken würde. Als der junge Mann dies bejaht hatte, gab ihm der König das Bistum und hielt an diesem Beschluß fest, obwohl ihn die Vornehmsten seines Reiches, ja selbst seine eigene Frau darum baten, es ihren Günstlingen zu geben.

Ob Bernhard die Erwartungen Karls als Bischof erfüllte, erzählt Notker nicht. Er sagt auch nicht, wo der junge Mann Bischof wurde, aber wir können sicher sagen, daß es irgendwo in Europa war, und es spricht vieles dafür, daß Bernhard in seinem Bistum dafür gesorgt hat, daß das, was er von Clemens gelernt hatte, weitergegeben wurde und daß du eine Schülerin oder ein Schüler eines Schülers eines Schülers eines Schülers eines Schülers . . . von Bernhard aus Frankreich und Clemens aus Irland bist, die ihrerseits von Beda aus England, Augustinus aus Afrika und den alten Schriftstellern aus Rom gelernt haben. Ich sagte ja, daß dies eine europäische Geschichte ist.

Das Europa der Karolinger

Das römische Europa wird neu geordnet

Ungefähr 500 Jahre liegen zwischen der Herrschaft Konstantins im Römischen und der Karls des Großen im Fränkischen Reich, 500 Jahre, in denen sich die politische Landkarte Europas stark veränderte. Vom Zerfall des Weströmischen Reiches während der Völkerwanderung war schon die Rede. Vorübergehend entstanden mächtige germanische Reiche wie das der Ostgoten unter ihrem berühmten König Theoderich in Italien, das der Westgoten in Spanien oder das der Wandalen in Afrika. Aber im Mittelmeerraum konnten sie sich nicht lange halten, denn eindeutig bestimmend war hier noch immer das Oströmische Reich mit der Hauptstadt Byzanz. Im Nordwesten des Römerreiches aber, in Gallien, Deutschland und Britannien, entstanden neue Zentren. Nach Britannien wanderten nach dem Abzug der Römer im 5. Jahrhundert Angehörige der germanischen Angeln, Sachsen und Jüten ein und vertrieben die hier wohnenden christlichen Kelten. Vom nach wie vor christlichen Irland und von Rom aus wurden Missionare ausgesandt, um die heidnischen Angelsachsen zu bekehren. Mit Erfolg. In England entstanden bedeutende Klöster, die selbst wieder Missionare auf den Kontinent in die noch nicht christianisierten Gebiete aussandten. Der englische Benediktinermönch Winfrid (673-754), genannt Bonifatius, zum Beispiel hatte erheblichen Anteil daran, daß das Christentum in Friesland, Hessen, Thüringen und Bayern verbreitet wurde. Berühmte Klöster und Bistümer wie Fulda, Passau, Erfurt, Regensburg und Eichstätt wurden von ihm begründet.
Die Klöster in England waren auch wichtige Stätten der Forschung. Der berühmteste Gelehrte war wohl der Benediktinerabt Beda (673-735), der Werke zu zahlreichen wissenschaftlichen und religiösen Themen verfaßte, zum Beispiel auch eines über die Kunst, mit den Fingern zu rechnen. Seine in lateinischer Sprache abgefaßten Schriften wurden in ganz Europa ver-

breitet. Der gelehrte Brite Alkuin wurde zum angesehensten Berater Karls des Großen.
Auf dem Kontinent war man nämlich kulturell damals noch nicht soweit. Hier war man noch mehr damit beschäftigt, Krieg zu führen. Im Niederrheingebiet hatten sich Angehörige von Stämmen, die sich nicht an der Völkerwanderung beteiligt hatten, zu einem großen Volk zusammengeschlossen, das den Namen »Franken« trug. Unter ihrem König Chlodwig, an und für sich einem richtigen Ekelpaket, aber als Feldherr unschlagbar, dehnten sie das fränkische Herrschaftsgebiet um 500 über das ganze heutige Frankreich und die Beneluxländer aus, unter seinen Nachfolgern auch über Thüringen und Bayern. Chlodwig erkannte auch die Zeichen der Zeit und ließ sich und sein Heer taufen. Das nunmehr christliche Königsgeschlecht der Merowinger, dem Chlodwig angehörte, müssen wir wohl auch zu den Baumeistern des europäischen Hauses zählen. Leider, denn in dieser Familie schreckte man vor keinem Verwandtenmord zurück. Die Könige waren so damit beschäftigt, sich gegenseitig umzubringen, daß sie die Herrschaft im Reich ihren obersten Verwaltungsbeamten überließen, den sogenannten Hausmeiern. Die waren es endlich leid, sich von unfähigen Vorgesetzten etwas sagen zu lassen. Pippin, wegen seiner Körpergröße »der Kurze« genannt, setzte 751 den letzten merowingischen König ab, schickte ihn ins Kloster und ließ sich selbst vom Papst die Königskrone zuerkennen. Er war ein Sohn von Karl Martell, das heißt »der Hammer«, und der Vater von Karl dem Großen. Und weil es in dieser Herrscherfamilie so viele Männer gab, die Karl oder Karlmann hießen, spricht man vom Herrscherhaus und vom Reich der Karolinger, und das ist aus der Geschichte Europas nun wirklich nicht wegzudenken.

Neues aus Süd . . .

Aber bevor wir uns mit den Karolingern beschäftigen, wollen wir einen Blick auf das werfen, was sich in Europa sonst noch so tat. Im Süden endet Europa zwar am Mittelmeer, aber schon in der Antike haben wir gesehen, daß dieses Meer nicht nur eine Grenze ist, sondern zugleich ein Weg, auf dem wichtige Neuerungen nach Europa kommen. Du erinnerst dich vielleicht an das Mädchen Europa, das auf dem Stier aus Asien kam, an die Schrift, an das Christentum. Und in den Jahrhunderten, von denen hier die Rede ist, genauer gesagt im frühen 7. Jahrhundert unserer Zeitrechnung, ereignete sich im Orient erneut etwas, das auch für Europa wichtig wurde. Seit 610 n.Chr. trat in Mekka auf der Arabischen Halbinsel ein Mann auf, der wie Christus und seine Apostel 600 Jahre zuvor die religiösen Einstellungen vieler Menschen verändern sollte. Sein Name war Mohammed, und er verkündete die Botschaft von dem einzigen Gott Allah, der die Menschen, die an ihn glaubten, ihm gehorchten und alle Gebote erfüllten, am Ende ihres Lebens durch die Aufnahme ins Paradies belohne. Das heilige Buch des Islam – so nennt man die neue Religion – war der Koran. In diesem fanden und finden die Anhänger dieser Religion, die Muslime, alles , was Allah den Menschen durch seinen Propheten Mohammed verkündet hatte.

Die islamische Zeitrechnung beginnt mit dem Jahr 622 n.Chr. In diesem Jahr mußte Mohammed, der sich mit seinen Lehren nicht nur Freunde gemacht hatte, aus der arabischen Stadt Mekka nach Medina fliehen, wo man seinen Verkündigungen mehr Aufmerksamkeit schenkte. Mit großem Eifer wurde der neue Glaube verbreitet, zumal dem Muslim, der im Kampf für den Glauben fiel, die sofortige Aufnahme ins Paradies winkte. In wenigen Jahrzehnten breitete sich der Islam unter Mohammed und seinen Nachfolgern, den Kalifen, in den Ländern aus, die südlich des Mittelmeers liegen.

Im Osten verhinderte nur das Byzantinische Reich, daß arabische Reiterheere über den Bosporus nach Europa vordrangen. Im Westen gab es nichts, was sie aufhielt. Und hier wird die Sache für Europa interessant. Schon Anfang des 8. Jahrhunderts stand Spanien unter arabischer Herrschaft, und wer weiß, wie die Geschichte Europas verlaufen wäre, wenn die Vorstöße der Araber nach Frankreich nicht von fränkischen Heeren unter Führung des oben erwähnten Karl Martell um das Jahr 730 gestoppt worden wären. In Spanien aber herrschten die Mauren – so nannte man die spanischen Araber – mehrere Jahrhunderte lang. Und von hier steuerten sie ganz wichtige Bausteine für das europäische Haus bei. Arabische Gelehrte studierten, was indische, persische oder altgriechische Wissenschaftler herausgefunden und überliefert hatten und machten es über Spanien und später auch über Sizilien in Europa bekannt. Ohne sie wären die Werke des vielseitigen altgriechischen Gelehrten Aristoteles zum Beispiel nicht oder erst später in Europa wieder aufgegriffen worden. Auch in der Mathematik – wir benutzen arabische Ziffern – sowie in der Medizin lernte Europa von den Mauren. Eindruck machte auch die maurische Baukunst. Auch heute noch bewundern viele Leute ein Bauwerk wie die Alhambra, die Königsburg der maurischen Könige von Granada.

. . . und Nord

Auch von Norden her betraten neue Akteure die europäische Bühne, die am europäischen Haus allerdings zunächst weniger mitbauten, als daß sie es plünderten. Germanen aus Skandinavien, die Normannen, zum Teil auch Wikinger oder Waräger genannt, verbreiteten seit Ende des 8. Jahrhunderts in allen Küstenländern und an den Ufern der großen Ströme wegen ihrer Raubzüge Angst und Schrecken. Keine Gegend Europas war vor ihnen sicher. Über Island und Grönland drangen sie ein halbes Jahrtausend vor Kolumbus sogar bis nach Amerika vor. Die Kenntnis dieser Expeditionen ist allerdings in Europa verloren gegangen. Die Staatengründungen der Normannen auf Sizilien, in Nordfrankreich (Normandie) und in Rußland wurden dagegen zu tragenden Bausteinen des europäischen Hauses.

. . . und aus dem Osten

Dieses bekam auch im Osten ein neues Zimmer. Denn im 9. Jahrhundert kamen aus dem Osten die Magyaren nach Mitteleuropa. Wie die Normannen verbreiteten sie zunächst durch ihre Raubzüge hier Angst und Schrekken. Nachdem sie aber in Ungarn seßhaft geworden und den christlichen Glauben angenommen hatten, wurde auch ihr Reich zu einem wichtigen Teil unserer gemeinsamen europäischen Geschichte.

Europa hat wieder einen Kaiser

Mit den Staatengründungen der Normannen und Ungarn haben wir aber der Zeit schon um ein bis zwei Jahrhunderte vorausgegriffen. Kehren wir also noch einmal zurück ins Frankenreich. Hier herrschte nach dem Tode Pippins des Kurzen dessen Sohn Karl, den man später »den Großen« nannte. Wie die meisten Leute, die diesen Beinamen bekommen haben, verdankte er ihn wohl in erster Linie seinen kriegerischen Erfolgen. Das Frankenreich dehnte sich vor allem im Osten aus. In mehreren Feldzügen wurden die Sachsen unter ihrem König Widukind besiegt und zum Teil gewaltsam zum Christentum bekehrt. Andere Feldzüge führten gegen die noch weiter ostwärts siedelnden Slawen, gegen die Langobarden in Oberitalien und nach Spanien. Karls Reich, das Deutschland, Gallien und Italien umfaßte, war das erste große europäische Reich, das über die Grenzen des alten Römischen Reiches deutlich hinausging. Karl war der Herrscher des gesamten christlichen Abendlandes. An ihn wendete sich Papst Leo III. (795-815), als er 799 durch einen Aufstand aus Rom vertrieben wurde. Durch ihn wurde er in seinem Amt bestätigt und wieder eingesetzt.
Das Weihnachtsfest des Jahres 800 feierte Karl in Rom. Hier salbte und krönte Papst Leo ihn am 25. Dezember – wenn man den Quellen glauben darf, gegen seinen Willen – zum Kaiser, sozusagen als Nachfolger eines Augustus und eines Konstantin. Jetzt gab es im ehemaligen Römischen Reich wieder zwei Kaiser, Michael I. in Byzanz, Karl im Westen des Reiches, und die Nachfolger Karls trugen diesen Titel bis ins Jahr 1806.

Aachen als Hauptstadt Europas

Karl erwarb und sicherte sein großes Reich mit militärischen Mitteln, aber er sorgte auch dafür, daß im Innern des Reiches Wirtschaft und Kultur in Blüte standen. Wirtschaft, das war damals in erster Linie Landwirtschaft. Von den besten Kennern ließ der Kaiser Anweisungen zusammenstellen, wie auf den königlichen Gütern alles zu handhaben sei. Von der Pferdehaltung bis zur Geflügel-, Fisch- und Viehzucht, vom Obst-, Gemüse- und Getreidean-

bau bis zur Anlage eines Kräutergartens, von der Sauberkeit bei der Zubereitung und Konservierung von Nahrungsmitteln bis zur ordentlichen Buchführung ist dort alles genau festgelegt. Boten des Kaisers, die alle Teile des Reiches besuchten, wachten darüber, daß die Vorschriften genau eingehalten wurden.
Auch was die Kultur betrifft, kann man die Zeit um 800 durchaus als ein Glück für Europa bezeichnen. Karl versammelte zahlreiche Gelehrte wie den schon erwähnten Alkuin (735-804) um sich und ließ viele Schulen gründen. Überall bemühte man sich, die Kenntnisse der Antike zu sammeln und weiterzuentwickeln. Geschichtsforscher sprechen daher auch von einer karolingischen Renaissance – das heißt Wiederbelebung – der Antike.
Eine Hauptstadt im eigentlichen Sinne hatte das Reich nicht, denn die Könige zogen ja von Ort zu Ort. Dennoch gab es einen Ort, an dem sich Karl vor allem der warmen Quellen wegen sehr gern aufhielt. Dieser Ort war Aachen. Hier ließ der Kaiser eine prachtvolle Pfalz bauen. Hier empfing er ausländische Gesandtschaften aus so entfernten Ländern wie Spanien, Schottland und dem Byzantinischen Reich. Hier in Aachen gab es auch den ersten Tierpark nördlich der Alpen, und die Hauptsehenswürdigkeit war ein weißer Elefant, den der Kalif Harun ar-Raschid Karl hatte schicken lassen. Der herrlichste Bau der Pfalz aber war ohne Zweifel die Kapelle, die heute noch Teil des vielbesuchten Aachener Domes ist. Karl schmückte dieses Gotteshaus, wie Einhard, der Verfasser seiner Lebensgeschichte schreibt, »mit Gold, Silber und Kerzenleuchtern und mit Gittern und Türen aus massivem Metall. Und da er für den Bau die Säulen und den Marmor nirgendwo anders bekommen konnte, ließ er sie aus Rom und Ravenna herbeischaffen.«
Ein wahrhaft europäisches Bauwerk in einer Stadt, die damals das Zentrum Europas war und die sich auch heute als europäische Stadt empfindet. Sie liegt im äußersten Westen Deutschlands und hat Grenzübergänge sowohl nach Belgien als auch in die Niederlande. Hier wird seit 1950 jedes Jahr der Karlspreis vergeben an eine Persönlichkeit oder eine Institution, die sich um die europäische Einigung besonders verdient gemacht hat.
Und in der Tat, wer besser als Karl der Große könnte den Namen für einen

solchen Preis hergegeben haben, denn er gehört für viele europäische Länder zu ihrer Geschichte. Wer weiß, ob Europa sich nicht ganz anders entwickelt hätte, wenn sich das Karolingische Reich nicht unter seinen Nachfolgern in verschiedene Länder aufgespalten hätte. Ob man ihn nun Karl der Große, Charlemagne, Carlomagno oder Charles the Great nennt, den Ehrenplatz in der Galerie der Baumeister Europas macht ihm niemand streitig.

EINE STARKE EUROPÄERIN

Der große, geschlossene Wagen, der sich von Spanien her kommend der Stadt Bordeaux näherte, wurde von fünf Pferden gezogen und von einer Eskorte schwergepanzerter Reiter begleitet. Wo immer er langsam vorbeirumpelte, ließen die Bauern, die gerade das Land für die Aussaat vorbereiteten, die Arbeit ruhen, um sich das Schauspiel nicht entgehen zu lassen. Sie sahen zwei offensichtlich vornehme Frauen, die aus den Fenstern des reich geschmückten Wagens schauten; sahen gelegentlich wohl auch einmal, wie ein Hund aus dem Wageninneren herausgereicht wurde, damit er eine Weile neben dem Gefährt herrennen und seine Bedürfnisse erledigen konnte. Und wenn sie nahe genug an der holprigen Straße standen, hörten sie, wie die Männer an der Spitze des Zuges die Bauern, die mit ihren Karren vor ihnen herfuhren, gebieterisch aufforderten, Platz zu machen für die Herzogin von Aquitanien.

Denn niemand Geringeres als Eleonore war es, die hier im Jahre des Herrn 1200 mit ihrer Enkelin Blanca aus Spanien in ihr Herzogtum zurückkehrte. Achtzig Jahre war sie alt, und das Reisen machte ihr schon längst kein Vergnügen mehr. Wie viele und wie weite Reisen hatte sie nicht schon in ihrem Leben unternommen! Wie oft hatte sie sich zu Schiff den Wellen des Kanals zwischen England und Frankreich, wie oft zu Pferd oder mit dem Reisewagen den alle Knochen

durchschüttelnden Straßen anvertrauen müssen! Es mußte schon einen wichtigen Grund geben, wenn sie die schützenden Mauern und die Ruhe des Klosters in Fontevrault verließ und sich den Strapazen einer Reise über die Pyrenäen unterzog.

Schwere Schicksalsschläge hatten sie heimgesucht. Ihr Lieblingssohn Richard, genannt Löwenherz, der englische König, war im Jahr zuvor bei der Belagerung einer Burg von einem Pfeil getroffen worden und an der Verwundung gestorben. Wenige Monate später hatte sie ihre Tochter Johanna verloren, die Witwe des Königs von Sizilien. Von ihren fünf Söhnen und fünf Töchtern lebten nur noch zwei, Eleonore, die Königin von Kastilien, und John, der jetzt nach dem Tod seines Bruders Richard in England herrschte. Aber von ihm hielt Eleonore nicht viel. Richard, ja der hätte es geschafft, das riesige Reich, das England und den gesamten Westen Frankreichs von Aquitanien im Süden bis in die Normandie umspannte, zusammenzuhalten. Aber John? Auch unter ihren Enkeln war niemand in Sicht, den sie zu sich rufen konnte. Arthur von Bretagne, der Sohn ihres verstorbenen Sohnes Gottfried, war ihr zu ehrgeizig. Otto von Braunschweig, Sohn ihrer Tochter Mathilde, strebte die Krone eines deutschen Königs und römischen Kaisers an. England und Frankreich waren ihm fremd. Nein, die alte Frau, die nacheinander Königin von Frankreich und von England gewesen war, sah nur einen Ausweg: Wenn sie für ihre Nachkommen die Herrschaft über ihre Herzogtümer in Frankreich sichern wollte, mußte sie sich unter ihren Enkelinnen umschauen.

Aber sie wußte auch, daß jetzt, wo Richard tot war, Philipp August, der König von Frankreich, nach einem Vorwand suchen würde, ihre Herzogtümer gewaltsam seinem Herrschaftsbereich einzuverleiben. Formal war er im Recht, denn die Länder hatten Richard und vor ihm seinem Vater Heinrich nicht gehört, sondern waren ihm nur vom König verliehen, und sie konnten nicht so ohne weiteres vererbt werden. Wenn allerdings der Erbe des verstorbenen Lehnsmannes oder Vasallen dem König den vorgeschriebenen Lehnseid leistete und versprach, ihm in Notzeiten auch militärisch zu Hilfe zu kommen, mußte der König, wie es der Brauch war, den Erben zum neuen Besitzer der Lehen erklären und versprechen, seine Länder zu schützen. Eleonore hielt es für das Klügste, von sich aus den Lehnseid zu erneuern, und reiste zu Philipp August. Sie merkte wohl, daß der König wenig erfreut war, die erste Frau seines Vaters zu sehen, aber sie wußte auch, daß ihm nichts anderes übrigblieb, als sie anzuerkennen. Schon damals hatte sie angeregt, Philipp August solle seinen Sohn Ludwig mit einer ihrer Enkelinnen in Kastilien verheiraten, aber es hatte noch einige Monate gedauert, bis aus dieser Anregung ein Vertrag wurde. Dann aber hatte Eleonore keinen Tag mehr gezögert und zu Beginn des Winters die beschwerliche Reise nach Spanien unternommen.

Es waren schöne Tage gewesen in Kastilien in der Familie ihrer einzigen noch lebenden Tochter. Im Kreise ihrer elf Enkelinnen und Enkel wurde die alte Frau von Tag zu Tag jünger. Niemand sah ihr mehr ihre achtzig Jahre an. Dazu trugen auch die vielen Minnesänger bei, die am kastilischen Hof aus und ein gingen und immer auf eine reiche Belohnung für ihre Lieder und Erzählungen hoffen durften.

Eleonore fühlte sich an ihre Jugend erinnert, an ihren Großvater Wilhelm, der einer der ersten Troubadoure gewesen war; an ihre eigenen Höfe in Paris, Poitou und in London, wo berühmte Dichter und sogar eine Dichterin, Marie de France, die Sagen um König Artus und andere Rittersagen in meisterhafter Form erzählt hatten.

Nein, Eleonore hatte es nicht eilig, wieder aufzubrechen, zumal die Hochzeit frühestens nach dem Ende der Fastenzeit zu Ostern stattfinden konnte. Sie wollte sich auch Zeit nehmen herauszufinden, welche ihrer beiden Enkeltöchter im heiratsfähigen Alter besser für den Hof in Frankreich paßte. Dann entschied sie sich nicht, wie man angenommen hatte, für Urraca, angeblich, weil sie es mit diesem Namen als Königin von Frankreich schwer haben würde. Das war aber nur ein Vorwand, um das Mädchen nicht zu kränken. Sie paßte, wie Eleonore meinte, nach ihrer ganzen Erscheinungsweise und ihrer Lebensart besser in südliche Länder. Mochte sie den Thronfolger von Portugal heiraten. Nach Frankreich wollte sie die jüngere, Blanca, mitnehmen, ein Mädchen, noch keine 15 Jahre alt, aber energisch und tatkräftig und geeignet, das Lebenswerk ihrer Großmutter fortzusetzen. Sie war die junge Frau in dem Wagen, der sich in Richtung auf Bordeaux bewegte.

Lang war die Reise, und Blanca oder Blanche, wie sie jetzt in Frankreich genannt wurde, hatte oft neugierig die ihr neue Landschaft betrachtet, die langsam und schwankend an den Fenstern des Wagens vorüberzog. Viele Gedanken gingen ihr durch den Kopf, über ihren Bräutigam, den sie noch nicht kannte, über die bevorstehende Hochzeit, über ihre zukünftige Wohnung.

Eleonore betrachtete ihre Enkelin liebevoll. »Du bist noch so jung, Kind«, sagte sie. »Ich hätte dir gern noch ein paar Jahre gegönnt, bevor du den Ernst des Lebens kennenlernst. Ich selbst brauchte in deinem Alter noch nicht ans Heiraten zu denken. Mein Vater lebte damals noch, und mein Onkel Raimund, der nur wenig älter war als ich. Er war ein richtig guter Kamerad, und wir haben viel angestellt auf unserem Schloß in Bordeaux, bis er dann eines Tages ins Heilige Land aufbrach und Herzog von Antiochia wurde. Ich habe mir damals noch nicht viel Sorgen um die Politik gemacht, denn mein Bruder Aigret sollte einmal Herzog von Aquitanien werden. Aber er starb, und wenige Jahre später kehrte Vater, er war erst 38, von einer Pilgerfahrt nach Santiago de Compostela nicht mehr nach Bordeaux zurück, und auf einmal war ich die Herrin von Aquitanien. Es war Vaters letzter Wunsch, daß ich den Sohn des französischen Thronfolgers heiraten sollte. Er hieß Ludwig, genauso wie dein zukünftiger Ehemann, und ich kannte ihn genausowenig, wie du den deinen kennst. Aber ich mochte ihn vom ersten Moment an, und auch er hat mich geliebt. Ganz Bordeaux war festlich geschmückt, als wir im Jahre des Herrn 1137 geheiratet haben, und überall standen jubelnde Menschen. Paß nur auf, dir wird es in einigen Wochen ebenso gehen.«

Blanche sah ihre Großmutter ein wenig skeptisch an. Ganz war sie nicht davon überzeugt, daß sie recht haben würde, aber sie war jetzt ausgesprochen neugierig und wollte mehr über Eleonores Lebensgeschichte erfahren.

Und während der Wagen langsam weiterrumpelte und schon die Dämmerung hereinbrach, erzählte die alte Frau, und je mehr sie erzählte, vergaß sie alles um sich herum und sah vor ihren Augen die einzelnen Stationen ihres Lebens vorüberziehen, als ereigneten sie sich noch einmal. Noch einmal nahm sie Abschied von ihrer Schwester, noch einmal brach sie von Bordeaux auf, der Stadt, in der sie ihre Jugend verlebt hatte, noch einmal erlebte sie die Begeisterungsstürme, die sie und ihren Gemahl in Poitiers empfingen. Dann das große Festmahl und der Bote mit der Nachricht, daß Ludwig VI., der Vater ihres Mannes, gestorben war und daß nun ihr Mann als Ludwig VII.

den Thron Frankreichs besteigen und sie Königin sein würde. Die Ankunft in Paris. Die Auseinandersetzung mit ihrer Schwiegermutter, weil die junge Königin das Leben genießen und sich nicht an die Hofetikette halten wollte. Heute, über sechzig Jahre später, sah Eleonore das in etwas anderem Licht. Sie lächelte bei dem Gedanken daran, wie schockierend Adelaide das Benehmen und die Modetorheiten ihrer Schwiegertochter gefunden haben mußte. Sie sah die Königskrönung wieder vor sich in Reims, und sie erinnerte sich an die ersten glücklichen Jahre ihrer Ehe, als Ludwig ihr den geringsten Wunsch von den Augen ablas und als sie sich bemühte, den Pariser Palast mit Wandbehängen und allen Düften und Kostbarkeiten des Orients auszustatten. Troubadoure gaben sich ein Stelldichein und himmelten sie in ihren Liedern an.

Aber mit den Jahren kamen die Sorgen. Über zwanzig Jahre war sie alt, und immer noch hatten sich bei ihr keine Anzeichen einer Schwangerschaft gezeigt. Sie konnte Frankreich nicht den Thronfolger schenken, den es brauchte.

Dann der 11. Juni 1144. Abt Suger, der wichtigste Ratgeber der französischen Könige, hatte alles, was Rang und Namen in Frankreich hatte, in die altehrwürdige Abtei Saint Denis zur Einweihung des Chors der neuen Abteikirche eingeladen. Wenn Suger rief, war das Grund genug zu kommen, aber auch der Bau war sensationell. Zum ersten Mal war hier eine Kirche, deren Säulen keine Rund-, sondern Spitzbögen trugen und deren Kirchenschiff darum viel höher war, als man es bis dahin gesehen hatte. Auch der berühmte Abt Bernhard von Clairvaux hatte sein Kommen zugesagt, ein Mann, dem schon zu Lebzeiten der Ruf der Heiligkeit vorausging. Mit ihm besprach Eleonore das Problem ihrer Kinderlosigkeit. Auf seinen Rat hin hatte sie dann alles darangesetzt, zusammen mit ihrem Gatten die vielen Auseinandersetzungen zwischen den Adligen und dem König zu beenden. Ein Jahr später wurde ihre erste Tochter Marie geboren. Eleonore war fest davon überzeugt, daß Bernhard ein Heiliger sei.

War es da ein Wunder, daß sie sich zu Ostern 1146 zusammen mit ihrem Mann dazu verpflichtete, am zweiten Kreuzzug ins Heilige Land teilzunehmen, zu dem Bernhard von Clairvaux in einer flammenden Predigt aufgerufen hatte? Die Vorbereitungen dauerten ein ganzes Jahr. Sie hatte damals noch nicht so viel Lebenserfahrung, daß sie wußte, wieviel Kritik sie dafür ernten würde, daß sie viele Wagen mit sich führte, um ihren ganzen Hausrat und eine ansehnliche Garderobe für alle Gelegenheiten und Wetterlagen mitzunehmen. Auch auf die Annehmlichkeiten ihrer Küche wollte sie nicht verzichten.

Aber wie gut das war, hatte man wenig später gesehen, denn das französische Kreuzfahrerheer zog nur wenige Wochen nach dem deutschen unter König Konrad durch Ungarn und Bulgarien, und so gab es kaum Lebensmittel zu kaufen. Dann im Oktober der Empfang bei Kaiser Manuel Kommenos in Konstantinopel, drei Wochen voll von Jagdausflügen, Pferderennen, Empfängen und Festmählern mit nie zuvor geschmeckten Köstlichkeiten wie Artischocken und Kaviar. Wie hätte sie hier vor den Damen der byzantinischen Gesellschaft bestehen können, wenn sie nicht soviel Wert darauf gelegt hätte, passende Garderobe mitzunehmen?

Auch wenn sich hinterher herausstellte, daß der Kaiser von Byzanz mit ihnen ein falsches Spiel getrieben hatte und sie nur hinhalten wollte, auf die Erinnerung an jene prachtvolle, alte Hauptstadt des Römischen Reiches wollte Eleonore um nichts auf der Welt verzichten. Zugegeben, ihr Mann war immer ungeduldiger geworden. Damals merkte sie zum ersten Mal, daß ihre Gefühle füreinander nicht mehr so stark waren wie am Anfang ihrer Ehe. Dann seine Eifersuchtsszenen in Antiochia, als Onkel Raimund ihr den Hof machte. Dabei war nichts dabei. Es war nur schön, die Erinnerung an die gemeinsam verbrachte

Jugend in Bordeaux wiederzuerleben. Und in seiner Eifersucht hörte Ludwig nicht auf die guten Ratschläge Raimunds. Der Kreuzzug wurde ein Mißerfolg. Ludwig und Eleonore stachen auf getrennten Schiffen in See. Eleonore erinnerte sich, wie ihr Schiff auf dem Weg nach Sizilien von den Byzantinern gekapert worden und dann von Normannen aus dem Königreich Sizilien wieder befreit worden war. Sie erinnerte sich an das Wiedersehen mit ihrem Mann, die gemeinsame Reise zum Papst. Eugen III. war ein sehr kluger und gütiger Mann. Er schaffte es, sie noch einmal mit Ludwig zu versöhnen, und sie wurde zum zweiten Mal schwanger. 1150 wurde das Kind geboren, wieder eine Tochter, Alix. Aber immer unerträglicher wurde ihr das Leben an der Seite Ludwigs, und auch er schien ähnlich zu empfinden. Man suchte Mittel und Wege für eine Scheidung mit dem Segen der Kirche. Man fand sie in einer ganz entfernten Verwandtschaft zwischen beiden, die nach dem Kirchenrecht die Ehe ungültig werden ließ. Anfang 1152 war sie wieder frei.

Ob Ludwig so rasch eingewilligt hätte, wenn er gewußt hätte, daß sie wenige Wochen später den jungen Herzog der Normandie und Grafen von Anjou, Heinrich Plantagenet, heiraten würde? Sicher nicht. Es war gut, daß sie ihn nicht gefragt hatte, obwohl er als ihr Lehnsherr eigentlich um seine Einwilligung hätte gebeten werden müssen. Kein König sieht es gern, wenn er weniger gilt als seine Gefolgsleute. Und Heinrich und Eleonore beherrschten jetzt fast alle Ländereien zwischen den Pyrenäen und der Kanalküste. 1153 war ihr erster Sohn, Wilhelm, geboren worden, der leider nur drei Jahre lang gelebt hatte. Dann jener denkwürdige Tag spät im Jahre 1154, als sie trotz Schwangerschaft zusammen mit Heinrich den turmhohen Wellen im sturmgepeitschten Kanal getrotzt hatte, und der 19. Dezember 1154, als sie zum zweiten Male Königin wurde, dieses Mal von England. Acht Kinder, fünf Söhne und drei Töchter, hatte sie Heinrich bis 1166 geboren, zuletzt jenen John, der jetzt sein väterliches und mütterliches Erbe so schlecht verwaltete. Sie sahen sich manchmal lange Zeit nicht, denn wenn er in England nach dem Rechten sah, hielt sie sich oft in Frankreich auf – und umgekehrt. Beide sorgten sie dafür, daß die Verwaltung in ihren Ländern gut organisiert wurde, daß Wirtschaft und Kultur auf dem Land und in den Städten aufblühten. Eleonore erinnerte sich, wie sie erfolgreich versucht hatte, Dichter aus Aquitanien an den englischen Hof zu bringen. Und jetzt waren die Engländer sogar schon überzeugt, daß die ganzen Sagen um König Artus auf ihrer Insel spielten.

Wer in Europa konnte behaupten, mächtiger zu sein als ihre Familie? War es da vermessen, auch an die Königskrone von Frankreich oder sogar an die Kaiserkrone zu denken? Der Mensch denkt, Gott lenkt. Heinrich betrog sie mit der schönen Rosamunde, sie, die auch jetzt noch im Alter von fast fünfzig Jahren und nach der Geburt von zehn Kindern der Schwarm aller Troubadoure war. Auch im Rückblick war Eleonore sich noch sicher, daß sie recht daran getan hatte, England zu verlassen. Sollte doch Heinrich zu ihr kommen, wenn ihm an ihrer Ehe noch etwas lag. Ihre Hoffnung lag auf den Söhnen Heinrich und Richard und auf ihrer Tochter Mathilde, zu deren Hochzeit mit dem Welfenherzog Heinrich dem Löwen sie 1167 sogar noch einmal nach England zurückkehrte. Ob es richtig war, ihren Sohn Heinrich gegen den Vater aufzubringen? Hatte dieser nicht den Erzbischof von Canterbury, Thomas Becket, ermorden lassen und damit ganz Europa gezeigt, was für ein Tyrann er war? Hatte nicht der Papst damals über ganz England den Kirchenbann verhängt und dem König verboten, eine Kirche zu betreten? Zwar hatte er sich vom Bann lösen können, als er öffentlich Buße getan hatte, aber ob er es ernst gemeint hatte? Sie hatten sich noch getroffen, dann und wann, meist zu Weihnachten, und nach außen hin die Form einer Ehe gewahrt, aber Eleonore schmerzte die Affäre mit Rosamunde mehr, als sie sich selbst zugab. Als sich der junge Heinrich gegen seinen Vater erhob, hatte sie ihn unterstützt. Als der Aufstand zusammenbrach, floh sie in Männerkleidung und wurde durch Zufall von Männern des Königs gefangengenommen und nach England gebracht. Fünfzehn bittere Jahre lang bis zu Heinrichs Tod war sie praktisch seine Gefangene. Zwar fehlte es ihr an nichts, und auch Besucher waren nicht selten. Gelegentlich zu Weihnachten durfte sie auch noch einmal die Rolle der Königin spielen, aber daß sie nicht in ihre sonnige Heimat konnte, bedrückte sie sehr.

Dann starb der König am 6. Juli 1189. Sie war wieder frei, und sie hatte vor, diese Freiheit zu nutzen. Ihr Lieblingssohn Richard – der ältere Sohn Heinrich war inzwischen gestorben – sollte die englische Krone erhalten. Es war, im Rückblick, wohl der stolzeste Tag ihres Lebens, als er in Westminster gekrönt wurde. Doch ihre Freude währte nicht lange, denn Richard brach fast sofort zum dritten Kreuzzug auf, auf dem er sich wegen seiner Heldentaten den Namen Löwenherz erwarb. Dann war er auf dem Rückweg von Herzog Leopold von Österreich gefangengenommen und an den deutschen Kaiser ausgeliefert worden. 150 000 Mark, das waren 34 000 Kilogramm feines Silber, wurden für seine Freilassung verlangt. Sie hatte das Geld aufgetrieben und selbst nach Deutschland gebracht, wo sie am 2. Februar 1194 endlich ihren Sohn wieder in die Arme schließen konnte. Der Jubel in Richards Ländern war groß, denn sein Bruder John hatte sich in der Zeit seiner Abwesenheit viele Feinde geschaffen. Auch sie war froh, daß Richard nach England zurückkehrte, aber Blut wollte sie nicht mehr fließen sehen. Sie flehte daher Richard an, den Bruder zu schonen und sich mit ihm auszusöhnen. Mit Erfolg, wie es schien. Das Reich der Plantagenets, das von Irland bis zu den Pyrenäen reichte, hatte wieder einen starken Herrscher. Eleonore zog sich in die Ruhe des Klosters von Fontevrault zurück.

»Und hier erreichte mich die Nachricht, daß dein Onkel Richard im Sterben lag«, sagte Eleonore traurig. »John wird unsere Länder in Frankreich nicht schützen können. Darum mußt du dafür sorgen, daß das Blut der Plantagenets in den Königen von Frankreich weiterlebt, und eines Tages, denke ich, werden unsere Nachkommen sowohl in England als auch in Frankreich herrschen.«

In diesem Moment passierte der Wagen das Stadttor von Bordeaux. Blanche umarmte ihre Großmutter, und diese ließ sich das nicht nur gefallen, sondern erwiderte die Liebkosungen. Sie hatte sich, das wußte sie genau, in dem Mädchen nicht getäuscht, das empfindsam und zugleich tatkräftig war. Auch Blanche würde sich von Schicksalsschlägen nicht mutlos machen lassen.

Eleonore lebte noch vier Jahre lang, auch diese nicht ohne Sorgen, denn im Jahre 1202 mußte sie vor den Rittern ihres Enkels Arthur von Bretagne fliehen, die sie gefangennehmen wollten. Sie erlebte noch, wie ihr Sohn John die Normandie an Philipp August von Frankreich verlor. Manche meinen, daß sie aus Gram hierüber am 31. März oder 1. April 1204 gestorben sei. Aber ich nehme an, daß sie sehr friedlich starb, in dem Bewußtsein, daß nicht John, sondern ihre Enkelin Blanche ihr Erbe weitertragen würde. Ihre Hoffnung trog sie nicht, denn Blanche erwies sich später als sehr tüchtige Regentin, als ihr Mann, Ludwig VIII., frühzeitig starb und ihr Sohn, Ludwig IX., den man später den Heiligen nennen sollte, noch nicht alt genug war, um den Thron zu besteigen.

Wenn man nach den Baumeisterinnen Europas sucht, Blanche und vor allem Eleonore gehören sicher dazu, ebenso wie 200 Jahre später ein Mädchen aus Lothringen, das als Jeanne d'Arc dafür sorgte, daß die letzten Reste englischer Herrschaft in Frankreich verschwanden und Frankreich im wesentlichen der Staat wurde, der es heute ist.

Europa im Mittelalter

Europa nicht mehr grenzenlos

In den 400 Jahren zwischen der Kaiserkrönung Karls des Großen und Eleonores Reise nach Kastilien hatte sich viel getan in Europa. Das Reich der Karolinger lebte im römisch-deutschen Kaiserreich in der Mitte Europas und in Frankreich fort. Letzteres war in seltsamer Weise mit dem Königreich England verknüpft, denn im Jahre 1066 hatte der Herzog der Normandie, Wilhelm der Eroberer, durch die Schlacht bei Hastings die englische Königskrone erworben, auf seine Besitzungen in Frankreich aber nicht verzichtet. Für fast 200 Jahre war Französisch in England die Sprache der Könige und der Vornehmen. Zahllose Sagen wie die von Robin Hood berichten von den Auseinandersetzungen zwischen den einheimischen Angelsachsen und ihren normannischen Herren.
Im Süden Europas hatten die Normannen Sizilien von den Arabern erobert und hier und in Unteritalien ein Königreich gegründet. Die Muslime hatten auch den größten Teil der Iberischen Halbinsel wieder an Christen verloren. Nur ganz im Süden konnte sich noch das maurische Königreich Granada halten. Im Westen bestand jetzt das Königreich Portugal; den Rest des heutigen Spanien nahmen die Königreiche von Leon, Kastilien, Navarra und Aragon ein.
Im Norden Europas herrschten die Könige von Schottland, Dänemark und Schweden, auf der anderen Seite der Ostsee der König von Polen. Im europäischen Teil Rußlands gab es verschiedene Fürstentümer, im Südosten Europas die Königreiche Ungarn, Serbien und Bulgarien. Den äußersten südöstlichen Zipfel Europas nahm noch das byzantinische Kaiserreich ein, das sich allerdings immer weniger gegen den Vorstoß der muslimischen Türken wehren konnte.
Um den Überblick zu beenden – er ist im Osten und Südosten ohnehin nicht ganz vollständig –, sei auch noch der vom Papst beherrschte Kirchenstaat in der Mitte Italiens mit Rom als Mittelpunkt genannt. Von einem einheitlichen Europa also keine Spur, um so weniger, wenn man bedenkt, daß innerhalb

dieser Reiche oft die Fürsten sich von den Königen nur wenig sagen ließen und in ihren Herrschaftsgebieten schalteten und walteten, wie sie wollten.

In Europa lebt man feudal

Dennoch kann man im Mittelalter mit Fug und Recht noch von einer europäischen Einheit sprechen. Grenzen waren noch nicht das, was sie heute sind, und es gab auch noch keine Staaten im heutigen Sinn. Viel wichtiger waren die persönlichen Beziehungen zwischen den Lehnsherren und ihren Lehnsleuten oder Vasallen. Die ganze Gesellschaft war wie eine Pyramide geordnet. An der Spitze stand der König. Er vergab die Herzogtümer und Grafschaften, aber auch andere Königsrechte, wie das, Münzen zu schlagen, an die Fürsten als Lehen. Der lateinische Begriff dafür ist »feudum«, darum spricht man auch von einer »Feudalordnung«. Die Fürsten mußten dem König in ihrem Lehnseid Treue und militärische Hilfe im Notfall versprechen. Dieser selbst versprach, die Länder zu schützen. Die Fürsten, zu denen auch Bischöfe und Äbte gehörten, gaben ihrerseits wiederum die Länder und Rechte an Untervasallen weiter, die selbst wieder Untervasallen haben konnten. Am unteren Ende der »Lehnspyramide« standen die Bauern. So war man im Mittelalter nicht in erster Linie Deutscher, Franzose, Kastilier oder Norweger, sondern Lehnsmann seines Feudalherrn, der wiederum Lehnsmann eines anderen, der dann vielleicht Vasall des Königs war. Die Lehnsordnung machte vor den Landesgrenzen nicht halt, so daß eben der englische König zugleich für einen Teil des von ihm beherrschten Gebiets Vasall des französischen Königs und insgesamt viel mächtiger als dieser war. Die Fürsten trachteten danach, durch Kauf, Tausch oder Heiratspolitik möglichst zusammenhängende Gebiete zu erwerben, so daß sich allmählich kleine oder größere Staaten herausbildeten.

. . . und ritterlich

Neben der Feudalordnung gab es ein weiteres Band, das Europa, oder sagen wir lieber das adlige Europa, im Mittelalter einte, das Ideal des Rittertums. Ritter waren ursprünglich nichts anderes als bewaffnete Krieger gewesen, Gefolgsleute der hohen adligen Herren, für die und mit denen sie in den Krieg zogen. In dem englischen Wort für Ritter »knight«, das mit dem deutschen Wort »Knecht« verwandt ist, ist dies noch zu erkennen. Aber, wie das so ist, wenn man in glänzender Rüstung von einem Pferd hinabschaut, dünkt man sich etwas Besseres als die Bauern ringsum und will das auch zeigen. So begannen die Ritter, Burgen zu bauen und den Lebensstil des Adels nachzuahmen. Es entwickelte sich eine regelrechte Ausbildung vom Pagen über den Knappen zum Ritter, in der man nicht nur das Kämpfen, sondern auch geschliffenes Benehmen lernte. Ein Ritter mußte wissen, wie man sich bei Hof, also höflich, verhielt; er sollte wissen, was sich in der Gegenwart von Damen schickte. Er sollte für die Kirche und die Armen und Waisen eintreten.

So wurde aus dem Beruf »Ritter« ein Lebensideal, an das sich natürlich auch die Könige und Fürsten halten mußten. Bei prächtigen Turnieren und Festen entfaltete die ritterliche Gesellschaft ihren Glanz. Ritterliche Dichter, die Minnesänger oder, wie sie in südlichen Ländern genannt werden, Troubadoure schmückten alte Sagen aus und stellten Helden wie König Artus und die Männer seiner Tafelrunde als vollendete Ritter dar. In ihren Minne- (das heißt Liebes-)Liedern priesen sie die Schönheit und Güte der adligen Frauen, denen sie ihre Kunst weihten. Goldschmiede und Händler, die Orientwaren von weither brachten, trugen das Ihre dazu bei, daß das Leben in der Rittergesellschaft so farbenfroh wurde, wie es uns in zahlreichen Bildern in mittelalterlichen Handschriften gemalt wird. Und dem Ideal des Kavaliers, das ist das aus dem Französischen stammende Wort für Ritter, entsprachen deutsche so gut wie burgundische, aquitanische so gut wie englische Ritter. Auch hier gab es keine Grenzen.

. . . und christlich

Auch religiös war Europa fast eine Einheit. Der Islam spielte nur noch im Süden Spaniens und auf Sizilien eine gewisse Rolle. Der Rest Europas war christlich. Allerdings gab es seit 1054 zwei christliche Kirchen, denn damals hatte sich die byzantinische Kirche endgültig von der der Päpste in Rom

getrennt. Sie fand ihre Anhänger auf dem Balkan und in Osteuropa, wo auch heute noch die »orthodoxe« Kirche vorherrscht.
Der größte Teil Europas aber war römisch-katholisch. Der Papst in Rom, seine Bischöfe und die Priester hatten großen Einfluß. Wer etwa die Fastengebote nicht einhielt, hatte mit strengen Strafen zu rechnen, und selbst Fürsten und Könige mußten um ihre Herrschaft fürchten, wenn der Papst den Kirchenbann über sie und ihre Länder verhängte. Weil Philipp August es mit den Ehegesetzen nicht so genau genommen hatte, durften zum Beispiel im Jahre 1200 keine kirchlichen Feiern in Frankreich durchgeführt werden, so daß die Hochzeit zwischen Ludwig und Blanche in der Normandie stattfand. Anderthalb Jahrhunderte zuvor war der deutsche Kaiser Heinrich IV. im Januar 1055 barfuß und im Büßergewand vor der Burg Canossa in Oberitalien erschienen, um von Papst Gregor VII. die Lösung vom Bann zu erwirken. Der Streit zwischen den beiden ging darum, wer für die Investitur, das heißt Einsetzung der Bischöfe zuständig war. Der Papst meinte, dies sei allein seine Sache, der Kaiser bestand darauf, daß die Bischöfe auch Reichsfürsten seien und die Entscheidung darum bei ihm liegen müsse. Mit einem Kompromiß war der sogenannte »Investiturstreit« beigelegt worden, aber unter der Oberfläche schwelte er weiter, denn viele Könige wehrten sich im Laufe der Zeit dagegen, daß der Papst und die Kirche in weltliche Dinge hineinredeten, aber wenn sie sich offen gegen die Kirche auflehnten, riskierten sie Aufstände ihrer Untertanen, denn denen war ihr Seelenheil allemal wichtiger als die Launen ihrer Herrscher.
Viele Frauen und Männer stellten sich auch ganz in den Dienst der Kirche, indem sie ins Kloster gingen. Allerdings war das Leben in vielen benediktinischen Klöstern im Laufe der Zeit recht weltlich geworden, hatten die Äbte sich mehr um die Annehmlichkeiten des Klosterlebens und um Politik gekümmert als um die Ideale des Ordens. Im 11. und 12. Jahrhundert aber gingen zunächst vom Kloster Cluny und dann von dem in Citeaux Reformbewegungen aus. Man wollte zurück zu den ursprünglichen Idealen, wie sie Benedikt von Nursia gepredigt hatte. Viele Klöster in ganz Europa schlossen sich diesen Reformbewegungen an, zahlreiche neue Tochterklöster wurden ge-

gründet. Der Zisterzienser Bernhard von Clairvaux war in ganz Europa bekannt. Auch zwei neue Orden, der der Dominikaner und der der Franziskaner, verbreiteten sich im 13. Jahrhundert rasch im katholischen Europa. Auf dem Gebiet der Fürsorge für Arme und Kranke und im Bildungswesen, aber auch auf politischem und wirtschaftlichem Gebiet – man denke nur an die zahlreichen »Klosterbräus«! – leisteten die Klöster wichtige Aufgaben, die heute vielfach von staatlichen Stellen übernommen werden. Keine Frage, auch die Äbtissinnen und Äbte, die Mönche und Nonnen haben an unserem Europa mitgebaut.

. . . und ländlich

Weitaus der größte Teil der Europäer im Mittelalter lebte auf dem Lande, und wenn sich, vielleicht auf einer Pilgerreise, ein friesischer und ein sizilianischer Bauer trafen, so haben sie sich, vorausgesetzt sie konnten das Sprachproblem überwinden, kaum über Politik unterhalten. Wie gut der Boden war, womit sie düngten, in welcher Reihenfolge sie die Feldfrüchte anbauten, was für Vieh sie hatten, ob sie den neuen Räderpflug schon kannten, wieviel Frondienste sie für ihren Grundherrn leisten mußten, wie es bei ihnen zuging, wenn Kirmes auf dem Dorf war, das waren Fragen, die die Landbevölkerung interessierten. Auch die hohen Herren und Damen nahmen die Landwirtschaft damals noch viel wichtiger, als sie das heute tun, bestanden doch ihre Einnahmen vielfach nicht in Geld, sondern in landwirtschaftlichen Produkten. Im berühmten Stundenbuch des Herzogs von Berry zum Beispiel, das oft als Beispiel für die Farbenpracht des Adelslebens im Mittelalter herangezogen wird, sieht man im Hintergrund der Bilder stets die Bauern bei ihren Tätigkeiten. Sie schafften den Reichtum, von dem die Fürsten lebten, und oft genug bauten sie im Schweiße ihres Angesichts an den Burgen und Schlössern, die heute europäische Reiseziele sind. Auch sie dürfen in der Liste der Baumeister Europas daher auf keinen Fall fehlen, obschon uns ihre Namen oft nicht bekannt sind.

. . . und städtisch

Mittelalterliche Dörfer sind allerdings heutzutage kaum erhalten, denn in ihnen waren Holz, Lehm und Stroh die wichtigsten Baustoffe. Die aus Stein erbauten mittelalterlichen Städte mit ihren Mauern und Türmen waren dagegen haltbarer und haben vielerlei Spuren hinterlassen. Es gab Städte ganz unterschiedlicher Art: die reichen Städte in Italien wie Mailand, Genua, Florenz und Venedig, die eigene Staaten bildeten, die Residenzstädte der Fürsten, die Hafenstädte an Nord- und Ostsee, die sich zur Hanse zusammenschlossen, kleine Städtchen, die sich im Schatten einer Burg entwickelten. Allen gemeinsam ist, daß sie Handwerker und Händler, Künstler und Baumeister anzogen. Hier versammelte sich das Wissen des Mittelalters, hier entstanden die ersten Universitäten wie in Paris und in Bologna, wo man vor allen Dingen römisches Recht und Kirchenrecht studierte. Vor allem aber lebten die Städte vom Selbstbewußtsein ihrer Bürger. Die reichen Handelsleute, in manchen Fällen sogar die Handwerker, vertrieben die adligen Stadtherren und regelten ihr Zusammenleben in einer Weise, die man mit etwas gutem Willen durchaus als demokratisch betrachten kann – auch dies eine Tradition, auf die wir uns als Europäer berufen können. Man muß allerdings zugeben, daß es die Europäerinnen dabei etwas schwerer haben, denn so weit, daß man auch die Frauen am politischen Leben beteiligte, ging die Demokratie doch nicht. Hier war man, wie am Beispiel Eleonores zu sehen, sogar an den Fürstenhöfen schon etwas weiter.

Europäer bauen zur Ehre Gottes

Das mittelalterliche Europa ist an vielen Stellen noch sicht- und greifbar. Wer hat nicht schon einmal eine Burgruine oder eine mittelalterliche Stadtmauer besichtigt? Vor allem aber die vielen erhaltenen Kirchenbauten des Mittelalters legen Zeugnis davon ab, welch gute Baumeister hier am Werk waren. Jeder lernte vom anderen, und jedes Kloster, jede Stadt bemühte sich, ein noch herrlicheres Bauwerk zur Ehre Gottes zu errichten. Und doch zeigt sich bei allen Unterschieden eine Einheit, die alle Grenzen überschreitet. Vor

allen Dingen zwei Baustile sind es, die man in ganz Europa wiederfindet. Den älteren nennt man den romanischen. Man findet ihn in Frankreich wie in Rußland, in Schweden und England wie in Deutschland und Italien. Kirchen mit Haupt- und Querschiffen, deren Wände aus mächtigen Pfeilern mit runden Bögen bestehen, die Zugang zu den Seitenschiffen erlauben, Kirchen mit rundem Chor und oft Kapellenkränzen ringsum, Kirchen mit zahlreichen Türmen erwecken den Eindruck von Palästen zur Ehre Gottes. Staunend steht man vor dem reichen, früher teilweise farbig bemalten Figurenschmuck der Portale und der Kapitelle (Köpfe) der Säulen. Es sind Bilderbücher in Stein. An den Wänden entstanden prachtvolle Fresken (Wandbilder), die den Gläubigen ebenfalls die biblische Geschichte vermitteln. Man darf sicher fragen, ob Europa später noch einmal eine solche Blüte der Baukunst erlebt hat.
Das gilt sogar in Hinsicht auf den anderen Baustil, der die Romanik ablöste. Man nennt ihn den gotischen. Technisch war er ein großer Fortschritt. Nicht mehr der Rund-, sondern der Spitzbogen ist für ihn charakteristisch. Saint Denis in Frankreich gilt als die erste Kirche dieses Typs, der sich rasch von Frankreich aus verbreitete. Hohe, lichte Kirchenräume entstanden und Türme von weit über 100 Meter Höhe, die in den Himmel ragten. Wer denkt hier nicht an den Kölner Dom, dessen Bau 1248 begonnen wurde, dessen Türme allerdings erst im vergangenen Jahrhundert nach mittelalterlichen Plänen fertiggestellt wurden?
Es gibt gute Gründe anzunehmen, daß die Baumeister der Romanik und der Gotik auch von den Arabern gelernt haben. Was sie geschaffen haben, gehört aber ganz sicher zu den Leistungen unserer europäischen Vorfahren, auf die wir mit Bewunderung blicken.

Europäer unterwegs für den Glauben

Im Mittelalter fuhren die Menschen noch nicht jedes Jahr in den Urlaub an die See oder in die Berge, sondern den größten Teil ihres Lebens verbrachten sie an einem Ort. Dennoch kam es zu internationalen Begegnungen, denn der größte Wunsch vieler Menschen war es, etwas für ihr Seelenheil zu tun,

indem sie eine der heiligen Stätten der Christenheit aufsuchten. Eines der beliebtesten Pilgerziele war Santiago (Sankt Jakobus) de Compostela im Nordwesten Spaniens. Das Zeichen der Jakobspilger war die Jakobsmuschel, die auch sozusagen als Wegweiser in Stein gehauen an vielen Kirchen in Frankreich und Spanien zu finden ist, die an den Pilgerstraßen lagen. Klöster am Wege richteten Pilgerherbergen ein, in denen die Reisenden übernachten konnten und in denen sie Menschen aus ganz anderen Ländern trafen. An den Pilgerstraßen entstanden auch die ersten Krankenhäuser.
Auch die Kreuzzüge waren ihrem Wesen nach nichts anderes als Pilgerfahrten an die heiligsten Stätten der Christenheit, die man von der muslimischen Herrschaft befreien wollte. Es waren im wahrsten Sinne des Wortes europäische Unternehmungen, denn an ihnen waren Ritter und einfache Leute aus vielen europäischen Ländern beteiligt. Die in so frommer Gesinnung begonnenen Kreuzzüge endeten für die Kreuzfahrer aber vielfach in Not, Elend und Tod schon auf dem Wege oder im Kampf. Auch das Blutbad und die Plünderungen, die christliche Ritter im Heiligen Land anrichteten, oder die mit der Kreuzzugsbewegung einsetzenden Judenverfolgungen gehören sicher nicht zu den Ruhmestaten der Europäer.
Man spricht oft vom »finsteren« Mittelalter, und diese Zeit hatte sicherlich ihre dunklen Seiten. Es gab unendlich viele Kriege, es gab Intoleranz gegenüber Andersgläubigen, es gab Schmutz, Krankheit und Unfreiheit. Aber wenn wir nach Europa fragen, so stellt sich das Mittelalter als eine Zeit dar, in der sich zwar allmählich die Grenzen der heutigen europäischen Staaten herauskristallisierten, in der man aber noch viel mehr Gemeinsamkeiten als Unterschiede sah. Also stellt auch diese Zeit eine bedeutende Etage in unserem europäischen Haus dar.

EINE UNGLAUBLICHE ENTDECKUNG

Magister Anselmo war trotz seiner siebzig Jahre ein Pedant. Darüber bestand bei seinen Zöglingen, die alle Kinder römischer Bürger waren, nicht der geringste Zweifel. Nicht nur, daß er darauf bestand, daß sie im Unterricht lateinisch sprachen, er kritisierte sie auch andauernd, weil sie das so taten, wie sie es bei Pater Leonardo gelernt hatten. »Wir wollen hier kein Kirchenlatein«, pflegte er zu sagen, »sondern richtiges Latein, wie es Cicero gesprochen hat.« Gern hätten die Kinder etwas über die Weltreisen des Marco Polo oder die Fahrten jenes Christopher Kolumbus gelesen, von denen alle Welt sprach. Aber nein, in Anselmos Bibliothek standen ausgerechnet von diesem Cicero zahlreiche dicke Bände, aus denen er die Kinder viel und gerne abschreiben ließ. Und wenn sie sich beklagten, weil man schließlich seit fünfzig Jahren gedruckte Bücher kaufen könne, wurde er erst recht wild. »In meiner Jugend«, pflegte er zu sagen, »gab es überhaupt noch keine gedruckten Bücher, und wir mußten alles mit der Hand abschreiben. Darum kann ich heute so gut Latein, und euch wird das Schreiben auch guttun. Außerdem sind die gedruckten Bücher viel zu teuer und zu schwer, um sie jeden Tag zwischen Haus und Schule hin- und herzuschleppen.« Magister Anselmo blieb unerbittlich, und wenn sie mehr als drei Fehler beim Abschreiben gemacht hatten, war die ganze Arbeit umsonst, und sie mußten von vorne anfangen.

Aber gestern hatte er sie richtig überrascht. Eine Stunde vor Ende der Schulzeit, zu der Zeit, wo sie sonst immer die Texte für die Hausaufgaben abschreiben mußten, holte er auf einmal fünf gleich aussehende Bücher aus seinem Pult, Bücher, so klein, wie sie noch nie eins gesehen hatten. »Hier«, sagte er, »ihr beklagt euch doch immer darüber, daß ihr alles abschreiben müßt. Gestern hat mein Buchhändler eine Lieferung aus Venedig von dem Drucker Aldus Manutius bekommen. Er hat die zwölf Bücher der Aeneis, des großen Werks des römischen Dichters Vergil, in einer Ausgabe herausgebracht, die speziell für die Mitnahme in der Tasche gedacht ist. Ich habe für jeden von euch ein Exemplar besorgt, ihr beide müßt euch allerdings eines teilen, Giulia und Antonio.«

Den Zwillingen, Kindern des Felice de Fredis von der Via Labicana, war es recht. Für sie zählte nur, daß dadurch das lästige Abschreiben wegfiel und die Schule früher aus war. Auch die Hausaufgabe schreckte sie nicht. Sie waren beide gut in Latein, und für morgen brauchten sie nur den Inhalt der ersten 250 Verse des zweiten Buches der Aeneis erzählen zu können. Es machte dann doch etwas mehr Mühe, als sie gedacht hatten, aber endlich hatten sie herausgefunden, daß hier erzählt wurde, wie Odysseus mit Hilfe des hölzernen Pferdes die Trojaner überlistet hatte, wie der Priester Laokoon noch seine Landsleute davor gewarnt hatte, die Mauern einzureißen. »Timeo Danaos et dona ferentis«, hatte er ihnen entgegengerufen: »Ich fürchte die Griechen, auch wenn sie Geschenke bringen.« Aber die Leute hatten nicht auf ihn gehört, sondern einem gewissen Sinon geglaubt, der erklärte, das Pferd sei ein Weihegeschenk für die Götter. Und dann, als Laokoon dem Poseidon einen ungeheuren Stier opferte, waren plötzlich zwei mächtige Schlangen aus dem Meer aufgestiegen und hatten zuerst die beiden Söhne des Priesters und dann ihn selbst umschlungen und erwürgt, was die törichten Trojaner als Beweis dafür ansahen, daß er mit seiner Warnung unrecht gehabt hatte.

Die Geschichte war nicht ohne Spannung, die Verse klangen sehr schön, und das kleine Taschenbuch machte den Kindern Freude. Sie waren in der Regel unzertrennlich, und so hatte es auch der Vater nicht übers Herz gebracht, nur Antonio zur Schule zu schicken. Für Mädchen war zwar, wie er meinte, eine Schulbildung nicht so wichtig, aber schaden konnte sie auch nicht, und so wollte er gern das doppelte Schulgeld bezahlen. Er konnte es sich leisten.

Am nächsten Morgen, es war Mittwoch, der 14. Januar 1506, gingen die Kinder sehr früh aus dem Haus. Da sahen sie, wie eine Gruppe von Männern, zwei davon sehr vornehm gekleidet, die anderen mit Schaufeln und Spitzhacken bewaffnet, in den in der Nähe des Hauses gelegenen Weinberg ihres Vaters eindrangen. »Ob Vater weiß, was die wollen? Komm«, sagte Antonio zu seiner Schwester, »wir wollen sehen, was sie machen.«

Sie schlichen sich näher und versteckten sich hinter einigen Weinranken. Aber das wäre gar nicht nötig gewesen, denn die Männer achteten überhaupt nicht auf ihre Umgebung. Die beiden Vornehmen gaben Anweisung, einige der Weinstöcke zu roden und das Erdreich abzutragen. Darunter kam ein Deckengewölbe zum Vorschein. Das war kein Wunder, denn hier auf dem Hügel Oppio hatte einmal der berühmte Kaiserpalast Neros gestanden, von dem noch zahlreiche Kellergewölbe erhalten waren. Noch vor ein paar Jahren hatte man ganz in der Nähe mehrere Grotten mit herrlichen Fresken gefunden, und offensichtlich wußten die beiden Männer, daß auch hier etwas zu entdecken war. Es handelte sich bei ihnen um den berühmten Architekten Giuliano da Sangallo, der gerade an einem Entwurf für eine neue Peterskirche arbeitete, und Michelangelo Buonarroti, einen berühmten Bildhauer. Aber das wußten Giulia und Antonio nicht. Sie betrachteten fasziniert, wie nach und nach am Hang eine ganze Wand freigelegt und dann aufgebrochen wurde. »Fackeln her«, rief der eine der beiden Männer, »sofort Fackeln her!« Dann verschwand er durch die Wandöffnung. Der andere folgte ihm. Unterdessen entdeckte plötzlich einer der Arbeiter, der eines menschlichen Bedürfnisses wegen ein wenig zur Seite gegangen war, die beiden Kinder und zerrte sie in Richtung auf die Grabungsstelle. »Schauen Sie einmal, wen ich hier habe, Herr Buonarotti«, rief er in die Öffnung hinein, und es klang ganz so, als ob sich dahinter ein großer, leerer Raum verberge.

Herr Buonarotti kam heraus. Seine Augen leuchteten, und er schien ganz aufgeregt. Er war auch nicht böse. Als er hörte, daß Antonio und Giulia Kinder des Weinbergbesitzers waren, sagte er sogar ganz leutselig: »Dann sollt ihr auch die ersten nach meinem Freund und mir sein, die sehen, was wir gefunden haben.« Mit diesen Worten zwängte er sich wieder durch die schmale Öffnung, die Kinder folgten ihm. Es dauerte einige Augenblicke, bis sie sich an die nur von zwei Fackeln erhellte Dunkelheit gewöhnt hatten. Dann sahen sie, daß sie in einem Raum mit reichem Wandschmuck waren, und am Kopfende dieses Zimmers stand eine Figurengruppe aus weißem Marmor, von der zwar einige Teile fehlten, die aber doch gut zu erkennen war. Ein Mann stand hier, unbekleidet, mit einem unendlich leidenden Ausdruck im Gesicht, der verzweifelt mit zwei Schlangen kämpfte, die ihn und die beiden rechts und links neben ihm stehenden, ebenfalls verzweifelt dreinblickenden Knaben zu erdrosseln suchten. Ein muskulöser Mann, unglaublich stark, aber doch nicht stark genug, um sich und die Kinder aus der tödlichen Umklammerung zu befreien.

Antonio erkannte sofort, worum es sich hier handelte: um eine Darstellung der Laokoon-Geschichte, die sie gerade gelesen hatten. »Erkennst du die Geschichte auch?« fragte er seine Schwester, die hinter

ihm stand. Das glaubte er zumindest, aber Giulia war nicht mehr da. Wohin sie wohl verschwunden war? Antonio machte sich keine allzu großen Sorgen, sondern betrachtete weiter das Kunstwerk. »Jener versucht zugleich mit den Händen zu lösen die Knoten, die Priesterbinde durchtränkt von Blut und triefend von schwarzem Gift, und erhebet zugleich zu den Sternen ein schreckliches Klagen!« Als ob der Bildhauer Vergils Darstellung hätte illustrieren wollen, oder als hätte Vergil bei seinen Worten das Standbild vor Augen gehabt.

Plötzlich wurden Antonio und die beiden Männer, die das Kunstwerk immer noch betrachteten, von einer polternden Stimme aus ihren Gedanken aufgescheucht. »Was geht hier vor? Eine Unverschämtheit, einfach meine Weinstöcke zu roden. Ich verlange Schadenersatz, und im übrigen scheren sie sich fort von meinem Grundstück!« Es war Felice de Fredis, herbeigeholt von seiner Tochter Giulia, die auch sofort die Laokoon-Gruppe erkannt hatte und sich erinnerte, daß sie im Unterricht in der Naturgeschichte des Plinius darüber gelesen hatte. Die Namen der Bildhauer fielen ihr nicht mehr ein, aber daß der Fund sehr kostbar war, sah sie sofort. Daher hatte sie, ohne zu zögern, Vater herbeigeholt, damit er als Besitzer des Landes nicht übers Ohr gehauen wurde.

»Nun beruhigen Sie sich mal, guter Mann«, sagte Giuliano da Sangallo. »Was wir hier gefunden haben, ist bedeutend mehr wert als ein paar Weinstöcke. Es bestreitet ja keiner, daß das hier Ihr Grund und Boden ist, und darum wird man Ihnen sicher einen guten Preis für das Stück bezahlen. Ich selbst biete Ihnen fünfhundert Goldgulden dafür, aber ich fürchte, daß auch unser Papst Interesse hat und ein noch höheres Angebot machen wird.« Felice war mehr als zufrieden, als er dies hörte, und er war auch stolz auf seine Tochter, weil sie so schnell erkannt hatte, was hier gespielt wurde. Daß sich das Schulgeld für sie in dieser Weise auszahlen würde, hatte er nicht geahnt.

Aber zeigen wollte er seine Zufriedenheit nicht. Man soll Kinder nicht zu sehr verwöhnen. »Was habt ihr überhaupt um diese Zeit hier zu suchen?« fuhr er seinen Sohn und seine Tochter an. »Solltet ihr nicht bei Magister Anselmo sein?« Damit hatte er leider recht. Die Kinder rannten los und platzten mitten in die Besprechung der Hausaufgabe hinein. Anselmo war wegen der Verspätung unglaublich sauer und griff zum Stock. Erst als er sein schmerzhaftes Werk beendet hatte, hörte er sich an, was Antonio und Giulia zu erzählen hatten. Dann aber war plötzlich Pause. »Ihr könnt spielen, bis ich wiederkomme«, rief Magister Anselmo, und schon sahen ihn die Kinder, wie er wenig würdevoll in Richtung auf den Weinberg des Felice de Fredi lief, um das Kunstwerk, das fast anderthalb Jahrtausende im Boden geschlummert hatte, anzusehen. Aber so schnell ging das nicht, denn die Kunde von der Entdeckung hatte sich in Rom wie ein Lauffeuer verbreitet, und vor dem Eingang zu dem Gewölbe stand in langer Reihe alles, was in der römischen Kunstszene Rang und Namen hatte, um das »Wunder der Kunst« zu sehen, wie es der große Michelangelo – denn er war einer der Entdecker – genannt hatte. Es dauerte lange, bis sich Anselmo überzeugen konnte, daß er recht hatte, und die willkommene Pause in seiner Schule dauerte lange, sie dauerte in der Tat an diesem denkwürdigen Mittwoch, dem 14. Januar 1506, bis zum Schulschluß, und so gab es erfreulicherweise auch keine Hausaufgaben.

Soweit die Geschichte, wie sie sich zum Teil abgespielt hat und zum Teil abgespielt haben könnte. Die Entdeckung der Laokoon-Gruppe am 14. Januar 1506 war ein ganz entscheidendes Ereignis für die Kunstgeschichte Europas. Schon seit geraumer Zeit hatten die Künstler vor allem in Italien ein Interesse daran entwickelt, die Kunst der Antike zu studieren und nachzuahmen und weiterzuentwickeln. Man spricht geradezu von einer Wiedergeburt, einer Renaissance, der Antike. Der Einfluß der Laokoon-Gruppe, die im 1. Jahrhundert vor oder nach Christus, wie wir von Plinius wissen, von den drei Bildhauern Hagesandros, Athanodoros und Polydoros geschaffen worden war, läßt sich aber in der Folgezeit in besonders vielen Bildern und Statuen der bedeutendsten Künstler erkennen. Dieses Glanzstück der europäischen Kunstgeschichte kann heute in den Vatikanischen Museen bestaunt werden.

Europa lernt – das Zeitalter der Erfindungen und Entdeckungen

Das europäische Haus wird umgebaut

Wir befinden uns im Jahre 1500. Seit Eleonores Tod hat sich in Europa politisch manches getan, manchmal durch Heiratspolitik der Fürstenhäuser, meistens durch Kriege. Diese werden nicht mehr von Ritterheeren geführt, sondern von Landsknechten, Berufskriegern, die sich jeweils dem verdingen, der den besten Sold zahlt.

Große Veränderungen haben sich zum Beispiel auf der Iberischen Halbinsel ergeben. Hier ist 1492 mit dem Königreich Granada der letzte Rest der maurischen Herrschaft zusammengebrochen. Jetzt gibt es nur noch die Königreiche Portugal und Spanien, zu dem übrigens auch die Königreiche Neapel und Sizilien sowie die Niederlande und Belgien gehören. Frankreich hat in einem über hundertjährigen Krieg die Engländer gezwungen, sich vom Kontinent zurückzuziehen. Deutschland ist zersplittert in zahllose kleine Fürstentümer und Städte, alle eifersüchtig auf ihre Selbständigkeit bedacht und nur lose zusammengehalten durch den Kaiser. Selbst mit diesem will ein kleiner Staat in den Alpen nichts mehr zu tun haben, der sich für selbständig erklärt hat: der Kern der heutigen Schweiz, die 1991 ihr 700jähriges Bestehen feierte. Zu welcher Prachtentfaltung Europa fähig ist, zeigt sich vor allem in den oberitalienischen Städten wie Mailand, Florenz, Genua und Venedig, die durch den Handel mit Orientwaren unermeßlich reich geworden sind, und in Rom, Zentrum des vom Papst beherrschten Kirchenstaats in der Mitte Italiens.

Die größte Veränderung betrifft den Südosten des Kontinents. Hier ging am 29. Mai 1453 mit der Eroberung Konstantinopels durch die Türken die Geschichte des Oströmischen Reiches zu Ende. Die türkischen Sultane dehnten die islamische Herrschaft über den gesamten Balkan und fast ganz Ungarn aus. Mehrere Jahrhunderte lang war nun auch das Osmanische Reich ein bedeutender Teil Europas, waren die Türken gefürchtete und geachtete Nachbarn in Europa. Wien konnten sie militärisch nicht erobern, aber der türkische Mokka wurde über Wien zum Lieblingsgetränk im »Kaffeehaus Europa«.

Von Schwarzpulver, schwarzer Kunst und anderen Erfindungen

Die Europäer des Jahres 1500 glaubten, sie hätten allen Grund, auf ihre rückständigen Vorfahren hinabzublicken. Wichtige Erfindungen waren ihnen im letzten Jahrhundert gelungen, die das Leben tiefgreifend veränderten. Daß einige dieser Erfindungen in China schon lange vorweggenommen waren, wußten sie ja nicht.

So war das Schießpulver, das angeblich der Mönch Berthold Schwarz um 1450 erfunden hatte, so neu nicht. Allerdings war sein Schwarz-Pulver wohl wirkungsvoller als die Mischungen, die man zuvor benutzt hatte. Es war, in verbesserten Kanonen und Gewehren eingesetzt, jedenfalls geeignet, der Zeit der Burgen und Ritter endgültig den Garaus zu machen. Vor ihm boten Mauern und Rüstungen keinen sicheren Schutz mehr. Was für ein Fortschritt für Europa!

Da fällt es wesentlich leichter, eine andere Erfindung positiv zu beurteilen,

die 1445 in Mainz gemacht wurde. Johannes Gensfleisch, genannt Gutenberg, war der erste europäische Buchdrucker, der bewegliche Lettern aus Metall verwendete.
Auch vorher gab es schon gedruckte Bücher, aber für diese hatte man jede einzelne Seite spiegelverkehrt in Holzplatten geschnitten. Das war mühsam, und man konnte wegen des weichen Materials nur wenige Exemplare von einer Platte drucken. Jetzt konnte man beinahe beliebig viele herstellen und dann die gleichen Lettern in neuer Anordnung für die nächste Seite verwenden. Mit Papier, das in China erfunden und über die Araber nach Europa gekommen war, stand auch ein preiswertes Material zur Verfügung, das an immer mehr Orten in immer mehr Ländern hergestellt wurde und das teure Pergament ersetzte.
Nun wurde überall Gedrucktes angeboten und gekauft. Neue Ideen verbreiteten sich in kurzer Zeit im ganzen Land. Kein Wunder, daß die Mächtigen und die Kirche der neuen Technik mit einem gewissen Mißtrauen begegneten. So verkündete Kaiser Karl V. 1521, man müsse darauf sehen, daß »die hochberühmte Kunst der Druckerei allein in guten und löblichen Sachen gebraucht« werde. Darum dürfe kein Buch gedruckt werden, wenn es die Behörden nicht zuvor geprüft hätten. Aber auch solche Bestimmungen konnten den Siegeszug der »schwarzen Kunst« nicht aufhalten.
Weitere wichtige Erfindungen waren die Taschenuhr (Peter Henlein, Nürnberg 1500), ein verbesserter Kompaß und andere nautische Geräte, die die Orientierung auf See erleichterten, ein verbessertes Fernrohr und das Mikroskop.

Baumeister der europäischen Kultur in der Zeit der Renaissance

Unter den ersten gedruckten Büchern befinden sich auffallend viele Werke von lateinischen Autoren des Altertums. Das war kein Zufall. Die Künstler und Gelehrten des 15. und 16. Jahrhunderts bemühten sich planmäßig um die *Renaissance* (= Wiedergeburt) der Antike. Die kirchliche Welt der vergangenen Jahrhunderte mit ihrer Ausrichtung auf die Ewigkeit war schön

und gut, aber sie waren *Humanisten* (von lateinisch *humanus* = menschlich), am Menschen interessiert, und über diesen fanden sie mehr bei den antiken Autoren. Die »finstere Zeit«, die zwischen ihrer neuen Zeit und der Antike stand, nannten sie verächtlich »Mittelalter«.
Die neue Bewegung war besonders stark in Italien, wo sie von den regierenden Fürsten in den reichen Stadtstaaten gefördert wurde, aber sie erfaßte auch fast ganz Europa. Die Humanisten und die Künstler der Renaissance sahen das mit den Landesgrenzen ohnehin nicht so eng, sondern waren immer bereit, voneinander zu lernen. Sprachprobleme hatten sie dabei nicht, da ihnen die alte lateinische Sprache als gemeinsames Verständigungsmittel diente.
Damit du siehst, wie international die Welt der Humanisten war, sind in der folgenden Liste, die bei weitem nicht alle wichtigen Namen enthält, jeweils die Länder angegeben, denen wir die Künstler und Gelehrten heute zuordnen würden.

Dichter und Schriftsteller

In der Literatur finden wir in der Renaissance Vorbilder für alle späteren Gattungen der Literatur.
Dante Alighieri (1265-1321), Italien, hätte vielleicht schon ins vorige Kapitel gehört. Mit seinem Hauptwerk, der »Göttlichen Komödie«, gilt er heute noch als der größte Dichter Italiens und einer der größten der Weltliteratur.
Francesco Petrarca (1304-1374), Italien, verfaßte zahlreiche Gedichte, aus denen spätere Dichter in ganz Europa lernten, eigene Gefühle auszudrücken. Mit seiner Liebe zu den antiken Schriftstellern, besonders zu Vergil, gilt er als der Begründer der Renaissance.
Giovanni Boccacchio (1313-1375), Italien. Sein berühmtestes Werk ist das »Decamerone« (Zehntage-Erzählung). Sieben junge Damen und drei junge Männer haben sich auf der Flucht vor der Pest auf ihre Landgüter zurückgezogen und erzählen sich an zehn Tagen je zehn Geschichten, um sich die Zeit zu vertreiben. Boccacchio wird mit diesem Werk einer der wichtigsten Begründer der erzählenden Literatur in Europa.

Geoffrey Chaucer (ca. 1340-1400), England. In seinen »Canterbury Tales« erzählen sich Pilger auf einer gemeinsamen Wallfahrt nach Canterbury gegenseitig Geschichten.
Thomas Morus (1478-1535), England, entwirft in seinem Werk »Utopia« eine ideale Gesellschaft als Vorbild für seine Zeitgenossen. Alle späteren *utopischen* Romane gehen hierauf zurück.
François Rabelais (1494-1533), Frankreich, schildert in mehreren Bänden Geburt, Leben, Kriegsfahrten und Abenteuer des Riesen Pantagruel und seiner Gefährten, wobei er in Wirklichkeit die Mißstände seiner Zeit anprangert.
Niccolo Macchiavelli (1469-1527), Italien. Geschichtsschreiber und Verfasser der einflußreichen politischen Schrift »Il Principe« (Der Fürst), in der er lehrt, daß im Interesse des Staates auch Verrat und Verbrechen zulässig seien.
Miguel de Cervantes (1547-1616), Spanien, wurde durch seinen Roman »Don Quichotte« unsterblich und beeinflußte damit die ganze spätere europäische Romanliteratur.
William Shakespeare (1564-1616), England, ist so bekannt, daß man über ihn nichts zu sagen braucht. Auch wenn vor ihm in Europa schon Theater gespielt wurde, kann man ihn als den Vater des europäischen Theaters ansehen.

Maler

Stellvertretend für die vielen bedeutenden Maler der Renaissance, deren Bilder wir meist in Museen bewundern können, hier eine kleine europäische Auswahl großer Meister:
Sandro Botticelli (1445-1510), Italien, schuf zum Beispiel die Bilder »Der Frühling« und »Die Geburt der Venus«.
Albrecht Dürer (1471-1528), Deutschland, ist berühmt für seine Gemälde, Holz- und Kupferstiche.
Hans Holbein der Jüngere (1497/98-1543), Deutschland/England, war Hofmaler des englischen Königs Heinrich VIII.

Pieter Breughel der Ältere (1520-1569), Belgien/Niederlande, ist besonders bekannt für seine Darstellungen bäuerlichen Lebens.
El Greco (1541-1614), Spanien (geboren in Griechenland), malte unter anderem ein Gemälde zum Schicksal des Laokoon.

Plastik

Holzschnitzer wie **Tilman Riemenschneider** (1460-1531), vor allem in Süddeutschland tätig, **Veit Stoß** (ca. 1445-1533), der in Nürnberg und Krakau (Polen) wirkte, der Goldschmied und Steinmetz **Benvenuto Cellini** (1500-1571) aus Italien, um wiederum nur wenige Namen zu nennen, schufen Meisterwerke der plastischen Kunst.

Baukunst

Wenn man von der Baukunst der Renaissance spricht, denkt man in erster Linie an Italien, an die von **Filippo Brunelleschi** (1376-1446) geschaffene Kuppel des Florenzer Doms, an **Bramante** (1444-1514), der den ersten Entwurf für den neuen Petersdom in Rom lieferte, oder an **Andrea Palladio** (1508-1580), dem Venedig viel von seinem heutigen Aussehen verdankt. Sie und ihre Kollegen fanden Nachahmer in ganz Europa.

Musik

Auch die Musik in der Kirche und an den Fürstenhöfen war im besten Sinne europäisch. Von den Engländern (z.B. **John Dunstable**, gestorben 1453) lernten die Niederländer am burgundischen Hof (z.B. **Jakob Obrecht**, 1453-1503), von diesen wieder der Italiener **Giovanni Palestrina** (1525-1594) und der in München wirkende Niederländer **Orlando di Lasso** (ca. 1530-1594), wie man mehrstimmige Messen und weltliche Musik verfaßte.

Naturforscher und Gelehrte

Im 15. und 16. Jahrhundert wurden die Grundlagen der modernen Wissenschaft gelegt, die ihre Ergebnisse nicht mehr aus der Bibel oder aus theoretischen Spekulationen gewinnt, sondern durch genaues Beobachten,

Vergleichen und Messen. Ausgangspunkt waren vielfach die Lehrbücher der Antike, wobei man sich nicht mehr nur auf das Lateinische beschränkte. Nach dem Fall Konstantinopels waren eine Reihe von Wissenschaftlern aus dem Oströmischen Reich an die Universitäten in Italien und Frankreich gekommen, die die Kenntnis altgriechischer Schriften mitbrachten.

Erasmus von Rotterdam (ca. 1465-1536), Niederlande/Deutschland/ Schweiz, gilt als der bedeutendste der Humanisten. Was er sagte, wurde in ganz Europa beachtet. Er begründete die Philologie, die Wissenschaft, die sich bemüht, aus den durch vielfältiges Abschreiben verdorbenen Texten antiker Autoren den ursprünglichen Text wiederherzustellen und diesen zu erklären.

Theophrastus Bombastus von Hohenheim, genannt **Paracelsus**, (ca. 1494-1541), Schweiz/Österreich, war der Begründer einer neuen Heilkunst.

Miguel Servet, genannt Villanovanus, (ca. 1510-1553), Spanien, machte erste Beobachtungen zum Blutkreislauf.

Adam Riese (1492-1559), Deutschland, verfaßte Lehrbücher der Rechenkunst und der Algebra.

Nikolaus Kopernikus (1473-1543), Polen/Deutschland, erklärte, daß nicht die Erde, sondern die Sonne im Mittelpunkt der Welt steht. Auf seine Arbeiten bauten **Galileo Galilei** (1564-1642), Italien, und **Johannes Kepler** (1571-1630), Deutschland, auf. Der eine erklärte als erster, daß sich die Erde um die Sonne dreht, der andere entdeckte die Gesetze der Planetenbewegung.

Martin Behaim (ca. 1459-1507), Deutschland/Niederlande/Portugal, fertigte den ersten Erdglobus an.

Gerhard Kremer, genannt **Mercator** (1512-1594), Belgien/Deutschland, gab als erster einen Atlas heraus.

Georg Bauer, genannt **Agricola** (1494-1555), Deutschland, schrieb ein bedeutendes Werk über Gesteinskunde und Hüttenwesen.

Ugo Buoncompagni (1502-1585), Italien, führte als Papst **Gregor XIII.** in den katholischen Ländern mit dem »gregorianischen Kalender« eine Reform ein, indem er auf den 4. gleich den 15. Oktober folgen ließ und festlegte, daß die nicht durch 400 teilbaren Hunderterjahre (also 1700, 1800, 1900,

2100 usw.) keine Schaltjahre sein sollten. Zum Kalender ganz Europas wurde diese Regelung erst nach und nach (z.B. England 1752, Schweden 1753), in Rußland erst 1923, so daß die russische Oktoberrevolution 1918 nach unserer Datierung in den November fällt.

Zwei Universalgelehrte und Künstler aus Italien haben auf so vielen Gebieten Herausragendes geleistet, daß sie extra genannt werden sollen:
Michelangelo (1475-1564), Italien, war Baumeister, Bildhauer, Maler und Dichter. Bedeutende Werke von ihm sind das Marmorstandbild des David in Florenz, die Wandgemälde der Sixtinischen Kapelle im Vatikan und die Kuppel des Petersdoms.
Leonardo da Vinci (1452-1519), Italien/Frankreich, war Maler, Bildhauer, Baumeister, Naturforscher und Techniker. Er malte die »Mona Lisa«, verfaßte eine Abhandlung über den menschlichen Körper mit anatomischen Zeichnungen, zeichnete Landkarten und Stadtpläne, schrieb ein Lehrbuch der Malerei, stellte Untersuchungen über den Vogelflug an, erfand einen Fallschirm, entwarf ein Flugzeug, gestaltete Schloß- und Parkanlagen.

Europa entdeckt neue Ufer

Der Fall Konstantinopels hatte auch für das Wirtschaftsleben Europas erhebliche Folgen. Kaufleute, die Orientwaren aus Indien holen wollten, mußten auf ihrem Weg durch das Osmanische Reich hohe Zölle bezahlen, und einen anderen Weg schien es nicht zu geben. Oder doch? In Portugal war man sicher, daß man auch zu Schiff nach Indien gelangen konnte, wenn man die Südspitze Afrikas umrundete. Dieser Weg war aber noch nicht erforscht. Planmäßig wurden Schiffe ausgeschickt, die die Westküste Afrikas erkunden sollten. Dann war es soweit: 1487 erreichte als erster Bartolomeo Diaz das Kap der Guten Hoffnung, elf Jahre später segelte Vasco da Gama auf diesem Weg nach Indien. Von nun an konnten Orientwaren ohne lästige Zölle nach Europa geschafft werden. Das versprach für Portugal märchenhafte Gewinne.
Ob die Erde eine Scheibe war oder eine Kugel, was viele Gelehrte annah-

men, ohne es recht zu glauben, spielte dabei gar keine Rolle. Den Spinner Christoph Kolumbus aus Genua, der von der Kugelgestalt überzeugt war und der Indien errreichen wollte, indem er nach Westen statt nach Osten segelte, nahm in Portugal niemand ernst.
Anders in Spanien, wo ihm die Königin Isabella von Kastilien eine kleine Flotte anvertraute, mit der er am 6. August 1492 lossegelte. Am 12. Oktober entdeckte er das, was er für Indien hielt und was man heute die »Westindischen Inseln« nennt. Er hatte, ohne es zu wissen, den südlichen Teil des Kontinents gefunden, dessen Norden fünfhundert Jahre zuvor schon die Wikinger erreicht hatten. Erst durch die Reisen des Amerigo Vespucci aus Florenz in den Jahren 1497-1504 wurde allerdings deutlich, worum es sich hier handelte. Ihm zu Ehren nannte ein deutscher Kartenzeichner das neue Land »Amerika«, und dieser Name bürgerte sich ein. 1497 erreichte Giovanni Caboto, auch John Cabot genannt, im Auftrag der englischen Krone auch Nordamerika.

Eine Schande für Europa

Wie dann den Entdeckern die Eroberer folgten, das gehört zu den schwärzesten Taten, die zwar nicht im europäischen Haus, aber von seinen Bewohnern begangen wurden. Kleine Scharen spanischer Eroberer machten sich daran, die Einwohner Südamerikas zum Christentum zu »bekehren« und benutzten ihre überlegene Waffentechnik dazu als Argument. Die Reiche der Azteken und Inkas, deren kulturelle Leistungen selbst in ihren Resten noch bewundernswert sind, wurden in grausamer Weise vernichtet. In Afrika und Indien und später in Nordamerika und anderen neu entdeckten Gegenden der Welt verhielten sich portugiesische, französische, englische und andere europäische Mächte ähnlich. Überall wurden die führenden Schichten ausgerottet, wurden die Menschen gezwungen, die europäische Lebensweise anzunehmen.
Unermeßliche Schätze, den rechtmäßigen Besitzern geraubt, flossen aus den neuen Kolonien nach Europa und legten hier die Grundlage für wirtschaftlichen Fortschritt. In Afrika wurden Millionen von Schwarzen entführt und

als Sklaven auf die neuen Plantagen in Amerika verschleppt. Hier ließen die europäischen Unternehmer vor allem Zuckerrohr, Baumwolle und (später) Kaffee anbauen, Pflanzen die ursprünglich aus Asien oder Afrika kamen. Auch die Gewinne aus diesen Plantagen und dem Sklavenhandel machten Europa reicher.

In dieser Zeit wurden die Grundlagen dafür gelegt, daß es Europa heute, im Vergleich zu anderen Teilen der Welt, wirtschaftlich gutgeht. Wir sollten uns daran erinnern, daß wir alle Grund haben, Südamerika, Afrika und den anderen ausgebeuteten Ländern gegenüber die Baukosten an unserem prächtigen Haus Europa zu erstatten. Und wir sollten dem vor 500 Jahren neu entdeckten Kontinent auch sonst dankbar sein. Denn was wären wir ohne Mais und Kartoffeln, ohne Tomaten und Kakao, der mit Zucker zur Schokolade verarbeitet wird, ohne das aus Kautschuk gewonnene Gummi, alles Produkte, die die Europäer in Amerika kennenlernten? Ob die Dankbarkeit auch für den Tabak gilt, mag jeder selbst entscheiden.

Geld regiert die Welt

Im Jahre 1500 wurde in Gent in Flandern ein Karl von Habsburg geboren. Sein Stammbaum war vom Allerfeinsten: Seine Großeltern waren der König von Aragonien und die Königin von Kastilien, der deutsche Kaiser und die Tochter des Herzogs von Burgund. Das war ein damals selbständiger Staat, der die heutigen Beneluxländer und Teile des heutigen Frankreich und der Schweiz umfaßte. Als erstes erbte der genannte Karl von Habsburg die Herzogswürde von Burgund, dann wurde er als Karl I. zum König der inzwischen vereinigten spanischen Reiche gekrönt, zu denen auch Sardinien, Sizilien, Neapel und die amerikanischen Eroberungen gehörten. Er regierte also »ein Reich, in dem die Sonne nicht unterging«.

1519 starb sein Großvater, Kaiser Maximilian I. Karl wollte sein Nachfolger werden, dasselbe wollte der französische König Franz I. Das Recht der Kaiserwahl lag bei den sieben deutschen Kurfürsten (= Wahlfürsten). Die wußten, was ihre Stimme wert war, und wer Kaiser werden wollte, mußte sich das etwas kosten lassen. Um seine Wahl sicherzustellen, benötigte Karl

mehrere hunderttausend Gulden. Soviel hatte auch ein König von Spanien und Herzog von Burgund nicht. Was tut man in einem solchen Fall? Man geht zur Bank.
In Karls Fall waren das die beiden großen Augsburger Handelshäuser der Fugger und der Welser, die bereit waren, fast eine Million Goldgulden, nach heutigen Begriffen eine unfaßliche Summe, vorzustrecken. Natürlich versprachen sie sich Profit davon. Sie waren ja auch bisher nicht schlecht damit gefahren, daß sie Kaiser, Päpste und Bischöfe unterstützt hatten. Und woher kam das Geld?
Nicht von der Landwirtschaft, in der auch im 15. Jahrhundert – und in der Tat bis ins 19. Jahrhundert hinein – noch die weitaus meisten Menschen arbeiteten. Mehr zu verdienen gab es in den Städten, wo Handwerk und Handel zu Hause waren. Im 15. Jahrhundert waren hier einige Familien besonders reich geworden. Da gab es zum Beispiel in Florenz die Familie Medici, die sich im Orienthandel hervorgetan hatte und zum größten Bank- und Handelshaus in Europa aufgestiegen war. Sie beschäftigte allein im Textilgewerbe in 300 Firmen über 10 000 Arbeiter. Eine Grundlage ihres Reichtums war, daß sie als einzige das Recht hatte, mit Alaun zu handeln. Das ist ein Salz, das man zum Gerben von Leder, zum Bleichen von Stoffen und bei der Papierherstellung brauchte. In ähnlicher Weise hatte sich das erwähnte Handelshaus der Fugger das Recht auf den gesamten Kupferbergbau in Europa einräumen lassen.
Wo immer es etwas zu verdienen gab, von der Gewinnung von Rohstoffen über die Fertigung, den Transport und den Verkauf von Waren, bei der Finanzierung fremder Unternehmungen gegen Zinsen oder eben bei der Unterstützung notleidender Fürsten, von denen man Sonderrechte erhalten konnte – die großen Handelsgesellschaften waren dabei.
Manches davon scheint uns heute unrecht, aber die großen Handelshäuser machten auch vieles möglich. Zahlreiche Kunstwerke, die uns heute erfreuen, wären ohne die Medici und die Fugger nicht entstanden. Ohne das Kapital, das sie zur Verfügung stellen konnten, hätten die großen Entdeckungsreisen und die technischen Neuerungen wie der Buchdruck nicht finanziert werden

können. Ob wir das wollen oder nicht, Bauen kostet Geld, und Bankiers wie Jacob Fugger der Reiche oder Lorenzo Medici der Prächtige haben für die Finanzierung eines insgesamt besonders ansehnlichen Stockwerks in unserem Haus Europa gesorgt.

Noch ein dunkles Kapitel

Bei aller Pracht des Stockwerks, das wir Renaissance nennen, dürfen wir aber nicht vergessen, daß man nicht allen Europäern und vor allem Europäerinnen den ihnen zustehenden Platz einräumte. Die Bauern zum Beispiel wurden nach wie vor unterdrückt. Bauernaufstände in vielen europäischen Ländern wurden blutig niedergeschlagen.
Auch Frauen hatten nach wie vor, von Ausnahmen abgesehen, keine Möglichkeiten, sich an der Politik zu beteiligen, wenn sie wohl auch oft insgeheim mehr Einfluß hatten, als das die Männer zugaben. Wehe aber, sie waren zu selbstbewußt. Dann wurden die Männer mißtrauisch, so wie bei Johanna von Orléans bzw. Jeanne d'Arc, die im hundertjährigen Krieg die entscheidende Wende für Frankreich gebracht hatte. Eine Frau! Das konnte nicht mit rechten Dingen zugehen. Als sie den Engländern in die Hände fiel, veranlaßten diese, daß sie 1431 als Hexe verurteilt und auf dem Scheiterhaufen verbrannt wurde.
Wie ihr erging es im 15., 16., 17. und sogar noch im 18. Jahrhundert Tausenden von unschuldigen Frauen und (weniger) Männern in ganz Europa. Nach grausamen Folterungen wurden sie gezwungen einzugestehen, daß sie mit dem Teufel im Bunde waren, und anschließend verbrannt.
Wie so oft in der europäischen Geschichte liegen also auch in der Zeit, um die es hier geht, die dunklen und die glänzenden Seiten unseres Hauses dicht beieinander, aber daß es sich bei der Renaissance um eine besonders wichtige Epoche unserer gemeinsamen europäischen Vergangenheit handelt, ist kaum zu bestreiten. Dabei haben wir eine Seite bisher noch ausgelassen, um die es im nächsten Kapitel geht.

EIN FESTE BURG IST UNSER GOTT

Es war Dienstag vor Ostern, der 26. März des Jahres 1521. Zum wiederholten Male las Martin Luther in seiner Turmstube im Augustinerkloster zu Wittenberg das Schriftstück, das ihm heute mittag der Reichsherold Kaspar Sturm übergeben hatte. Es trug das Siegel des Kaisers und enthielt die Aufforderung, er, Luther, solle sich binnen 21 Tagen auf dem Reichstag in Worms einfinden. Hier sollte er vor dem Kaiser und den Reichsständen, das waren die Fürsten, Adligen und Städte des Reiches, über seine Lehren und Bücher Auskunft geben. Für seine Sicherheit auf dem Hin- und Rückweg garantierte der Kaiser.

Martin Luther machte sich keine Illusionen darüber, was die Vorladung zu bedeuten hatte. Auch Johannes Hus aus Böhmen, der vor hundert Jahren ähnliche Lehren vertreten hatte wie er jetzt, war mit der Zusicherung freien Geleits zum Konzil nach Konstanz gereist und dort 1415 als Ketzer verbrannt worden. Sicher, die Zeiten hatten sich geändert. Seine Schriften waren dank der Erfindung des Buchdrucks viel weiter verbreitet als die seines tschechischen Vorgängers. Außerdem sympathisierten viele Herren in Deutschland mit seiner Lehre. Sie hatten es überhaupt erst durchgesetzt, daß er auf dem Reichstag noch gehört und nicht gleich verurteilt werden sollte. Schließlich hatte der

Papst inzwischen seine Drohung wahr gemacht, Luthers Schriften zu verbieten und ihn zu exkommunizieren, das heißt vom Empfang der Sakramente auszuschließen. In solchen Fällen pflegte die weltliche Obrigkeit mit dem Ketzer kurzen Prozeß zu machen.

Aber was der Papst in Rom dachte, kümmerte Martin Luther herzlich wenig. Was sollte man von Päpsten halten, die sich wie der kürzlich verstorbene Julius II. den Beinamen »der Schreckliche« erwarben, weil sie sich mehr als Kriegsführer hervortaten denn durch Heiligkeit? Was von der »Ewigen Stadt«, die Martin 1510 bei einer Reise für seinen Orden kennengelernt hatte, in der das Geld der Gläubigen aus aller Welt, besonders aus Deutschland, auf Prachtbauten und die Prunksucht der Päpste verwendet wurde? Er, Martin Luther, Professor der Theologie, hatte bei seinen Bibelstudien keinen Hinweis darauf gefunden, daß man nur alle Gebote der Kirche befolgen muß, um in den Himmel zu kommen. Das kann man nur, wenn man seine Sünden aufrichtig bereut und fest an Gott glaubt. Die Kirche ist die Gemeinschaft der Gläubigen, sie steht nicht zwischen dem Einzelnen und Gott. Gott verkündet in seinem Evangelium jedem einzelnen Menschen direkt die frohe Botschaft, daß ihm durch den Opfertod Christi seine Sünden vergeben werden können.

Das waren in den Augen der Kirche gefährliche Gedanken, aber solange sie hauptsächlich unter Professoren und Studenten der Theologie in Wittenberg diskutiert wurden, machte man sich nicht allzuviel Sorgen. Was war schon Wittenberg? Schon der Name war für italienische Zungen eine Zumutung. Ein verschlafenes Nest an der Elbe, bekannt, wenn überhaupt, für seine Brauereien und die Trinkfestigkeit seiner kaum mehr als 2000 Einwohner. Na ja, immerhin hatte Friedrich III. von Sachsen, einer der Kurfürsten, hier ein Schloß, und er leistete sich auch den Luxus einer Universität, weil sein Bruder in Leipzig auch eine hatte. Aber diese Universität war in keiner Weise vergleichbar mit den bedeutenden und viel älteren in Oxford, Cambridge, Köln, Löwen, Parix, Bordeaux, Valencia, Neapel, Rom, Basel, Wien oder Prag, ganz zu schweigen von Bologna. Warum also sollte ein Papst sich ausgerechnet mit Wittenberg beschäftigen? Für Leo X., der seit 1513 regierte, gab es Wichtigeres. In Rom waren die berühmtesten Baumeister und Künstler damit beauftragt, Pläne für einen neuen, gewaltigen Mittelpunkt der Christenheit zu entwerfen, für einen neuen Petersdom. Und dazu brauchte man Geld, viel Geld!

Wenn es um Geld ging, war man in Rom nicht zimperlich. Wo eine Bischofsstelle zu besetzen war, die gute Einnahmen versprach, mußte der neue Amtsinhaber schon eine gehörige Summe hinlegen, ehe er in Rom zum Bischof geweiht wurde. Hatte er selbst nicht genug, mußte er es sich eben leihen und später aus den Einnahmen seines Bistums mit Zinsen zurückzahlen. Daß diese Unsitte des Kaufs geistlicher Ämter vielen ein Dorn im Auge war, kann man sich vorstellen. Aber die andere Methode der Kirche, Geld aufzutreiben, war noch viel empörender. Da zogen Leute durch das Land, die Ablaßbriefe verkauften. Sie versprachen jedem, der ein solches Papier erstand, daß er dafür später nicht so lange für seine Sünden im Fegefeuer büßen müßte. Der Ablaß sollte sogar für Sünden gelten, die man erst noch begehen würde. Selbst für schon Verstorbene konnte man auf diese Weise etwas Gutes tun. Davon, daß man seine Sünden bereuen müßte, war keine Rede.

Luther war entrüstet. Als im Herbst 1517 der Ablaßprediger Johannes Tetzel im Auftrag des Erzbischofs von Mainz und des Papstes in die Gegend von Wittenberg kam und dort Ablaßbriefe zum Bau der Peterskirche verkaufte, griff er zur Feder und verfaßte eine Schrift mit 95 Thesen (Sätzen) gegen den Ablaß. Warum, fragte er zum Beispiel, baut der Papst, der doch so reich ist, die Peterskirche nicht mit eigenem Geld? Und in einer anderen These stellte er fest, daß jemand, der sein

Geld für einen Ablaßbrief ausgibt, anstatt einem Armen zu helfen, nicht den Ablaß des Papstes, sondern den Zorn Gottes erwirbt.

An und für sich hatte Luther zunächst nichts anderes gewollt, als daß man über seine Thesen diskutierte und den Mißbrauch des Ablaßhandels einstellte. Darum hatte er sie an verschiedene Personen wie den Erzbischof von Mainz geschickt und sie außerdem am 31. Oktober 1517, wie das damals üblich war, an die Tür der Schloßkirche in Wittenberg angeschlagen. Konnte er wissen, daß knapp vier Wochen später seine Schrift und der Name Martin Luther in ganz Deutschland bekannt sein würden? Vielen waren der Ablaßhandel und das Geld, das nach Rom floß, ein Dorn im Auge. Wenn sie auch die theologischen Begründungen des Wittenberger Augustinermönchs nicht verstanden, hier war endlich einmal einer, der den Mut hatte, das auszusprechen, was die meisten nicht zu sagen wagten. Schließlich war allgemein bekannt, daß in England, Frankreich und selbst in Spanien der Ablaßhandel von den Königen verboten worden war. Aber in Deutschland waren nur wenige Landesherren selbstbewußt genug, dafür zu sorgen, daß das Geld im Lande blieb.

Martin Luther dachte an diesem 26. März des Jahres 1521 an die zurückliegenden dreieinhalb Jahre, an sein Verhör in Augsburg durch den Gesandten des Papstes, an seine vielen Streitschriften, in denen er den Papst und die Kirche scharf angegriffen hatte, und die vielen Schriften, die gegen ihn selbst gerichtet waren. Es waren harte und beleidigende Worte gefallen in dieser Auseinandersetzung. Aber er nahm nun einmal kein Blatt vor den Mund, und seine Gegner taten das auch nicht. Martin Luther dachte an den 10. Dezember des letzten Jahres, als er das Schreiben des Papstes, in dem dieser ihm den Kirchenbann androhte, öffentlich verbrannt hatte. Und jetzt sollte er sich vor dem Reichstag zu Worms verantworten. Konnte er, um sein Leben zu retten, alles widerrufen, was er gesagt hatte und wovon er überzeugt war? Sollte er sich überhaupt auf den Weg nach Worms begeben?

Es waren keine echten Fragen. In Wirklichkeit war er fest entschlossen, zu seinen Überzeugungen zu stehen. Aber niemand sollte den Eindruck haben, die Herren brauchten nur zu pfeifen, damit er käme. Seine Aufgabe war es, zu Ostern in seiner Gemeinde zu predigen, und seine Pflichten pflegte er ernst zu nehmen. Nach Ostern war noch Zeit genug für die Reise.

Am 2. April brach er auf. Seinem kleinen Wagen voran ritt der Herold des Kaisers, die Fahne des Reiches in der Faust. Die Reise erregte Aufsehen. Überall in den Dörfern liefen die Menschen zusammen, um einen Blick auf den Doktor Luther zu werfen, von dem ganz Deutschland sprach. In den Städten forderte man Luther auf zu predigen. Die Kirche in Erfurt war so voll, daß der hölzerne Balkon einzustürzen drohte.

Unterdessen ließ der Kaiser verkünden, daß man »alle Bücher und Schriften, so bisher von Martin Luther geschrieben und gedruckt worden sind«, der Obrigkeit auszuliefern habe und daß keine weiteren Schriften Luthers gedruckt und verkauft werden dürften.

Das Urteil stand also fest, und Freunde warnten Luther noch auf dem Weg dringend davor, nach Worms zu gehen. Vergebens! Luthers Zuversicht war unerschütterlich, und er kleidete sie in die Worte:

Ein feste Burg ist unser Gott,
ein gute Wehr und Waffen,
er hilft uns frei aus aller Not,
die uns jetzt hat betroffen.

Drei Strophen hat dieses Kirchenlied, das wahrscheinlich zum Teil auf der Reise nach Worms entstanden ist, und in jeder wird deutlich, wie sehr Luther davon überzeugt war, daß seine, die »evangelische«, Sache richtig sei.

Seine Ankunft am 16. April in Worms war eine Sensation. An die 2000 Menschen geleiteten ihn zu seiner Herberge. Selbst auf den Dächern standen Leute, die ihn sehen wollten. Am nächsten Morgen erhielt er den Befehl des Kaisers, er solle um vier Uhr am Nachmittag vor dem Reichstag erscheinen. Zur festgesetzten Stunde waren die Straßen wieder so voll von Menschen, daß man ihn auf Seitenwegen zum Versammlungssaal führen mußte.

Dann trat Luther ein. Jeder andere wäre wohl zusammengeschreckt im Angesicht des Kaisers und seines Bruders, von fast 100 Kurfürsten, Herzögen, Grafen, Bischöfen und weiteren 200 Landesherren. Nicht so Luther in seiner einfachen Mönchskutte. Er lächelte, wie der Botschafter des Papstes später voller Unverständnis schrieb.

Lange blieb ihm nicht Zeit, sich umzusehen, denn sein erbittertster Gegner, Dr. Johannes Eck, mit dem er schon so manche Auseinandersetzung in Wort und Schrift gehabt hatte, zeigte auf einen großen Packen Bücher. Luther sollte erstens sagen, ob diese Schriften von ihm seien, und zweitens, ob er nach wie vor dazu stehe oder etwas widerrufen wolle.

Ehe Luther antworten konnte, ergriff sein Anwalt, Dr. Hieronymus Schurf, das Wort und verlangte, daß die Titel der Bücher vorgelesen würden. Dies geschah. Daraufhin gab Luther zu, der Verfasser zu sein. Er bat aber um Bedenkzeit für die Beantwortung der zweiten Frage.

Die Fürsten zogen sich zu einer kurzen Beratung zurück. Dann wurde das Ergebnis verkündet. Eigentlich hätte er genügend Zeit gehabt, sich alles zu überlegen, aber man wolle ihm Zeit bis zum folgenden Nachmittag geben. Er müsse dann aber frei sprechen. Im übrigen solle er bedenken, daß er mit seinen ketzerischen Lehren schon so viel Unheil angerichtet habe, daß sich der Brand kaum noch löschen ließe.

Am nächsten Tag erschien Luther wieder vor dem Kaiser und den

Fürsten. »Ich habe«, sagte er, »drei Arten von Büchern geschrieben. Die erste handelt vom christlichen Glauben und von guten Werken. Meine Überlegungen hierin werden sogar von meinen Gegnern anerkannt. Wie also soll ich sie widerrufen? Die zweite Art von Büchern greift die Mißstände des Papsttums an, und wenn ich die widerrufe, wird die Tyrannei der Päpste noch schlimmer. In der dritten Art von Büchern schließlich habe ich mich mit den Befürwortern des Papsttums auseinandergesetzt. Dabei bin ich vielleicht etwas heftiger und schärfer in der Wortwahl gewesen, als sich das gehört, aber widerrufen will ich auch hier nichts. Ich werde als erster meine Büchlein ins Feuer werfen, wenn jemand aus der Heiligen Schrift beweisen kann, daß ich geirrt habe.«

Als man daraufhin noch einmal in ihn drang, klar und deutlich zu sagen, ob er widerrufen wolle, wiederholte Luther, daß ihm dies sein Gewissen verbiete. Dann soll er die berühmten Worte gesprochen haben: »Hier stehe ich, ich kann nicht anders. Gott helfe mir. Amen!«

Für kurze Zeit herrschte völliges Schweigen. Dann murmelte der Kaiser, er habe genug, stand auf und verließ den Saal. Jetzt brach ein ungeheurer Tumult los. Die einen jubelten Luther zu, andere riefen: »Ins Feuer mit ihm!« Luther aber war erleichtert, daß er die schwere Herausforderung bestanden hatte.

Am nächsten Tag ließ der Kaiser verkünden: »Es reut mich, daß ich es so lange aufgeschoben habe, gegen diesen Luther und seine falsche Lehre vorzugehen. Ich bin entschlossen, ihn nicht weiter anzuhören, sondern ich will, daß er unverzüglich nach Hause geschickt wird. Die Zusicherung des freien Geleits soll eingehalten werden, aber er soll nicht predigen. Jede Unruhe ist zu vermeiden.«

Die Verhandlungen in Worms wurden fortgesetzt, und am 26. Mai wurde die Reichsacht gegen Luther verkündet. Niemand dürfe, heißt es in dem sogenannten Wormser Edikt, »dem Ketzer Martin Luther

Unterkunft und Verpflegung gewähren und ihm in anderer Weise helfen, sondern man soll ihn festnehmen und dem Kaiser wohlverwahrt zusenden«. Seine Güter und die seiner Verwandten und Anhänger, die sich nicht von ihm lossagten, dürfe jeder zu eigenem Gebrauch einziehen. Alle Bücher Martin Luthers seien zu zerreißen und zu verbrennen.

Das war es also. Wehe, wenn Luther nun in die Hände des Kaisers oder seiner Anhänger gefallen wäre! Das Schicksal des Johannes Hus wäre ihm gewiß gewesen. Aber wo war er? Der Erdboden schien ihn verschluckt zu haben, nachdem er am 26. April 1521 von Worms aufgebrochen war. In der Dämmerung im dunklen Wald vor Eisenach war es, wo Luther in seinem Wagen plötzlich durch Waffengeklirr aufgeschreckt wurde. Sein Begleiter konnte noch abspringen und in den Wald fliehen; er selbst wurde herausgezerrt und auf ein Pferd gehoben. Dann ging es fort durch die dunkle Nacht. Gegen Mitternacht erreichte man die Wartburg, wo der »Gefangene« abgeliefert wurde. In ganz Deutschland kreisten Gerüchte, Luther sei von Vertrauten des Kaisers und des Papstes entführt und ermordet worden.

Tatsächlich war Luther in den Entführungsplan, der zu seinem Schutz diente, eingeweiht. Etwa ein Jahr lang lebte er als Junker Jörg auf der Wartburg. In dieser Zeit fertigte er den ersten Teil seiner deutschen Übersetzung der Bibel an. Diese Übersetzung machte nicht nur die Heilige Schrift für jedermann zugänglich, sondern wurde auch ganz entscheidend für die Entwicklung einer einheitlichen deutschen Sprache.

Aber das geht eher die Deutschen an, und es betrifft nur ein Zimmer des europäischen Hauses. Die von Luther ausgehende »Reformation« aber hatte für das ganze Haus erhebliche Folgen. Sie machte viele Europäer selbstbewußter, aber sie drohte auch, das Haus auseinanderbrechen zu lassen.

Der Glaube spaltet Europa

Religionen im europäischen Haus um 1500

Im letzten Kapitel haben wir uns an dieser Stelle mit der politischen Landkarte Europas um 1500 beschäftigt, die ein recht buntes Bild bot. Wenn wir uns die entsprechende Karte zur Verteilung der Religionen ansehen, ist das Bild weit weniger vielfältig; die römisch-katholische Kirche überwiegt. In Spanien gibt es vielleicht hier und da noch ein paar Muslime, aber die meisten sind vertrieben. Lediglich im Osten des Kontinents wechselt die Farbe. Auf dem Balkan herrschen, wie wir gesehen haben, muslimische Türken, die Bevölkerung ist aber auch hier noch weitgehend römisch-katholisch oder gehört der griechisch-orthodoxen Kirche an, die seit 1054 von der römischen Kirche getrennt ist.

Deren Zentrum war jahrhundertelang Byzanz. Nachdem hier die Kirchen in Moscheen umgewandelt worden waren, entstand ihr als russisch-orthodoxe Kirche ein neues Zentrum in Moskau. Die Zaren (auch dieses Wort leitet sich wie das deutsche Wort Kaiser vom lateinischen *Caesar* ab) erhoben gar den Anspruch, Moskau sei nach Rom selbst und Konstantinopel das dritte Rom.

Eine verfolgte Religion

Eine Religion in Europa wollen wir nicht vergessen, obwohl sie auf der religiösen Landkarte Europas kein zusammenhängendes Gebiet beansprucht: die jüdische. Seit der Eroberung ihres Landes durch den römischen Kaiser Titus im Jahr 70 n.Chr. war das Volk der Juden über die ganze Welt bis hin nach China verstreut. Viele Juden lebten in Europa, wo sie wichtige Beiträge zum Aufbau der Wirtschaft und Kultur leisteten. Noch zur Zeit Karls des Großen zum Beispiel waren es vor allem jüdische Kaufleute, die den Handel mit Orientwaren betrieben.

Wirtschaftlicher Erfolg weckt leicht den Neid der Umgebung, und im Fall der Juden kamen die religiösen Spannungen mit den Christen hinzu. Diese dachten weniger daran, daß Jesus ein Jude war, sondern gaben den Juden die Schuld an seiner Kreuzigung. Nach und nach wurden den Juden fast alle wirtschaftlichen Betätigungen von der Landwirtschaft bis zum Handwerk verboten. Schließlich war ihnen fast nur noch das Verleihen von Geld gegen Zinsen erlaubt, das andererseits für Christen verboten war. Damit begann der Teufelskreis erneut. Für große Vorhaben wie für den Bau von Klöstern und Kirchen, aber auch für den Freikauf eines Richard Löwenherz mußte man Geld bei Juden leihen. Dieses nahm man gern; die Rückzahlung mit Zinsen aber erweckte Mißgunst und Neid. 1180 ließ der französische König alle Juden im Land verhaften, bis sie auf ihre Geldforderungen an Christen verzichteten. Die mußten dafür ein Fünftel der Schuldsumme in die Staatskasse zahlen. Wiederholt – wir haben das schon in Verbindung mit den Kreuzzügen gesehen – kam es in fast allen Ländern Europas zu noch schwereren Verfolgungen. So sollen 1350 in Deutschland nicht weniger als 350 jüdische Gemeinden ausgelöscht worden sein; um 1500 wurden mit den Mauren gleich auch alle Juden unter Einziehung ihres Vermögens aus Spanien und Portugal vertrieben. Toleranz gegenüber Andersgläubigen wurde leider für lange Zeit in Europa nicht als wichtig angesehen.

Luthers Vorgänger

Das galt auch innerhalb der Kirche. Schon seit Konstantins Tagen hatten sich die Anhänger verschiedener theologischer Richtungen bis aufs Messer bekämpft. Die Frage, ob Christus Gott im Wesen gleich oder ähnlich sei, hatte Kriege provoziert. Angeblich um die griechische mit der römischen Kirche wieder zu vereinen, hatte Venedig den vierten Kreuzzug nach Byzanz gelenkt und diese christliche Stadt geplündert. Die Albigenser oder Katharer (daher unser Wort »Ketzer«), eine christliche Sekte in Frankreich, die sich gegen den Papst stellte, wurde im 13. Jahrhundert in einem blutigen »Kreuzzug« vernichtet.

Dabei wurde die Kritik an den Päpsten und Bischöfen, die sich mehr als weltliche Herren denn als geistige Führer zeigten, immer lauter. John Wiclif (1320-1384), ein Theologieprofessor aus Oxford, griff die Mißstände in der Kirche scharf an und bestritt, daß der Papst der Stellvertreter Christi auf Erden sei. Wiclifs Lehren wurden von dem Tschechen Johannes Hus (1370-1415) aufgegriffen. Wie Wiclif fand er zahlreiche Anhänger, wie der allerdings schon 30 Jahre zuvor verstorbene Wiclif wurde er 1415 auf dem Konzil zu Konstanz als Ketzer verurteilt. Er starb auf dem Scheiterhaufen.

Luthers Reformation

Luther erging es besser. Ob er ahnte, was sein Thesenanschlag am 31. Oktober 1517 bewirken würde? Wahrscheinlich wäre ihm das Schicksal des Johannes Hus nicht erspart geblieben, wenn nicht die politischen Verhältnisse in Deutschland und Europa zu seinen Gunsten gewesen wären. Vielen Landesherren war der Einfluß der römischen Kirche ein Dorn im Auge, andererseits brauchte der Kaiser ihre Unterstützung gegen die Türken, mußte also auf ihre Sympathie für Luther Rücksicht nehmen.

Luther jedenfalls vermochten weder Kirchenbann noch Reichsacht etwas anzuhaben. Er kehrte 1522 von der Wartburg nach Wittenberg zurück. Drei Jahre später heiratete er, denn er konnte in der Bibel auch keinen Hinweis darauf entdecken, daß Geistliche ledig bleiben müßten. Seine Frau Käthe schenkte ihm insgesamt sechs Kinder. Luther erlebte noch mit, wie sich in zahlreichen deutschen Ländern evangelische Landeskirchen bildeten. Sein Freund Philipp Melanchthon vertrat die Sache der »Protestanten«, wie sie von den Katholiken seit 1529 genannt wurden, mit Geschick, wenn auch nicht mit der Schärfe, die Luther sich gewünscht hätte, auf dem Reichstag von Augsburg 1530. Die Reformation war nicht mehr rückgängig zu machen.

Das bedeutete nicht, daß damit alle Mißstände beseitigt waren. Die neue Kirche war vielfach nicht weniger unduldsam als die alte. Es war auch keineswegs so, daß jeder frei die Wahl hatte, wozu er sich nun bekennen, welcher Konfession er angehören wollte. 1555 wurde in Augsburg für das Reich bestimmt, daß alle Untertanen die Konfession ihres jeweiligen Landesherrn annehmen mußten.

Luthers Nachfolger

Etwa gleichzeitig mit Luther trat in der deutschsprachigen Schweiz Ulrich Zwingli (1484-1531) als Reformator auf. Er war sich zwar in vielen Dingen mit Luther einig, nicht aber in der theologischen Frage, was das Abendmahl bedeute. Selbst ein Treffen Luthers mit Zwingli vermochte diesen Streit nicht auszuräumen.
Auch der dritte bedeutende Reformator, Jean Calvin (1507-1564), wirkte hauptsächlich in der Schweiz, besonders in Genf. Er legte seinen Anhängern strenge Regeln auf. Jede Gemeinde hat ihre Angelegenheiten demokratisch selbst zu regeln. In der Kirche sind keine Bilder, Plastiken und Kerzen erlaubt; sonntags sind Spiel und Tanz verboten. Die Gnade Gottes zeigt sich darin, daß man es durch Sparsamkeit und Fleiß im Leben zu etwas bringt. Der Staat hat darauf zu achten, daß alle diese Regeln eingehalten werden. Wer ihnen zuwiderhandelt, wird aufs strengste bestraft und sogar zum Tode verurteilt.
Calvin fand viele Anhänger in Frankreich, England und Schottland, später auch in Nordamerika und in Deutschland. Die auf Sparsamkeit und Fleiß ausgerichtete Lebensweise der Calvinisten war eine wesentliche Grundlage für den wirtschaftlichen Aufschwung in den Ländern, in denen sie lebten. Der Gegensatz zwischen den Lutheranern, die vor allem in Norddeutschland und Skandinavien Fuß gefaßt hatten, und den »Reformierten«, die sich auf Zwingli und Calvin beriefen, war aber ebenso unversöhnlich wie der zwischen ihnen und den Katholiken.

The Church of England

Auch England erkannte den Papst nicht mehr als Oberhaupt der Kirche an, allerdings zunächst nicht einer Reformation wegen. Tatsächlich war König Heinrich VIII. (König von 1509-1547) noch 1521 als »Verteidiger des Glaubens« ausgezeichnet worden, weil er eine Schrift gegen Luther verfaßt hatte. Als ihm aber seine Frau Katharina von Aragonien keinen Sohn gebar und Heinrich von ihr geschieden werden wollte, lehnte der Papst das ab. Da erklärte der König die anglikanische Kirche für selbständig und sich selbst zum Oberhaupt dieser Kirche. Sie bewahrte aber viele Formen der katholischen Kirche und stand im Gegensatz zu den Puritanern, den englischen Calvinisten.

Die katholische Kirche reformiert sich

Die katholische Kirche mußte zugeben, daß manches an der Kritik der Reformatoren berechtigt war. In den Jahren 1545 bis 1563 trafen sich kirchliche Würdenträger dreimal im oberitalienischen Trient zu einem Konzil, auf dem viele Lehrsätze der Kirche bekräftigt, aber auch Reformen beschlossen wurden, zum Beispiel in der Priesterausbildung.

Verfolgung und Kriege für den Glauben

Die Auseinandersetzungen zwischen den Konfessionen nahmen von nun an an Schärfe noch zu. In der Nacht vom 23. zum 24. August 1572, der »Bartholomäusnacht«, wurden in Paris 3000 und in der Folge in ganz Frankreich 20 000 Hugenotten – so nennt man die französischen Calvinisten – ermordet. Man zählt in Frankreich bis 1585 insgesamt acht Hugenottenkriege. 1598 wurde den Hugenotten die freie Ausübung ihres Glaubens eingeräumt, aber damit war die Verfolgung keineswegs zu Ende. Noch Ende des 17. Jahrhunderts mußten über 200 000 von ihnen ins Ausland, vor allem in die Niederlande und nach Preußen, fliehen, wo man sie wegen ihrer Tüchtigkeit gern aufnahm.

In den Niederlanden, die zum katholischen Spanien gehörten, war der Kampf um die religiöse Freiheit gleichzeitig ein Kampf um Selbständigkeit. Er war im Norden, den heutigen Niederlanden, 1588 erfolgreich; der Süden, heute Belgien, blieb katholisch und spanisch.

Auch in England kam es zum Krieg. Als die Tochter Heinrichs VIII., Elisabeth I., ihre katholische, schottische Thronrivalin Maria Stuart hinrichten ließ, fühlte sich der spanische König Philipp II. berufen, die vom rechten Glauben abgefallenen Engländer zu strafen. Eine gewaltige Kriegsflotte von 130

Schiffen, die Armada, wurde gegen England losgeschickt, unterlag aber 1588 der englischen Flotte unter Francis Drake. In den folgenden 100 Jahren kam es in England selbst noch zu mehreren bewaffneten Auseinandersetzungen zwischen Anglikanern, Katholiken und Puritanern. In Irland ist diese Auseinandersetzung bis heute nicht beendet.

In Deutschland schien der Kampf mit dem Augsburger Religionsfrieden 1555 friedlich gelöst zu sein. Tatsächlich schwelte der Konflikt weiter. Er führte zum Dreißigjährigen Krieg zwischen der Liga der katholischen und der Union der protestantischen Fürsten. Er begann 1618 in Prag. Auf protestantischer Seite griffen auch die Könige von Dänemark, Schweden und später Frankreich ein; auf katholischer Seite standen vor allem die kaiserlichen Truppen aus Süddeutschland und Österreich. Ein wahrhaft europäischer Krieg, der da in Deutschland ausgetragen wurde! Worum es ging, wußte eigentlich bald niemand mehr. Im Friedensschluß von 1618 ist jedenfalls von religiösen Fragen kaum die Rede.

Der Krieg brachte unglaubliche Leiden über die Bevölkerung, die von Söldnerheeren beider Parteien rücksichtslos ausgebeutet wurde. Neben diesen Greueln hatte die Bevölkerung auch unter Seuchen wie der Pest zu leiden. Nach dreißig Kriegsjahren waren in Deutschland zwei Fünftel der Land- und ein Drittel der Stadtbewohner Krieg und Krankheit zum Opfer gefallen.

Und wer waren die Sieger des Krieges? Bestimmt nicht die Bevölkerung, gleichgültig, welcher Konfession sie angehörte. Schweden und Frankreich wurden größer; die Schweiz und die Niederlande schieden aus dem Reich aus; einige Fürsten in Deutschland konnten ihr Herrschaftsgebiet erweitern. Insgesamt aber blieb das Reich ein Flickenteppich mit über 300 kleinen Einzelstaaten.

An Europa dachte damals in der Mitte des 17. Jahrhunderts kaum jemand. Damals hatten eher die Abbruchunternehmer als die Baumeister das Sagen. Wenn Europa überlebte, dann bestimmt nicht, weil sich seine Herrscher so friedlich benahmen, sondern weil das auseinanderfallende Haus eben doch ein festes Fundament hatte, das frühere Baumeister gelegt hatten.

EIN MUSIKALISCHES OPFER

Ein denkwürdiges Treffen war das am Sonntag, dem 7. Mai 1747, abends, als sich zwei Persönlichkeiten begegneten, von denen die eine den Beinamen »der Große« trug, den die andere mit mindestens gleichem Recht verdient hätte. Es war Kammermusik angesagt, wie jeden Abend im Stadtschloß zu Potsdam. Das kleine Orchester war ein exklusiver Kreis. Der berühmte Flötist Johann Joachim Quantz gehörte dazu, die Brüder Johann Gottlieb und Karl Heinrich Graun, der Geiger Franz Benda und nicht zuletzt Carl Philipp Emanuel Bach, ein wahrer Künstler am Cembalo. Star des Ensembles aber war ein König, Friedrich II. von Preußen, den man schon jetzt, obgleich er erst 35 Jahre alt war, Friedrich den Großen nannte, vor allem weil er im Krieg gegen Österreich Schlesien für Preußen gewonnen hatte, aber auch weil unter seiner Regierung Preußen aufblühte. Aber neben den Staatsgeschäften pflegte er die Künste, und er war ein hervorragender Flötist und komponierte auch. Für heute abend war ein von ihm komponiertes Flötenkonzert angesetzt, bei dem ihn wie üblich Carl Philipp Emanuel Bach am Cembalo begleiten sollte.

Gerade hatten die Musiker das Stimmen ihrer Instrumente beendet. Alles wartete auf den Einsatz, da öffnete sich plötzlich die Tür des Kammermusiksaals, und ein Offizier der Stadtwache trat ein und salutierte. Wer geglaubt hätte, daß Friedrich wegen der Störung ungehalten gewesen wäre und ihn hinausgeschickt hätte, sah sich getäuscht. Ein König muß sich um alles kümmern; vor allem aber muß er wissen, was sich in seiner Residenz tut. Außerdem war Friedrich neugierig, denn der Offizier brachte den Bericht über die Fremden, die an diesem Tag in Potsdam eingetroffen waren. Er überflog, die Flöte in der Hand, das Papier, dann lächelte er ein wenig und wandte sich den Musikern zu, wobei er sich bemühte, den Mann am Cembalo nicht anzuschauen. »Meine Herren«, sagte er dann, »der alte Bach aus Leipzig ist angekommen.«

Die meisten der Musiker kannten den berühmten Thomaskantor Johann Sebastian Bach, teilweise waren sie sogar seine Schüler gewesen, und sie freuten sich auf ein Wiedersehen. Am meisten aber freute sich Carl Philipp Emanuel, daß sein Vater die lange Reise von Leipzig auf sich genommen hatte, damit er endlich sein Enkelkind kennenlernte. Und am meisten gespannt war der Preußenkönig, der den jungen Bach immer wieder gedrängt hatte, seinen berühmten Vater nach Potsdam einzuladen. Jetzt war es endlich soweit, und Friedrich wollte die Begegnung auf keinen Fall aufschieben. »Sorge er dafür«, sagte er zu dem Offizier gewandt, »daß der Meister Bach sofort hierhergeleitet werde.«

Dieser war im Hause seines Sohnes abgestiegen, und da galt es zunächst einiges zu erzählen mit der Schwiegertochter und den kleinen Johann August zu bestaunen. Aber viel Zeit blieb dazu nicht, denn schon erreichte ihn der Befehl des Königs, unverzüglich aufs Schloß zu kommen. Himmel, so schnell hatte er damit nicht gerechnet. Er war doch noch in der Reisekleidung, die Schuhe staubig, der Rock zerknittert. Der schwarze Staatsrock und die spiegelblank geputzten Schuhe, die ihm seine Anna Magdalena mitgegeben hatte, steckten noch gut verpackt in der Reisekiste. Aber der Offizier, der ihn abholte, ließ sich auf keinen Aufschub ein: »Wenn Seine Majestät, der König ›sofort‹ sagt, meint er sofort.« Ob Bach wollte oder nicht, er mußte mit, so, wie er war.

Wenig später wurde er in den Kammermusiksaal geführt, wo man schon gespannt auf ihn wartete. Für einen kleinen Moment sah der König seinen Gast neugierig an. Das also war er, der berühmteste

Orgelspieler und Komponist in Deutschland, um den so viele Fürstenhöfe warben. Hoforganist und Konzertmeister war er gewesen beim Herzog von Weimar, der ihn mit vier Wochen Gefängnis bestrafte, weil er seinen Dienst verlassen wollte, dann Hochfürstlicher Anhalt-Cöthenischer wirklicher Hofkapellmeister, Hochfürstlicher Sachsen-Weißenfelsischer Hofkapellmeister, momentan Leiter des berühmten Chores des Thomas-Gymnasiums in Leipzig und Königlich-Polnischer und Kurfürstlich-Sächsischer Hofkomponist. Eine imponierende Gestalt mit seinen 62 Jahren.

Und Bach schaute seinerseits auf den König, der als junger Mann gegen die Erziehung durch seinen Vater revoltiert hatte und der mit ansehen mußte, wie darum sein bester Freund vor seinen Augen hingerichtet wurde. Wie mußte er damals seinen Vater gehaßt haben, ein unvorstellbarer Gedanke für den liebevollen Familienvater Johann Sebastian Bach, dessen jüngste Tochter aus zweiter Ehe gerade fünf Jahre alt war. Viele seiner zwanzig Kinder waren früh gestorben, aber die Söhne und Töchter, die noch lebten, hatten sich freiwillig der Musik zugewandt und es dank der guten und zwar strengen, aber liebevollen Ausbildung durch den Vater zu etwas gebracht, wie sein Philipp Emmanuel dort drüben am Cembalo, der nun schon seit sieben Jahren Mitglied der preußischen Hofkapelle war. Doch wenn sie andere Neigungen gehabt hätten, er hätte sie nicht daran gehindert. Aber vielleicht hat der Sohn eines Königs keine andere Wahl, als seine Rolle als Thronfolger anzunehmen, auch wenn es seinen Neigungen widerspricht. Bach empfand Sympathie für Friedrich, der sein Sohn hätte sein können. Was für einen Musiker hätte er aus ihm gemacht! Und zugleich empfand er ein wenig Furcht vor dem König, der sich nicht scheute, Blut zu vergießen, wenn es um Preußens Größe ging.

Aber für solche Gedanken und Empfindungen blieb wenig Zeit, denn Bach war in seinem Leben an so vielen Fürstenhöfen empfangen worden, daß er wußte, was sich gehörte. So grüßte er denn nun den König ehrerbietig und begann eine weitschweifige Entschuldigung, weil seine Toilette so gar nicht dem Anlaß angemessen war. Der König entschuldigte sich seinerseits, daß er ihm nach der beschwerlichen Reise so wenig Zeit gelassen hatte. »Aber«, sagte er, »das Verlangen danach, einen so berühmten Musiker, wie Ihr es seid, Herr Hofkomponist, zu sehen und zu hören, war so groß, daß es keinen Aufschub duldete. Nun aber wollen wir mit unserem Konzert fortfahren. Erweist uns die Ehre, verehrter Meister, unser Zuhörer zu sein!«

Bach nahm in einem Sessel Platz und gab sich dem Musikgenuß hin. Ein bißchen neumodisch war es ja, aber es war ganz ordentlich. Seine Majestät war sehr zufrieden mit dem, was der Meister an Lob von sich gab, und drängte darauf, ihm die neueste Errungenschaft zu zeigen, einige Flügel, die der berühmte Gottfried Silbermann gebaut hatte. Es gab keinen größeren Klavier- und Orgelbaumeister zu dieser Zeit. Bach war mit ihm befreundet, ja er hatte sogar einige wichtige Anregungen für die Verbesserung des Klaviers gegeben, das erst vor wenigen Jahrzehnten aus dem Cembalo entwickelt worden war. Zahlreiche Kompositionen für dieses Instrument hatte er schon verfaßt. So nahm er gern die Einladung des Königs an, die Produkte der Silbermannschen Werkstatt auszuprobieren. Jeder staunte, wie mühelos er ein musikalisches Thema in immer neuen Abänderungen darzubieten wußte. Der König war beeindruckt vom Können des großen Meisters, selbst wenn er persönlich eine andere Musik, wie die Italiener sie machten, schöner fand.

Dann durfte Bach sich für den Abend verabschieden. »Ihr wißt, Herr Hofkomponist«, sagte seine Majestät leutselig, »daß ein König immer im Dienste seines Staates steht. Ich habe noch zu arbeiten. Aber erweist uns die Ehre, morgen abend um sieben wieder unser Gast zu sein.«

Damit war der Meister entlassen, und er war nicht böse darum. Denn in der Kutsche, die sie nach Hause brachte, hatte er endlich Gelegenheit, auch mit Philipp Emanuel ein paar Worte zu wechseln.

Die Fahrt war kurz, aber dann wurde es noch ein langer Abend, denn Philipp Emanuels Frau hatte die Zeit, in der ihr Schwiegervater beim König war, gut genutzt, um ein reichhaltiges Abendessen zusammenzustellen. Auch in Preußen lebte man nicht schlecht, und das Berliner Bier war fast so gut wie das sächsische. Der Alkohol lockerte die Zunge, und es dauerte nicht lange, da erzählte Johann Sebastian aus seinem Leben. Viele der Geschichten kannte Philipp Emanuel schon, aber er hörte sie trotzdem gern, und für seine Frau waren sie neu. Man kam auf den kleinen Johann August zu sprechen und fragte sich, ob er wohl die Musiktradition der Familie fortsetzen würde. »Du mußt gut achtgeben, daß du ihm seine Musikstunden interessant machst und ihn nicht über- oder unterforderst«, sagte der Großvater. Dann erzählte er, wie er als zehnjähriger Junge von seinem großen Bruder Christoph Unterricht am Cembalo bekommen hatte. Langweilig waren die vielen Etüden und die einfachen Stücke gewesen. Er konnte es doch schon viel besser. Aber Christoph hatte all die interessanten Noten in seinem Schrank verschlossen. Dann hatte er entdeckt, wie man Christophs Schrank öffnen konnte, ohne daß jemand etwas merkte, und war nachts, wenn alles schlief, aufgestanden und hatte Noten abgeschrieben. Das ging nur an wenigen Tagen im Monat, um Vollmond herum, wenn das Zimmer hell genug war. Sechs Monate lang hatte er so immer neue Stücke kennengelernt, die er heimlich auf dem Cembalo spielte, wenn Christoph nicht da war. Dann hatte ihn der eines Tages dabei ertappt und ihm all die kostbaren Noten weggenommen. »Damals war ich traurig«, sagte der alte Bach lachend, »aber heute weiß ich, was Christoph meinte, als er sagte, ich sei noch zu jung für solche Stücke. Aber trotzdem, die Musik muß von Anfang an auch Spaß machen, und darum habe ich euch ja alle eure eigenen Notenbüchlein anlegen lassen.«

Philipp Emanuel mußte versprechen, daß er auch seinem Sohn die Musik liebevoll nahebringen würde. »Und wenn er als Musikus etwas taugt«, sagte der alte Bach, »mußt du ihn reisen lassen, zu allen großen Künstlern. Nur so kann man sich wirklich verbessern, und außerdem erlebt man als junger Mensch auf Reisen die tollsten Geschichten. Habe ich eigentlich schon einmal die Sache mit den Heringsköpfen erzählt?«

Er hatte, aber Philipp Emanuel tat so, als kenne er die Geschichte nicht, weil er wußte, wie gern sein Vater darüber sprach.

»Ich war damals Schüler der St.-Michaelis-Schule in Lüneburg, und ich war nach Hamburg gewandert, um den berühmten Reinken an der Orgel zu hören. Ich durfte ihm sogar vorspielen. Auf dem Rückweg war es, ungefähr auf halber Strecke. Ich war müde und hatte kein Geld mehr. Aber ausruhen wollte ich wenigstens. Und wie ich da auf der Bank vor der Schenke saß, ging plötzlich über mir ein Fenster auf und dann flogen zwei Heringsköpfe vor meine Füße. Hungrig wie ich war, wollte ich schauen, ob vielleicht noch etwas Eßbares daran wäre. Wie ich sie mir genauer ansah, steckte doch in jedem der beiden Köpfe ein glänzender dänischer Dukaten. Und das Beste kommt noch. Als ich in der Schenke fragte, wem das Geld gehörte, fand sich niemand. So durfte ich sie behalten. Ich habe mich erst einmal sattgegessen, dann den Rest meines Heimwegs nach Lüneburg bequem in der Postkutsche zurückgelegt und noch eine ganze Weile von dem Geld gezehrt. Ihr seht, es lohnt sich, wenn man hin und wieder für die Musik das Opfer aufbringt, zu Fuß zu gehen.«

Es wurde noch manch andere Geschichte erzählt, denn Bach war in seinem langen Leben viel herumgekommen. Philipp Emanuel dagegen wußte viel zu berichten von seinem Dienstherrn, dem Preußenkönig, von seiner Disziplin bei der Arbeit, davon, daß er über alles, was in Preußen geschah, informiert war, daß ihm keiner seiner Beamten etwas vormachen konnte, und davon, daß er auch ein listiger Mann war. »Neulich hat er sich ein tolles Stück geleistet. Du weißt vielleicht, daß er meint, daß sich Hungersnöte am besten vermeiden lassen, wenn hier in Preußen auch Kartoffeln angebaut werden. Aber die Bauern wollen mit so neumodischem Zeug nichts zu tun haben. Da hat er lauter Saatkartoffeln in ein Dorf schaffen und gleichzeitig einen ganzen Trupp von Soldaten zur Bewachung abstellen lassen, ihnen allerdings aufgetragen, sie sollten nicht so genau aufpassen. Tatsächlich hielten die Bauern daraufhin die Kartoffeln für etwas sehr Kostbares und ließen keine Gelegenheit aus, heimlich so viele wegzuschaffen, wie sie nur konnten, und sie auf ihren Feldern anzubauen, wie es der königliche Kommissar ihnen zuvor vergeblich nahezubringen versucht hatte.«

Über dem guten Abendessen und den vielen Erzählungen war es Mitternacht geworden, und man ging zu Bett. Am nächsten Morgen bewies der alte Bach vor einer großen Zuhörerschar in einer Potsdamer Kirche auch seine Meisterschaft an der Orgel. Am Abend fand er sich, dieses Mal so gekleidet, wie das die Etikette verlangte, wieder beim König ein. Erneut spielte er auf einem Silbermann-Flügel zahlreiche seiner Kompositionen. Dann hatte der König für ihn eine Überraschung bereit. Er trat selbst an den Flügel und spielte einige Takte. Nun gab er Bach auf, er solle aus diesem Thema, das er selbst erfunden hatte, etwas machen. Für einen ganz kurzen Moment ließ Bach das Thema in sich noch einmal erklingen. Dann zeigte er seine ganze Kunst und entwickelte eine dreistimmige Fuge daraus. Alles lauschte gebannt, wie das Thema zuerst in der ersten Stimme ertönte und die zweite und dritte Stimme sich ihm unterordneten, wie es dann in die zweite wechselte und von der ersten ein Gegenthema entwickelt wurde, wie dann das Thema von der dritten und das Gegenthema von der zweiten Stimme aufgenommen wurden und die erste wieder etwas Neues bot, und wie das Ganze dann im zweiten Durchgang sozusagen als Kanon erklang und wie alles zu einem kunstvollen Schluß geführt wurde. So etwas konnte nur der große Johann Sebastian Bach. Aber der König wollte die Sache auf die Spitze treiben und forderte Bach auf, nun auch noch eine sechsstimmige Fuge zu versuchen. Er durfte sich dazu allerdings das Thema selbst wählen. Auch dies brachte der große Meister zustande.

Dann war sein Besuch beendet. Ein wenig enttäuscht war Bach schon, daß sich Friedrich der Große nicht im mindesten so spendabel zeigte, wie viele der musikbegeisterten kleinen Fürsten in Deutschland, für die er zuvor musiziert hatte, aber dennoch hatte der König seinen Ehrgeiz geweckt. Das Thema, das dieser ihm gestellt hatte, ging ihm nicht aus dem Kopf. Auch daraus mußte sich doch etwas Sechsstimmiges entwickeln lassen. Als Bach nach Leipzig zurückgekehrt war, setzte er sich sofort daran. Zwei Monate später übersandte er dem Preußenkönig das Werk, das er sein »Musikalisches Opfer«, das bedeutet soviel wie seine musikalische Gabe, an den König nannte.

Was der König von dem Werk hielt, ist nicht bekannt. Für Bach wurde es wirklich ein Opfer. Von den hundert gedruckten Exemplaren, schrieb er ein Jahr später an seinen Vetter Elias Bach, habe er die meisten an gute Freunde gratis abgegeben.

Die Begegnung zweier großer Europäer am 7. und 8. Mai 1747 aber, die zu diesem Opfer führte, ist auch ein Stein in unserem europäischen Haus, ein Mosaiksteinchen vielleicht nur, aber doch ein besonders hell leuchtendes.

Alle Macht den Fürsten

Der Staat bin ich

»Gott, der die Könige über die Menschen gesetzt hat, wollte, daß man sie als seine Stellvertreter achte, und er selbst hat sich das Recht vorbehalten, über ihre Taten zu urteilen. Es ist sein Wille, daß alle, die als Untertanen geboren sind, willenlos zu gehorchen haben.«

Das schreibt der französische König Ludwig XIV., der von 1643 bis 1715 regierte, in seinen Memoiren. Seine Auffassung von der absoluten Macht des Königs wurde unter den europäischen Herrschern sehr populär, so daß man im 17. und 18. Jahrhundert auch vom Zeitalter des *Absolutismus* spricht.

Ganz schön anmaßend, dieser »Sonnenkönig« in Frankreich, von dem auch der berühmte Satz stammt: »Der Staat bin ich.« Als Vorbild für ein vereintes Europa nicht zu gebrauchen! Hier sollen alle die Möglichkeit haben, mitzubestimmen, was geschieht.

Und dennoch: In der Liste der Baumeister Europas haben auch manche der absolutistischen Herrscher einen bedeutenden Platz, denn sie sahen sich nicht nur als absolute Herren, sondern, wie Friedrich II. von Preußen (1740-1786) es ausdrückte, auch als »erste Diener des Staates«, und sie fühlten sich dafür verantwortlich, daß es ihrem Land gutging.

Das Recht des Stärkeren

»Gut« setzten sie allerdings oft mit »groß« gleich, und wenn es um die Erweiterung des Staatsgebiets ging, waren sie nicht eben zimperlich. Sie legten großen Wert darauf, gutausgebildete Armeen zu haben, und die setzten sie auch ein. Dabei war die Überzeugung, militärisch stärker zu sein, oft Grund genug, dem Nachbarland den Krieg zu erklären. Aber diese Auffassung ist ja nicht nur bei den absolutistischen Herrschern zu finden, sondern sie ist leider in der gesamten Geschichte Europas und auch in anderen Teilen der Welt bis heute weit verbreitet.

Ein besonders abschreckendes Beispiel ist das Schicksal des Königreichs Polen, das von seinen Nachbarn sozusagen als Kuchen angesehen wurde. Die ersten Stücke nahmen sich der erwähnte Friedrich von Preußen, den man auch den Großen nennt, Maria Theresia von Österreich und ihr Sohn Joseph und Katharina die Große von Rußland im Jahr 1772; ihre Nachfolger verspeisten dann 1793 und 1795 den Rest. Das ist nichts, wofür Europa den Damen und Herren Herrschern ein Denkmal setzen könnte.

Der König braucht Geld

Aber in anderer Hinsicht waren sie schon wichtiger. Da war Ludwig XIV., der mit Hilfe seines klugen Finanzministers Colbert ein neues Wirtschaftssystem schuf. Er brauchte Geld für die teure Hofhaltung und die kostspieligen Kriege. Colbert beschaffte es, indem er dafür sorgte, daß auf ausländische Waren, die ins Land kamen, hohe Zölle erhoben wurden und daß in Frankreich selbst mit Unterstützung des Staates Manufakturen, die Vorläufer unserer Fabriken, eingerichtet wurden. Hier stellte man hochwertige Güter her, die man exportieren konnte. Der Staat verdiente dabei immer mit, am Transport der Rohstoffe aus Übersee auf staatlichen Schiffen, an den Ein- und Ausfuhrzöllen, an Steuern, die beim Kauf bestimmter Waren zu entrichten waren.

Der »Merkantilismus«, wie man dieses Wirtschaftssystem nennt, war nur am Anfang erfolgreich, denn natürlich wehrten sich die anderen Länder Europas dagegen, daß soviel Geld nach Frankreich floß, und schützten sich mit Zöllen. Heute wissen wir, daß ein großer gemeinsamer Markt mit freiem Wettbewerb für die wirtschaftliche Entwicklung besser ist. Aber dieser Gedanke wurde erst im 18. Jahrhundert von dem Schotten Adam Smith (1723-1790) entwickelt.

Dennoch war der Merkantilismus für Europa wichtig, denn in ihm wurden die Handwerker angeregt, mehr zu produzieren. In den Manufakturen übte man die Methoden der Arbeitsteilung, für den Transport der Waren wurden Kanäle und Straßen angelegt. Es verkehrten regelmäßig Postkutschen. Europa wurde mobiler.

Der wirtschaftliche Aufschwung hatte auch andere wichtige Folgen. Jahrhundertelang hatten neben dem König vor allem der Adelsstand und die Geistlichen das Sagen. Das war auch jetzt noch nicht anders, aber die reicher gewordenen Handwerker und Manufakturbesitzer wurden viel selbstbewußter. Es ist scheinbar paradox: Gerade weil gegenüber dem absolutistischen König alle anderen, auch der Adel und die Geistlichen, Untertanen waren, wuchs in Europa in dieser Zeit die Bedeutung des »dritten Standes«, der Bürger. Europa wurde bürgerlicher.

Europa wird größer

Europa wurde in dieser Zeit auch größer. Zum einen ging die Eroberung der Welt durch die europäischen Mächte, neben Spanien und Portugal vor allem England, Frankreich und die Niederlande, weiter; zum anderen wuchs Europa im Osten. Zar Peter der Große (1689-1725) hatte vor seiner Thronbesteigung Westeuropa bereist und sich hier, angeblich inkognito, über moderne Schiffbaumethoden informiert. Als Zar eroberte er von Schweden einen Teil der Ostseeküste. Hier ließ er gegen den erbitterten Widerstand des Adels in Moskau eine neue Hauptstadt für Rußland anlegen: Sankt Petersburg. Er schickte junge russische Adlige zum Studium ins Ausland, holte selbst Handwerker und Gelehrte aus dem Westen ins Land, in einem Wort: Er machte Rußland zu einem Teil Europas. Ein wichtiger europäischer Baumeister!

Allerdings sollte man, auch wenn man die romantische Oper »Zar und Zimmermann« sieht, nicht vergessen, daß in Rußland nur wenige von den Reformen etwas spürten. Dazu gehörten nicht die russischen Bauern. Sie blieben auch unter Peter dem Großen und seinen Nachfolgern Leibeigene ihrer adligen Grundherren. Von diesen wurden sie nach Belieben ausgenutzt und konnten sogar verschenkt oder verkauft werden. Auf eine Verbesserung ihrer Rechtslage mußten sie noch viel länger warten als ihre Kollegen in Westeuropa.

Europa und seine Beamten

In der Zeit des Feudalismus hatten die Herrscher das Land an die hohen Herren ausgeteilt und diesen die Verwaltung ihrer Landesteile überlassen. Ein König, der sich als absoluter Monarch versteht, kann so etwas nicht dulden. Er ist für alles verantwortlich, aber natürlich ist seine Arbeitszeit begrenzt. Ludwig XIV. schreibt: »Ich habe es mir zum Gesetz gemacht, regelmäßig zweimal am Tag zu arbeiten, jedesmal zwei oder drei Stunden.« Darüber hinaus brauchte er Minister, und diese wiederum mußten Leute haben, die dafür sorgten, daß der Wille des Königs überall ausgeführt wurde. Es entstanden staatliche Behörden, in denen königliche Beamte arbeiteten, die oft nicht mehr aus dem Adel stammten. Viele Einrichtungen zum Beispiel im Rechts- und im Finanzwesen sowie in der Verwaltung, die heute noch bestehen, führen ihre Geschichte auf diese Zeit zurück.

Europa wird »aufgeklärt«

Seit dem Zeitalter der Reformation war man nicht mehr bereit, die Erklärung der Welt der Kirche zu überlassen. Im 17. und 18. Jahrhundert traten immer mehr Denker auf, die die Menschen dazu aufforderten, ihre Vernunft zu gebrauchen. Sie wollten die Menschheit aus dem Dunkel der Unwissenheit befreien und »aufklären«. Wir sprechen daher auch vom Zeitalter der *Aufklärung*. Die Aufklärung hatte ihre Vorläufer im 17., sie erfaßte aber vor allem im 18. Jahrhundert nahezu ganz Europa und so gut wie alle Lebensbereiche.

Mathematik und Physik wurden gefördert durch die Arbeiten eines **Isaac Newton** (1643-1727) aus England, der das Prinzip der Schwerkraft entdeckte, eines **Denis Papin** (1647-ca. 1712) aus Frankreich, der eine erste Dampfmaschine baute, eines **Anders Celsius** aus Schweden (1701-1744), dem wir die praktische Einteilung der Temperaturskala verdanken.

Philosophen wie der Holländer **Baruch Spinoza** (1632-1677), der Engländer **John Locke** (1632-1716), der Deutsche **Wilhelm Leibniz** (1646-1716), der auch ein bedeutender Mathematiker war, die Franzosen **Charles de**

Montesquieue (1689-1755), **Voltaire** (1694-1778) und **Jean Jacques Rousseau** (1712-1778) und zahlreiche andere beeinflußten die Gedanken der Menschen in Europa über Religion, Staatswesen und richtiges Verhalten. Der schon erwähnte Schotte **Adam Smith** begründete die Wissenschaft der Volkswirtschaft; der Tscheche **Johannes Comenius** schuf um 1650 mit dem »Orbis Pictus« (= Die Welt in Bildern), einer Bilderfibel, einen ganz neuen Typ von Lehrbuch, das speziell für Kinder geschrieben war. Sie alle wurden weit über ihre Landesgrenzen hinaus bekannt, manchmal in Übersetzungen, oft im Original, insbesondere dann, wenn sie ihre Schriften noch in lateinischer oder aber wenn sie sie in französischer Sprache abfaßten.
Der Hof Ludwigs XIV. übte nämlich so große Anziehungskraft auf Europa aus, daß jeder, der etwas auf sich hielt, Französisch sprechen mußte. Frankreich kann man auch als Zentrum der Aufklärung bezeichnen. Hier wurde schon 1635 die Académie Française gegründet, die die französische Sprache erforschen und pflegen sollte. Hier erschien in den Jahren 1751 bis 1780 die berühmte Enzyklopädie, Vorläufer aller modernen Lexika, die das gesamte Wissen der Welt in einem Nachschlagewerk enthielt. Ein großer und wichtiger Baustein europäischer Kultur!
Auch die Könige ließen sich aufklären. Friedrich der Große zum Beispiel, der mit Voltaire befreundet war, erklärte für sein Land, daß jeder, ob Katholik, Lutheraner, Reformierter, Jude oder sogar Mohammedaner ein Recht auf die eigene religiöse Überzeugung habe. Die Folter wurde weitgehend abgeschafft. Jeder konnte die Gerichte des Königs anrufen. Ihrem Spruch unterwarf er sich sogar selbst. Ähnliche Reformen gab es im Österreich Maria Theresias und ihres Sohnes Joseph II. Hier wurde zum Beispiel 1781 die Leibeigenschaft der Bauern aufgehoben. Bis dahin waren viele Bauern noch von ihren Gutsherren abhängig. Sie konnten ihren Aufenthaltsort nicht frei wählen, nicht ohne dessen Einwilligung heiraten und mußten unentgeltlich für ihn arbeiten.
Die Gedanken der Aufklärung wurden auch durch die Literatur vorbereitet und verbreitet. Viele der Werke, die im 17. und 18. Jahrhundert geschrieben wurden, waren in ganz Europa bekannt und sind es noch. Kein Theater, das

nicht auch heute noch gelegentlich eine Komödie wie »Der eingebildete Kranke« von **Jean Baptiste Molière** (1622-1673) spielt und dabei keine Mühe hat, das Stück modern erscheinen zu lassen. Wer in Europa kennt nicht die Romane »Robinson Crusoe« des Engländers **Daniel Defoe** (1719), »Gullivers Reisen« des Iren **Jonathan Swift** (1726) oder »Tom Jones« des Engländers **Henry Fielding** (1749)? In welchem größeren Buchladen in Europa hat man nicht die Auswahl unter mehreren Ausgaben der Fabeln des **Jean de la Fontaine** (1621-1695)? Wo wäre der Gedanke der Toleranz zwischen Angehörigen verschiedener Religionen besser ausgedrückt als in dem 1779 entstandenen »Nathan der Weise« des Deutschen **Gotthold Ephraim Lessing**? Den Verfassern solcher Werke gebühren Ehrenplätze in der Galerie der Baumeister Europas.

Zur Aufklärung Europas trug es auch bei, daß im 17. und 18. Jahrhundert immer mehr Menschen zur Schule gingen. Vielerorts wurde der Schulbesuch staatlich vorgeschrieben, ein Gebot, das allerdings nicht immer beachtet wurde. Aber es gab doch immer mehr Menschen, die die in dieser Zeit aufkommenden Tages- und Wochenzeitungen lesen und etwas über die Welt und die Politik erfahren konnten, wenn auch die Fürsten dafür sorgten, daß die Zeitungen nichts für sie Unbequemes berichteten.

Am Ende der Zeit des Absolutismus also hatten die europäischen Bürger wenig, die europäischen Bürgerinnen fast gar nichts zu sagen, aber sie wußten über manches Bescheid. Darum waren sie dann im 19. Jahrhundert in der Lage, auch politisch einen maßgeblichen Anteil am Bau des europäischen Hauses zu übernehmen.

Europa trägt Perücken und wird barock

Bevor wir uns damit beschäftigen, müssen wir aber noch einmal in die Welt der Fürsten zurückkehren, die sich in dieser Zeit im wahrsten Sinne des Wortes als Bauherren betätigten. Da ließ sich Ludwig XIV. in Versailles ein Schloß errichten, wie man es noch nie zuvor gesehen hatte. Alle Teile sind genau spiegelbildlich zueinander angeordnet, in den Parkanlagen, die das riesige Schloß umgeben, herrschen ebenfalls streng geometrische Formen

vor. Hier in diesem Schloß entfaltete sich das höfische Leben, das ungeheure Summen verschlang. Hier zeigten der König und die Adligen, die am Hof lebten, gepudert und in ihren heute komisch wirkenden Kleidern und Perücken, was »Etikette« war. Und ganz Europa, die Fürsten, der Adel und auch viele Bürger schauten bewundernd zu und ahmten den Sonnenkönig und seinen Hof nach.
Überall entstanden Schlösser nach Art von Versailles, allerdings immer runder und dann im 18. Jahrhundert immer verschnörkelter. Decken und Wände wurden mit Stuck verziert und farbenprächtig bemalt, niedliche Engel und antike Götter aus Marmor oder Gips bevölkerten Parks und Gärten. Meisterwerke der Baukunst des pompösen Barock und seiner späteren Form, des Rokoko, ziehen heute Tausende von Besuchern an. Da könnte man die vom berühmten Barockbaumeister **Balthasar Neumann** (1687-1753) entworfene Residenz der Fürstbischöfe in Würzburg, die Wieskirche in Süddeutschland, das Königsschloß in Stockholm, Schloß Sanssouci in Berlin, Schloß Schönbrunn in Wien, zahlreiche Kirchen und Schlösser in Italien und Spanien und in einem etwas anderen Stil die von **Christopher Wren** (1632-1723) erbaute Sankt-Pauls-Kathedrale in London nennen.
Maler wie **Rubens** (1577-1640) aus Belgien, **Rembrandt** (1606-1669) aus Holland, **Velasquez** (1599-1660) aus Spanien oder **Watteau** (1684-1721) aus Frankreich schufen die für solche Bauten passenden Gemälde.

Europa geht in die Oper und ins Konzert

Wenn ich unter den verschiedenen Gattungen der Kunst allerdings in dieser Zeit einer den Vorrang einräumen sollte, würde ich mich für die Musik entscheiden. Da wurde in Italien im Jahre 1608 ein gesungenes Theaterstück mit dem Titel »Orfeo« aufgeführt. Der Komponist war **Claudio Monteverdi** (1567-1643), und er hatte damit die erste Oper geschaffen, der im 17. und 18. Jahrhundert insbesondere in Italien und Frankreich viele andere folgten. Da komponierten und musizierten an den Fürstenhöfen Europas viele andere Berühmtheiten, von denen hier wieder nur einige wenige aufgezählt werden können. Zu den musikalischen Baumeistern Europas zählen im 17. und 18. Jahrhundert unter anderen:

Antonio Vivaldi (1680-1743), Italien. Sein Werk »Die vier Jahreszeiten« ist auch heute noch ein Hit.

Georg Friedrich Händel (1685-1759), geboren in Deutschland, aber seit 1712 in England lebend, schrieb zahlreiche Opern und Orchesterwerke, unter anderem die »Feuerwerksmusik«.

Johann Sebastian Bach (1685-1750), Deutschland. Kein Chor, der etwas auf sich hält, hat sich nicht an einer der großen Passionen versucht, kein Organist oder Pianist, der an ihm vorbeiginge. Seine »Brandenburgischen Konzerte« hat wohl jeder schon einmal gehört, möglicherweise ohne zu wissen, worum es sich handelte.

Joseph Haydn (1732-1809), Österreich, schrieb zahlreiche Sinfonien. Von ihm stammt die Melodie der deutschen Nationalhymne.

Wolfgang Amadeus Mozart (1756-1791), Österreich, der Komponist unter anderem der »Zauberflöte«, ist so berühmt, daß man über ihn in Europa kein Wort zu verlieren braucht.

Anders als Werke der Literatur, die jeder gedruckt lesen konnte, und der Baukunst und Malerei, die im Prinzip jeder sehen konnte, waren die Komponisten darauf angewiesen, daß man ihre Werke in der Kirche, am Fürstenhof, im Salon gebildeter Bürgerhäuser oder auch in der Gastwirtschaft immer wieder aufführte. Leben konnten sie von ihrem Beruf nur, wenn sie reiche Gönnerinnen oder Gönner hatten, selbst ein Gehalt als Musiker bezogen oder wenn ein Musikverleger dafür, ihre Kompositionen drucken zu dürfen, bezahlte. Viele waren Musiker an europäischen Höfen. Heute aber, seitdem moderne Medien ihre Werke für jeden hörbar gemacht haben, spielen sie jeden Tag aufs neue in unseren Häusern. Danke!

IN EUROPA AUF DER FLUCHT

Die Zeit der absoluten Fürsten in Europa ging zu Ende, als 1789 in Frankreich die Revolution ausbrach. Auch viele Adlige begrüßten zunächst die Ereignisse, viele andere aber beschlossen, ins Ausland zu gehen, bis die Lage sich beruhigt hatte. Im Jahr 1797 erschien unter dem Titel »Die kleinen Auswanderer« eine Sammlung von Kinderbriefen, in denen die stürmischen Ereignisse geschildert werden.

Die Briefe sind erfunden, aber da die Verfasserin, Madame de Genlis, viele Emigrantenschicksale aus nächster Nähe beobachtet hatte, geben sie doch ein gutes Bild der Zeit.

Eine Hauptperson ist der 14jährige Gustav von Ermont, der aus einer Adelsfamilie stammt, die auf ihre Vorrechte pocht und im übrigen auf Schulbildung nicht allzuviel Wert legt. Eine andere ist der 12jährige Eduard von Armilly, dessen Vater trotz seines Schicksals die Absichten der Französischen Revolution für eine gute Sache hält. Adlige, so meint er, brauchen eine gute Schulbildung, um durch eigene Tüchtigkeit im Leben zu bestehen.

Hier ist ein Auszug aus dem Briefwechsel der beiden Jungen, die sich mit ihren Familien in der Schweiz aufhalten.

Gustav an Eduard

Richterweil, den 26. Mai 1793

Hir binn ich nun in Rigeterfille, mein liber Eduard, und isch langwaile misch schohn seer. Wier müssen seer aufpahsen, das dain Fater mainen Brif nischt findet, denn er weiss, das ich Royalist (= Anhänger des Königtums) binn, und wirt dier verbiten, mier zu schraiben. Isch will dier sagen, waß isch pollitisch denke. Erstens: Aine Republick kann sisch in ainem grohsen Lant wie Frankreisch mit 20 Tausend Einwonern nischt halten. Diese Art von Staatsform taukt nur für ein klaines Königraisch wie die Schweiz. Zwaitens: Die monarchiche Staatsform ist die beßte fon allen. Drittens: Die Gegen-Revoluzzion ist sischer, und es wirt kaine drai Monate dauern. Sag mir, Eduard, was du von mainer Mainung hälst. Adieu, main lieber Eduard, schreip mier ausfürlisch, und erzäl mier fon oirer Flucht aus Frankreisch. Isch unterschraibe nischt, wail isch glaube, das daß klüger ist.

Eduard an Gustav

Küßnacht, den 18. Mai 1793

Ich verberge nichts vor meinem Vater, mein lieber Gustav, und er hat mir erlaubt, Dir zu schreiben. Über Politik schreibe ich aber nichts, weil ich nichts davon verstehe. Ich will Dir nur sagen, daß Frankreich nicht 20 Tausend, sondern 20 Millionen Einwohner hat, was noch mehr für Dein Argument spricht.

Du fragst mich nach der Geschichte unserer Flucht aus Frankreich. Hier ist sie: Im Sommer 1792 wurde mein Vater, der sich schon seit längerem gegen alles, was man machte, ausgesprochen hatte, angezeigt. Da er *adlig* und *reich* war, stellte man sehr strenge Ermittlungen an. Eines Abends teilte ihm ein Freund mit, daß er am nächsten Tag verhaftet werden sollte, und zeigte ihm Papiere, die bewiesen, daß man ihn vernichten wollte. Meine Mutter beschwor ihn, noch am gleichen

Abend abzureisen, aber er wollte nicht ohne seine Familie gehen. Nun war meine Schwester Adelaide zwei Wochen zuvor wie jedes Jahr für zwei Monate zu meiner Großmutter in die Normandie gereist. Vater und Mutter waren untröstlich, sie nicht bei sich zu haben, meinten dann aber, vielleicht sei es für sie sogar besser, nicht zu emigrieren, weil ihr mit ihren elf Jahren und der 62jährigen Großmutter, die sich nie in Intrigen und Affären eingemischt hatte, schon nichts passieren werde.

Mutter zog ihre Schwester ins Vertrauen. Bei ihr aßen wir an diesem Tag zu Abend. Man war sehr traurig, und ich wußte nicht warum. Dann nahm mich mein Vater beiseite und erzählte mir alles. Die Neuigkeit traf mich wie ein Schlag. Als ich in den Salon zurückkehrte, sah ich so seltsam aus, daß mein Vetter August und meine Kusine Adrienne glaubten, mein Vater hätte mich geschlagen. Ich konnte kaum die Tränen zurückhalten, weil ich meine Kusine fast wie eine Schwester liebe.

Um Viertel vor elf sagte mein Vater: »Wir müssen los!« Meine Tante umarmte mich mit Tränen in den Augen. Ich umarmte Adrienne, was ich sonst nur an ihrem Geburts- und an ihrem Namenstag zu tun pflegte. Sie war so überrascht, daß sie bleich wurde und sagte: »Um Gottes willen, mein lieber Vetter!« Das waren die letzten Worte, die ich von ihr hörte, und sie sprach sie in so zärtlichem Ton! Ich fühlte, daß ich die Tränen nicht mehr zurückhalten konnte, und ging schnell. August folgte mir. Er nahm meine Hand und schüttelte sie. Er zitterte und konnte nicht sprechen. Ich auch nicht. Schluchzend fiel ich ihm um den Hals und bestieg den Wagen.

Zu Hause angekommen, erfüllte mich der Anblick unseres Hauses, das wir vielleicht für immer verlassen sollten und das bestimmt in einigen Tagen geplündert würde, mit Kummer. Ich stieg hinauf in mein Zimmer und nahm eine Schreibmappe aus rotem Leder, die Adelaide mir geschenkt hat. Darein tat ich einige Geschenke, die ich von meiner Tante und von August bekommen hatte. Dann verpackte ich sorgfältig eine große hübsche Tasse, die ich von Adrienne habe – darauf ist ein Blütenkranz mit einem Buchstaben in der Mitte, einem *A* –, und verstaute sie in einer Tasche meines Rocks. Dann nahm ich noch zwei von Adrienne in roter Kreide gemalte Bilder aus ihren Rahmen und versteckte sie zwischen Weste und Hemd. Meine Schreibmappe nahm ich mit, den ganzen Rest ließ ich da, nicht ohne Frau Maillet, die in das Geheimnis eingeweiht war und dablieb, aufzutragen, am nächsten Morgen eine Unmenge von Sachen zu August und meiner Kusine hinzubringen.

Vater ergriff alle für die Flucht notwendigen Vorsichtsmaßnahmen. Wir hatten Glück und erreichten Mons ohne Zwischenfall. Von unseren Dienstboten hatten wir nur Dupuy, Leblanc und Fräulein Benoit mitgenommen.

Wir richteten uns in Mons ein. Hier wollte mein Vater noch drei oder vier Monate bleiben. Aber wir änderten unseren Namen und trennten uns, um nicht erkannt zu werden, von meiner Mutter und meinen drei jüngeren Geschwistern. Sie quartierten sich zusammen mit Dupuy und Fräulein Benoit bei einem Pfarrer zwei Meilen (ca. 8 km) von Mons entfernt ein. Sie gab sich dort als Witwe eines Kaufmanns aus Genf aus. Der Pfarrer, der ehrenwerteste Mann, den man sich denken kann, war in das Geheimnis eingeweiht und bewahrte es treu.

Wir, Vater und ich, blieben in Mons. Aber dann kam ein Kommissar in die Stadt, ein abscheulicher Mensch und ein persönlicher Feind meines Vaters. Unser Gastgeber verriet uns, aber wir wurden glücklicherweise gewarnt und mußten sofort fliehen. Es war zehn Uhr abends. Wir begaben uns zunächst zu einem Freund. Hier schrieb Vater an Mutter, um ihr die notwendigen Anweisungen zu geben. Er trug ihr auf, innerhalb weniger Tage abzureisen und sich nach Schaffhausen zu

begeben. Er schickte ihr Leblanc, damit sie zwei vertrauenswürdige Männer bei sich hätte, außerdem ließ er ihr fast alles Geld bringen, was er hatte.
Dies getan, verkleideten wir uns als Fuhrleute. Obwohl ich traurig war, daß wir uns von Mutter trennen mußten, machte es mir Spaß, mich zu verkleiden. So ein Abenteuer hatte ich mir schon lange gewünscht. Außerdem sah mein Vater als Fuhrmann so komisch aus, daß ich ihn nicht anschauen konnte, ohne zu lachen, um so mehr, weil er ganz so ernst dreinblickte, als sei er gekleidet wie gewöhnlich. Man gab uns ein mit Stroh beladenes Fuhrwerk mit zwei armseligen Gäulen. Mein Vater lenkte den Wagen, mich schickte er nach hinten. So fuhren wir gegen Mitternacht los. Es war der 1. März und sehr kalt, aber ich vergrub mich im Stroh und schlief bald tief und fest. Ich erwachte erst wieder bei hellem Tageslicht und prustete laut los, als ich meinen Vater sah, der sich schon so an seine Verkleidung gewöhnt hatte, daß er sich

nicht vorstellen konnte, warum ich lachte. Wir hielten gegen Mittag an einer Bauernkate an, weil die Pferde nicht mehr konnten. Drei Stunden später waren wir wieder auf der Straße und fuhren dann die ganze Nacht und den folgenden Tag durch nach Lüttich. Dort zogen wir weniger lächerliche, aber sehr einfache Kleider an und durchquerten einen großen Teil Deutschlands, bald auf Mietpferden und in öffentlichen Postkutschen, teils zu Fuß. Die Nächte verbrachten wir in abscheulichen Wirtshäusern und schliefen nur auf Stroh, da mein Vater nicht genug Geld bei sich hatte, um auf andere Art zu reisen. Mehrfach legten wir sieben oder acht Meilen (ca. 30 km) zu Fuß zurück, und trotz des kalten und feuchten Wetters, der schlechten Ernährung und soviel Mühsal kam ich völlig gesund in Schaffhausen an. Da war ich meinen Eltern wirklich dankbar, daß sie mich immer und zu jeder Jahreszeit daran gewöhnt hatten, spazierenzugehen oder auszureiten. Sonst hätte ich eine so lange und mühsame Reise nicht überstanden und wäre in irgendeiner Herberge krank geworden.

Fünf oder sechs Tage später kam Leblanc in Schaffhausen an, allein. Meine Mutter hatte ihn zu uns geschickt, da sie selbst mit Fräulein Benoit und Dupuy auskam. Leblanc brachte Geld und einen Brief, in dem meine Mutter schrieb, daß sie bei ihrem guten Pfarrer völlig sicher sei und noch einige Zeit dableiben werde, um sich um die Dinge zu kümmern, die Vater nicht mehr hatte erledigen können. Nach diesen Neuigkeiten kamen wir hier nach Küßnacht, wo mein Vater ein hübsches kleines Haus mietete. Dann kehrte er nach Schaffhausen zurück, um auf Mutter zu warten. Das sind alle meine Abenteuer, mein lieber Gustav. Ich hätte Lust, auch von Deinen zu hören.

Gustav schreibt seinem Freund, daß er nicht soviel erlebt habe und daß ihm außerdem das Schreiben langer Briefe Mühe mache. Er klagt auch über Langeweile, woraufhin Eduard ihm empfiehlt, etwas zu lernen.

Gustav folgt seinem Rat, nachdem er seinen früheren Hauslehrer wiedergefunden hat, und macht – besonders in der Rechtschreibung, im Malen, im Sport und in der deutschen Sprache – gute Fortschritte. Das ruft Gustavs Mutter auf den Plan. Hier ist ein Auszug aus ihrem Brief an den Lehrer ihres Sohnes:

Bern, den 1. Oktober 1793

Isch bin erschrekt darüber, wie seer sie mainen Son mit Lernen überbelasten. Ich dencke wie Jon Jack Russo, das mann die Kinder natührlisch aufwacksen lahsen muss. Daß ißt daß aintzige Printziep der modernen Vielosoffie, daß ich angenohmen habe. Bedencken sie, daß Gustav mitt dem Nahmen, den er träkt, und järlich 75 000 Pfund Ainkünften es nicht nöhtich hat zu arbaiten wie ain Künsler oder Handwerker. Sie sagen vieleicht, das unsere Länderaien konfissziert sind, aber sie sind zu aufgeklährt, um nischt zu sehen, das die jezzige Ortnung nischt dauern kann und das die Gegen-Revoluzzion sotsusagen schon beschlossene sache ißt. Isch bite sie daheer, aus mainem Soon weder ainen waisen noch ainen Schöngaist zu machen. Denn sain Fater und isch, wier verapschoien die Pedanterie, und aine herforragende Ertziehung ist in kainer waise nach unserem Geschmak. Darumm erschainen mir die Mahlerei und das Studium fon Vremtsprachen föllig unnüts. Wenn mann Franzose ist, mus mann sisch damit begnügen, saine Mutersprache gut zu beherschen. Main Son wird die Dypplomatenlauvban ainschlaagen. Aber mann sprischt an allen Höfen Oiropas Französisch. Wotsu also soll im die doitsche Sprache dihnen? Dise Art von Unterwaisung ist nur gut vür die bootschafftssekretähre, aber die bootschafter brauchen so etwas überhauppt nischt.
Waß die Laibesübungen betrift, so misbilige isch ales, waß zu seer anstrengt. Gustav ist eckstreem krankhaitsanfelig, und er hat sehr laicht raitsbaare nerfen.

Biete dencken sie über maine wortte gut nach, wail daß für die körperlische und sitliche Endwiklung maines Soones seer wischtich ist. Adieu.

Ich kann hier nicht erzählen, was sonst noch alles in den Briefen geschildert wird, wie es den Emigranten in der Schweiz und in Deutschland ergeht, wie man in Paris die vielen Hinrichtungen erlebt, wie Eduards Tante verhaftet wird, weil sie sich in ihrem Haus heimlich die Messe lesen läßt und wie sie in letzter Minute gerettet wird, warum auch Adrienne nach dem Tod der Großmutter aus Frankreich emigriert, aber nicht weiß, wo ihre Familie ist. Das ist alles recht spannend und erweckt Sympathie mit vielen derjenigen, die damals Frankreich verlassen haben, aber es zeigt auch, warum die Wut des Volkes gegen manche Adlige so groß war, daß es zur Revolution kam. Und es zeigt, wie wenig sich viele der Adligen, besonders der adligen Frauen, um Politik kümmerten, obwohl sie sehr kluge Gedanken hätten beisteuern können. Hierzu noch ein letztes Beispiel, Auszüge aus einem Brief der Komteß von Lurcy, einer jungen Frau, an die Baronin von Blimont. Es geht um Melanie, eine 16jährige, die sich zum Schrecken ihrer adligen Umgebung als Demokratin bekennt.

Bern, 17. April 1794

Es ist möglich, daß die junge Melanie sich so ungehörig benimmt, über Politik zu sprechen. Und wenn sie das tut, macht sie sich lächerlich. Das ist nun einmal so die Art junger Leute. Aber, unter uns, eine Menge Leute reiferen Alters sind nicht vernünftiger. Glauben Sie zum Beispiel, daß die Argumente, die Frau von Ermont für die Zustände vor der Revolution vorbringt, besser und überzeugender sind?
Um auf Melanie zurückzukommen und was über sie erzählt wird. Was ich vor allen Dingen hasse sind Unrecht und Verleumdung. Was

machen die Republikaner in Paris? Sie sitzen zu Gericht, sie verurteilen ohne Beweis und ohne die anzuhören, die sie für ihre Feinde halten. Und wir? Sind wir besser, wenn wir aufs Hörensagen hin die absurdesten Geschichten über Leute glauben, von denen wir annehmen, daß sie politisch anders denken als wir?

Niemand auf der Welt ist eine aufrichtigere Royalistin als ich, obwohl ich eigentlich keine politische Meinung habe. Ich bin Royalistin, weil meine Ahnen viele Wohltaten vom Hof empfangen haben, weil mir meine Eltern schon in der Wiege immer wieder eingeredet haben, daß man seinen König lieben muß, daß die Treue ihm gegenüber eine heilige Pflicht ist. Ich bin Royalistin, weil Karl der Große, Ludwig der Heilige, Ludwig XII. und Heinrich IV. in den Augen aller Franzosen die Krone geheiligt haben; weil ich das Hofleben liebte, weil seine Größe und sein Glanz mir imponierten und weil das große Kleid bei Hof den Frauen mit einer schönen Taille so gut stand. Ich vermisse den Ton und die Manieren, die man nur bei Hofe findet, diese Gewandtheit im Benehmen, diese Eleganz, diese Höflichkeit. In dieser Weise bin ich Royalistin, aus Gewohnheit und aus Sentimentalität.

Außerdem meine ich, daß die monarchische Regierungsform, die nichts als Liebe und Gehorsam fordert, besser zu uns Frauen paßt als die republikanische, die eine Energie und Seelenkraft fordert, die wir gemeinhin nicht haben. Ich hatte immer die größte Abneigung gegen die kämpferischen Weiber, deren brennende Liebe für das Vaterland sie zu so unsensiblen Ehefrauen und so unnatürlichen Müttern macht. All die Heldentaten, die die Geschichte von ihnen berichtet, erscheinen mir nicht schön, sondern sie jagen mir Schrecken ein. Außerdem erstaunt es mich, daß in der Republik die Frauen nicht die gleichen Privilegien haben wie die Männer. Es wäre nur gerecht, wenn sie die gleichen Rechte und die gleiche Macht hätten, da man von ihnen doch das Opfer fordert, daß sie ihre Anmut, ihr ausgleichendes Wesen und die Empfindsamkeit aufgeben, die für ihr Geschlecht charakteristisch sind.

Soweit die Überlegungen der Komteß von Lurcy, die übrigens später als Fräulein Angelini eine bezahlte Stellung annimmt. Zuvor hat sie den Heiratsantrag eines reichen Barons ausgeschlagen, aber nicht, weil der sich als Republikaner ausgibt. Als Royalistin hätte sie durchaus mit ihm zusammenleben können und sich, wenn er die besseren Argumente gehabt hätte, sogar von ihm überzeugen lassen können. Aber der Mann war eben zu dumm. Ein Leben mit ihm konnte sich die geistreiche Frau nicht vorstellen.

Ich weiß nicht, was ich als Europäerin von heute von der Komteß, in die sich die Autorin des Romans anscheinend mit besonders viel Sympathie hineinversetzte, halten soll. Vieles von dem, was sie sagt, ärgert mich. Aber ich habe auch das Gefühl, daß es Europa nicht schlecht bekommen wäre, wenn Leute wie sie das Geschehen nicht nur beobachtet, sondern tatkräftig in es eingegriffen hätten.

Aber jetzt wird es Zeit, daß wir die für Europa so wichtigen Ereignisse des Jahres 1789 nicht mehr von außen betrachten, sondern uns direkt nach Paris begeben.

Freiheit – Gleichheit – Brüderlichkeit

Menschen- und Bürgerrechte für Frankreich

Im Jahre 1789 ereignete sich Ungeheures in Frankreich, das die Fürstenhäuser Europas erschauern ließ. Angefangen hatte alles, wie so oft, beim Geld. Die Staatskassen waren leer. Adlige und Geistliche aber weigerten sich erfolgreich, auf ein Vorrecht zu verzichten, nach dem sie keine Steuern zu zahlen brauchten. Um einen Ausweg aus der Krise zu finden, berief der König, Ludwig XVI., eine Versammlung ein, für die 300 Adlige, 300 Geistliche und 600 Vertreter des sogenannten dritten Standes, also der Bürger, gewählt wurden.

Diese Versammlung trat am 5. Mai 1789 in Versailles zusammen. Der König erklärte, ihre einzige Aufgabe sei es, Steuererhöhungen zu beschließen. Dagegen forderten die Vertreter des dritten Standes, unterstützt von einer Reihe von Adligen und Geistlichen, zunächst einmal ein Gesetz, in dem die Rechte aller Bürger festgeschrieben waren, eine Verfassung. Weil der König sich weigerte, erklärten sie, daß sie dieses Gesetz auch selbst beschließen könnten, und nannten sich Nationalversammlung. Das war in den Augen eines absolutistischen Königs eine Ungeheuerlichkeit, die mit Gewalt verhindert werden mußte. In Paris verbreitete sich die Nachricht, daß der König Truppen um Versailles und um Paris zusammenziehen ließ. Außerdem wurde das Brot knapp und teuer, angeblich weil die Adligen Getreide horteten.

Da brach die Revolution los. Am 14. Juli, der heute Frankreichs Nationalfeiertag ist, stürmten die Massen die Bastille, das Staatsgefängnis in Paris. Die Nachricht verbreitete sich wie ein Lauffeuer im Land. In den Provinzen stürmten Bauern, mit Sensen, Dreschflegeln und Mistgabeln bewaffnet, die Schlösser vieler Adliger.

In der Nacht vom 4. zum 5. August 1789 schaffte die Nationalversammlung

die Vorrechte der beiden ersten Stände wie Steuerfreiheit und Jagdrechte ab. Alle Bauern wurden für frei erklärt. Am 26. Mai 1789 wurden die Menschen- und Bürgerrechte verkündet. Alle Menschen werden frei und gleich an Rechten geboren, hieß es da. Freiheit, Eigentum, Sicherheit und Widerstand gegen Unterdrückung sind natürliche und unantastbare Rechte der Menschen. Der Ursprung jeder Herrschaft liegt beim Volk. Alle Bürger haben das Recht, persönlich oder durch Vertreter an der Gesetzgebung teilzunehmen. Niemand darf angeklagt, verhaftet und festgehalten werden, wenn das nicht durch ein Gesetz vorgesehen ist. Niemand darf wegen seiner Überzeugung, auch nicht seiner religiösen, belangt werden. Jeder Mensch darf frei denken, reden, schreiben und veröffentlichen, es sei denn, er mißbraucht dieses Recht.
Wenn uns das alles selbstverständlich vorkommt, so ist das kein Wunder, denn die Erklärung der Menschen- und Bürgerrechte war für Europa beispielgebend, und sie stellt einen besonders wichtigen Stein beim Umbau des monarchischen europäischen Hauses in ein demokratisches dar.

Die Vorbilder

Ganz aus heiterem Himmel kamen die Umbaupläne natürlich nicht. Im Europa der absolutistischen Fürsten gab es einige Inseln, auf denen man Erfahrung damit hatte, wie das ist, wenn man mehr Menschen an der Verantwortung beteiligt. Da ist vor allem England zu nennen. Schon König John, der Sohn Eleonores von Aquitanien – vielleicht erinnerst du dich an ihn –, hatte 1215 einen großen Freiheitsbrief, die sogenannte Magna Charta Libertatum, ausstellen müssen, in dem er vor allem die Rechte der Adligen, aber auch das Recht der Bürger auf Freiheit und Eigentum bestätigte. In England gab es auch schon sehr früh ein Parlament, das den König beriet und ohne dessen Einwilligung keine neuen Steuern erhoben werden konnten. Schließlich hatte England sich auch erfolgreich gegen den Absolutismus gewehrt. Seit 1688 mußten alle englischen Königinnen und Könige bei ihrem Amtsantritt versprechen, die Rechte des Parlaments zu achten.
Auch in der Schweiz und in manchen großen Städten waren die Bürger –

allerdings nicht alle, und keine Frau – an der Regierung und der Gesetzgebung beteiligt.
Die französischen Philosophen der Aufklärung hatten diese Beispiele vor Augen, als sie ihre Forderungen aufstellten. Voltaire pries das englische System, weil hier die Freiheit des Einzelnen gegenüber dem Staat gewährleistet sei, Montesquieu, weil hier Gesetzgebung, Regierung und Gerichtsgewalt voneinander weitgehend unabhängig waren. Rousseau, der aus Genf stammte, also das Schweizer Beispiel kannte, entwickelte den Gedanken von der Herrschaftsgewalt des Volkes.
Praktisch umgesetzt wurden diese Gedanken aber nicht zuerst in Frankreich, sondern außerhalb Europas, in den Vereinigten Staaten von Amerika, die am 4. Juli 1776 ihre Unabhängigkeit von England erklärten und anschließend in einem Krieg verteidigten. »Wir halten es für selbstverständlich«, heißt es in der Unabhängigkeitserklärung, »daß alle Menschen gleich geschaffen sind und gewisse unveräußerliche Rechte haben, zu denen Leben, Freiheit und das Streben nach Glück gehören.« Regierungen sind dazu da, diese Rechte zu schützen, und wenn sie dies nicht tun, darf das Volk sie absetzen.
Von Amerika wurden diese Gedanken vor allem von den vielen Freiwilligen, die im Unabhängigkeitskrieg auf der Seite der Amerikaner gekämpft hatten, nach Europa zurückgetragen und zum Vorbild für die französische Nationalversammlung.

Die Revolution geht weiter

Noch allerdings erkannte der König deren Beschlüsse nicht an. Außerdem wurden in Paris die Nahrungsmittel knapp. »Paris hungert, Versailles schlemmt«, hieß es. Da griffen die Pariser Frauen massiv in die Geschichte ein. Aus einem Arbeiterviertel zogen 7000 von ihnen, gefolgt von 20 000 Männern, am 5. Oktober 1789 nach Versailles und drangen ins Schloß ein. Der König mußte die Beschlüsse der Nationalversammlung anerkennen und nach Paris umziehen. Er sollte erfahren, wo die Probleme seiner Untertanen lagen. Die Nationalversammlung folgte. Am 3. September 1791 wurde eine

Verfassung verkündet, die den Bürgern viel mehr Rechte gab als früher, die aber noch keineswegs demokratisch war. Wählen durften nur Männer über 25 Jahre, die ein gewisses Vermögen besaßen. Auch behielt der König noch das Recht, Gesetze zu verhindern.

Die Kaufleute, Ärzte, Rechtsanwälte und die fortschrittlichen Adligen und Geistlichen, die die Mehrheit in der Nationalversammlung hatten, waren mit dieser Lösung ganz einverstanden, aber die Entwicklung ging weiter. Die kleinen Leute fühlten sich zu Recht um den Erfolg ihrer Revolution betrogen, denn von Freiheit, Gleichheit und Brüderlichkeit, den Schlagworten der Revolution, konnte man wirklich noch nicht sprechen. Radikalere Kräfte setzten sich durch.

Am 20. September 1792 wurde der König abgesetzt. Frankreich wurde zum ersten Mal zur Republik erklärt. Auch unter den Republikanern gab es besonnene Leute, die kein Blutbad wollten. Sie konnten es aber nicht verhindern, daß der König als Bürger Louis Capet vor Gericht gestellt, verurteilt und hingerichtet wurde. Wie ihm erging es wenige Monate später seiner Frau Marie Antoinette, einer Tochter Maria Theresias.

Eine radikale Gruppe, die Jakobiner, übernahm unter Führung des Rechtsanwalts Robespierre die Macht in Frankreich. Es begann die Zeit der »Schreckensherrschaft«. Europa war entsetzt. Aus Frankreich hörte man, daß das Christentum verboten und durch einen Kult der Vernunft ersetzt worden war, vor allem aber, daß dort niemand seines Lebens mehr sicher war. Allein der Verdacht, ein Feind des Volkes zu sein, oder der Besuch einer heimlich abgehaltenen Messe reichten in diesem glorreichen Zeitalter der Vernunft aus, um von einem Revolutionsgericht verurteilt zu werden und unter dem Fallbeil, der von dem französischen Arzt Guillot als »humane« Tötungsmaschine erfundenen Guillotine, zu sterben. So wurden etwa im Jahr 1794 innerhalb von nur sechs Wochen insgesamt 1295 Männer, Frauen und Kinder aus allen Kreisen der Bevölkerung öffentlich hingerichtet, bis dann am 28. Juli 1794 Robespierre selbst und seine letzten Anhänger ihrem eigenen Terror zum Opfer fielen.

Frankreich blieb eine Republik, aber nicht mehr lange, denn ein neuer Stern ging auf, einer von den Männern, von denen man mit Fug und Recht behaupten kann, daß sie im Guten wie im Bösen europäische Geschichte gemacht haben: Napoleon Bonaparte.

Das Europa Napoleons

Während der ganzen Zeit der französischen Revolution blieben Adlige wie Gustavs Mutter fest davon überzeugt, daß die Gegenrevolution dem Spuk ein Ende machen würde. Sie hatten guten Grund dazu, denn Europas Fürstenhäuser waren entschlossen, in Frankreich die Ordnung wiederherzustellen, und führten große, gut ausgerüstete Armeen gegen das Land. Wider Erwarten unterlagen diese aber den französischen Revolutionstruppen. Sie waren zwar schlechter bewaffnet, aber ihre Soldaten kämpften nicht für Fürsten, sondern für die Freiheit des Volkes. Bei ihnen entschied auch nicht die Herkunft über eine Beförderung, sondern Tapferkeit und Fähigkeit.
Hierüber verfügte der 1769 in Korsika geborene Napoleon Bonaparte in besonderem Maße, so daß er rasch zum General aufstieg. Er führte 1796 die französischen Truppen in Italien zum Sieg über die vereinigten europäischen Mächte. Dann nutzte er seine große Popularität dazu aus, 1799 die Regierung in Frankreich zu stürzen und sich selbst zum Staatsoberhaupt wählen zu lassen.
1804 krönte sich Napoleon nach einer Volksabstimmung selbst zum Kaiser. Das war das Ende der ersten französischen Republik.
Napoleons Truppen lehrten Europa das Fürchten. 1810 beherrschte er fast den ganzen Kontinent. Damals schien es so, als ob ein einziges Europa entstehen könnte. Aber dieses ließ und läßt sich durch militärische Gewalt nicht schaffen, sondern nur durch den freiwilligen Zusammenschluß der Völker. Außerdem widersetzte sich ein europäisches Land Napoleons Plänen ganz energisch: England. Auf einer hohen Säule auf dem Londoner Trafalgar Square ist dem englischen Admiral Nelson ein Denkmal gesetzt, weil er bei Trafalgar in der Nähe von Gibraltar 1805 die englische Flotte zu einem triumphalen Sieg über die Flotte Napoleons geführt hat. Zur See, das mußte Napoleon einsehen, ließ sich dieses Land nicht bezwingen, und es war auch

ausgeschlossen, seine Armeen überzusetzen. Aber er verbot wenigstens allen Handel mit England. Notgedrungen hielten sich die unterworfenen Länder hieran, nur Rußland nicht.
Da marschierte Napoleon 1812 nach Rußland und erreichte sogar Moskau, eine Geisterstadt, aus der alle Einwohner geflüchtet waren. Erfolglos und unter schweren Verlusten mußte sich Napoleons Große Armee bei Winteranbruch zurückziehen. 1813 stand Napoleon bei Leipzig einem Bündnis der von ihm unterdrückten deutschen Staaten, Österreichs, Englands, Schwedens und Rußlands gegenüber. Napoleon verlor die »Völkerschlacht«. 1814 marschierten die Verbündeten in Paris ein. Napoleon dankte ab und ging nach Elba. Frankreich bekam wieder einen König, Ludwig XVIII. Noch einmal kehrte Napoleon für 100 Tage zurück, ehe er 1815 bei der belgischen Ortschaft Waterloo dem preußischen und englischen Heer unterlag. Napoleon starb 1821 in englischer Gefangenschaft auf der kleinen Atlantikinsel St. Helena.
Obwohl Napoleon so viele Kriege geführt hat, die so vielen Menschen das Leben kosteten, zählt er zu den wichtigen Baumeistern Europas. Er verbreitete, wenn auch mit Gewalt, die Ideen der französischen Revolution, und er wurde anfangs vielerorts auch als Befreier begrüßt. In den von ihm beherrschten Gebieten wurden Adelsvorrechte beseitigt, wurde eine gleichmäßige Besteuerung aller festgesetzt, wurde die Religionsfreiheit garantiert, durfte jeder frei seinen Beruf wählen, wurde nach einem einheitlichen Recht, dem berühmten Code Civil, entschieden. Auf der Straße wurde der Rechtsverkehr eingeführt, die fast in jedem Land unterschiedlich lange Meile wurde durch Meter und Kilometer, das ebenso unterschiedlich definierte Pfund durch Gramm und Kilogramm ersetzt. Selbst die so praktischen Hausnummern stammen aus dieser Zeit.
Auch in den von Napoleon nicht eroberten Gebieten wie in dem Teil Preußens, der selbständig geblieben war, wirkte das französische Beispiel. Hier wurden die Bauern befreit, das Schulwesen reformiert und eine Heeresreform durchgeführt.
Also kein Zweifel, Europa wurde durch Napoleon zu etwas mehr Vernunft

gezwungen. Das Rad der Geschichte ließ sich nicht mehr ganz auf die Zeit vor seinem Erscheinen zurückdrehen.

Ein europäischer Kongreß

Aber versuchen konnte man es ja. In den Jahren 1814 und 1815 trafen sich die Fürsten und Staatsmänner Europas zum Wiener Kongreß, um darüber zu entscheiden, wie es denn nun in Eruopa weitergehen sollte. Das heißt, an Europa dachte man weniger als an die Interessen des eigenen Landes und daran, daß die anderen nicht zu stark wurden. Im wesentlichen versuchte man, die alte Ordnung wiederherzustellen. Erschütterungen, wie sie die französische Revolution hervorgebracht hatte, wollte man auf jeden Fall in Zukunft im Keim ersticken. In Deutschland erhielten zwar nicht alle 300 Kleinstaaten die Selbständigkeit zurück, die sie vor Napoleon besessen hatten, aber es blieben doch noch fast vierzig, die zum Deutschen Bund zusammengeschlossen waren. Der war allerdings im besten Sinne europäisch, denn zu ihm gehörten neben dem Kaiser von Österreich auch die Könige von England, Dänemark und den Niederlanden für die Länder Hannover, Holstein und Luxemburg. Der Wiener Kongreß berücksichtigte eben nicht die Interessen der Völker, sondern die der Fürsten. Das europäische Haus, das diese erste gesamteuropäische Konferenz entwarf, war an allen Enden und Ecken windschief. Eine vertane Chance! Schade!

Europa bleibt revolutionär

Aber wenn die Fürsten geglaubt hatten, es könnte alles so weitergehen wie bisher, hatten sie sich getäuscht. Europa blieb unruhig. 1820 erhob man sich in Spanien, Portugal und Neapel gegen die Monarchie, 1821 in Griechenland gegen die türkische, 1830 in Polen gegen die russische und in Belgien gegen die niederländische Herrschaft. Auch in Frankreich wurde wieder einmal ein König abgesetzt und durch einen anderen ersetzt. Die Erfolge der Aufstände waren nur teilweise, so in Belgien und Griechenland, von Dauer. Aber Europas Fürsten wurden unruhig. Zum Teil stimmten sie

von sich aus zu, daß ihre Rechte eingeschränkt wurden und ihre Länder eine Verfassung bekamen.
Der eigentliche Sturm aber brach erst 1848 los. Wieder begann alles mit einer Revolution in Paris. Kleinbürger und Arbeiter forderten für sich mit Erfolg das Wahlrecht, das bis dahin nur den Reicheren zugestanden worden war.
Der König dankte ab, in Frankreich wurde zum zweiten Mal eine Republik ausgerufen, die allerdings wiederum kein langes Leben hatte. 1852 hatte Frankreich mit Napoleon III. wieder einen Kaiser. Aber 1848 war es, als hätte man in ganz Europa nur auf ein Signal gewartet. In Polen, in Ungarn, in Italien, in Österreich, in Böhmen, in Preußen und in anderen deutschen Staaten erhoben sich die Menschen, um Freiheit von der Fremdherrschaft und politische Mitsprache zu fordern.
Vergebens. Ein paar Monate lang sah es so aus, als könnte es einer frei gewählten Nationalversammlung in Frankfurt gelingen, ein einheitliches Deutschland mit einer nahezu vorbildlichen demokratischen Verfassung zu schaffen. Dann setzten sich hier wie an den anderen Schauplätzen der Revolutionen von 1848 noch einmal die Fürsten mit militärischer Gewalt durch. Viele engagierte Demokraten emigrierten aus ihren Heimatländern, vor allem in die Vereinigten Staaten von Amerika. Wieder eine vertane Chance für Europa!

Von Werthers Leiden zum Wiener Walzer

Während die Fürsten sich nach Kräften und oft blutig bemühten, den Neubau eines Europas zu verhindern, in dem die Menschen ihr Schicksal selbst bestimmten, wurde auf kulturellem Gebiet kräftig weitergebaut an einem europäischen Haus, in man sich nicht langweilt. Während Frankreich von der großen Revolution und dann Europa von Napoleons Armeen erschüttert wurden, entwickelte in Königsberg in Ostpreußen der Philosoph **Immanuel Kant** (1724-1804) bahnbrechende Gedanken über die Möglichkeiten und Grenzen menschlicher Erkenntnis. In Weimar schrieb **Johann Wolfgang von Goethe** (1749-1832), der mit seiner Erzählung »Die Leiden des jungen

Werther« aus dem Jahr 1774 in ganz Europa bekannt geworden war, an seinem »Faust«. In Wien komponierte der in Bonn geborene **Ludwig van Beethoven** (1705-1827) seine Sinfonien. In Spanien stellte der Maler **Francisco Goya** (1746-1828) in ergreifenden Bildern das Elend und die Not des Krieges und der Armut dar.
Europa griff noch einmal auf seine antike Vergangenheit zurück, was sich besonders in der Baukunst bemerkbar machte. 1791 wurde das Brandenburger Tor, das Wahrzeichen Berlins, vollendet, das unverkennbar griechische Vorbilder hat. Die bekanntesten Viertel Berlins, Kopenhagens und Sankt Petersburgs erhielten in dieser Zeit ihr charakteristisches Aussehen. Werke des dänischen Bildhauers **Thorvaldsen** (1768-1844) schmückten und schmücken Denkmäler, Kirchen, Schlösser, Gräber und Museen in ganz Europa.
An den Rückgriff auf die Antike und zum Teil parallel hierzu schloß sich die Sehnsucht nach dem Mittelalter an, an die Betonung der Vernunft die Hinwendung zum Gefühl. Man wurde »romantisch«. 1812 gaben die deutschen **Brüder Grimm**, übrigens hervorragende Wissenschaftler, den ersten Band ihrer Märchensammlung heraus, die ebenso wie die Ritterromane des Schotten **Walter Scott** (1771-1832) und die Märchen des Dänen **Hans Christian Andersen** (1805-1875) schon bald über ihre Landesgrenzen hinaus bekannt waren.
Es ist vielleicht kein Zufall, daß neben zahlreichen Dichtern und Schriftstellern, die der Romantik zugerechnet werden, auch Frauen in den Vordergrund traten, und da ich bisher so selten Gelegenheit hatte, auch die Baumeisterinnen zu erwähnen, will ich das hier um so lieber tun.
Da war **Mary Shelley** (1797-1851) aus England, eine engagierte Kämpferin für die Rechte der Frauen. Zwar gilt ihr Mann als der bedeutendere Dichter, aber mit einem Buch stellt sie noch heute dessen Werk an Bekanntheit weit in den Schatten: mit dem Roman »Frankenstein«.
Da waren in Deutschland **Karoline Schelling** (1763-1809), **Dorothea Schlegel** (1763-1839) und **Bettina von Arnim** (1785-1859), auch sie viel weniger

bekannt als ihre Ehemänner, aber von großem Einfluß auf die Dichtung und das Denken ihrer Zeit.
Da war es in Frankreich **Madame de Staël** (1766-1817), die die Gedanken der deutschen Romantik verbreitete. Hier schrieb auch die Baronin von Dudevant unter dem Namen **George Sand** (1804-1876) zahlreiche berühmte Romane.
Es ist unmöglich, auch nur annähernd alle wichtigen Schriftsteller und Dichter zu nennen, die die europäische Bibliothek in der ersten Hälfte des 19. Jahrhunderts füllten. Falsch wäre es auch, sie alle als »Romantiker« abzutun. Die Betonung des Gefühls und die Hinwendung zur Vergangenheit hinderte sie nicht daran, ihre Gegenwart scharf und kritisch zu beobachten. So war der in Paris lebende Deutsche **Heinrich Heine** (1797-1856), der Dichter des weltberühmten Liedes von der Loreley, zugleich ein so scharfer Kritiker der Verhältnisse in Deutschland, daß seine Werke hier verboten wurden. In Frankreich sparten ein **Honoré de Balzac** (1799-1850), in England ein **Charles Dickens** (1812-1870), in Rußland ein **Nikolai Gogol** (1809-1852) in ihren spannenden Romanen das Elend und die negativen Seiten ihrer Zeit nicht aus. Wer empfindet nicht auch heute noch Sympathie für den kleinen Oliver Twist, wenn er im Armenhaus die ungeheure Frechheit besitzt, um einen zweiten Teller der dünnen Suppe zu bitten?
Die Zeit hatte aber auch heitere Seiten, besonders in der Musik, wo ganz Europa die berühmte Arie des Figaro aus der 1816 uraufgeführten Oper »Der Barbier von Sevilla« des Italieners **Giacomo Rossini** (1792-1868) sang und pfiff und wo ein neuer Modetanz ganz Europa dazu brachte, sich immer schneller zu drehen: der Wiener Walzer.
Auch sonst nahm in Europa das Tempo zu, aber davon erzählt das nächste Kapitel.

GLANZ UND ELEND EINER NEUEN ZEIT

Wie eine Rakete

Großer Lokomotivenwettbewerb auf der Liverpool & Manchester Eisenbahn«, hatte in der Anzeige in den Zeitungen gestanden, die jeden Ingenieur in England, der etwas von Dampf verstand, in Aufregung versetzt hatte. 500 Pfund konnte derjenige gewinnen, der eine brauchbare Lokomotive für die neue, fast fertige Eisenbahnstrecke konstruierte.

Eine wichtige Verbindung, denn die Fabrikanten in Manchester brauchten für ihre Spinnereien und Webereien die Baumwolle, die in dem über fünfzig Kilometer entfernten Hafen von Liverpool aus Amerika ankam, und der Transport mit Pferdewagen über die Straße oder auf kleinen Schiffen über einen Kanal, der im Sommer austrocknete und im Winter zufror, war einfach viel zu umständlich. Mit den neuen Dampflokomotiven hatten sie allerdings nur wenig im Sinn. Wer wollte schon diese lärmenden und schmutzigen Ungetüme, die das Vieh erschreckten und außerdem ständig wegen irgendwelcher Defekte liegenblieben oder sogar explodierten? Es reichte, wenn die Züge nach der guten alten Methode fortbewegt wurden, mit Pferden. Allenfalls konnte man sich noch vorstellen, daß man die Züge an lange Drahtseile hängte, die von an der Strecke fest aufgestellten Dampfmaschinen gezogen wurden.

Aber das war ohnehin die geringste Sorge. Erst einmal mußte die Strecke gebaut werden, und das war schwer genug, führte sie doch durch einen Sumpf, über zahlreiche Brücken und durch einen Hügel. Aber schließlich hatte man einen Bauleiter, der etwas von der Sache verstand, denn George Stephenson hatte schon die 43 Kilometer lange Eisenbahnlinie von der Hafenstadt Stockton zum Kohlenbergwerk bei Darlington gebaut, die am 26. September 1825 eingeweiht worden war. Hier verkehrten Züge, die von der in seiner kleinen Fabrik in Newcastle gebauten Dampflokomotive mit Namen »Locomotion« gezogen wurden. Es war schon die fünfzehnte, die er in zehn Jahren konstruiert hatte. Die erste hatte schon am 25. Juli 1814 mit einer Geschwindigkeit von sieben Kilometern in der Stunde acht beladene Waggons gezogen. Er hatte sie »Blücher« genannt, nach dem berühmten preußischen General, der zusammen mit dem Herzog von Wellington bei Waterloo über Napoleon gesiegt hatte.

Angesichts des fürstlichen Jahresgehalts von 1000 Pfund im Jahr, das er für den Bau der Schienenstrecke von Manchester nach Liverpool beziehen sollte, fand sich Stephenson sogar damit ab, daß auf ihr keine fortschrittliche Dampfeisenbahn verkehren sollte. Er war sich außerdem ziemlich sicher, daß er die Herren von der Eisenbahngesellschaft doch noch umstimmen konnte.

Seine Zuversicht trog ihn nicht. Sie erklärten sich schließlich bereit, den Lokomotivenwettbewerb auszuschreiben. Sieger sollte derjenige sein, dessen Lokomotive zwanzigmal ohne jede Panne und am schnellsten einen 3200 Meter langen ebenen Streckenabschnitt der neuen Bahnlinie durchfahren würde. Bis zum 1. Oktober 1829 mußten die Lokomotiven, die am Wettbewerb teilnehmen sollten, fertig sein.

Mancher interessierte Ingenieur ließ sich schon durch die Ausschreibung abschrecken. Mindestens 10 Meilen (16 km) pro Stunde sollte die Lokomotive schnell, nicht mehr als 6 Tonnen durfte sie schwer sein, und sie mußte 20 Tonnen bewegen können! Außerdem durfte der Dampfdruck aus Sicherheitsgründen nicht sehr hoch sein, damit die Kessel nicht explodierten. Es gab noch eine ganze Menge andere Bedingungen, und außerdem durfte die Maschine nicht mehr als 550 Pfund kosten. Das alles war nur schwer zu erfüllen, aber dennoch wurden der Jury am 6. Oktober nicht weniger als fünf Lokomotiven vorgestellt. Zwei wurden allerdings gar nicht erst zum Wettbewerb zugelassen, die erste, weil sie bei der Fahrt bequem von jedem Fußgänger überholt werden konnte und unglaublich qualmte, die zweite, weil der Erbauer den ganzen Wettbewerb wohl nicht ernst genommen hatte. Als die Jury sein Gefährt begutachtete, begann es zu wiehern, denn in seinem Inneren steckte ein Pferd.

Drei Maschinen blieben übrig, die »Novelty« (Neuheit), die »Sans Pareil« (Unvergleichliche) und Stephensons neunzehnte Lokomotive, die »Rocket« (Rakete). Die Probefahrten auf der eingleisigen Strecke wurden für den 7. Oktober festgesetzt. Das war doch endlich einmal eine Sensation! Pferde- oder Hunderennen konnte man jeden Tag haben, aber ein Lokomotivenrennen! So etwas war noch nie dagewesen. Wer konnte, eilte zur Rennstrecke. Picknickkörbe wurden ausgepackt, man malte sich aus, was alles passieren konnte. Dann die große Enttäuschung! Die »Unvergleichliche« und die »Neuheit« hatten Pannen, die sich an dem Tag nicht mehr reparieren ließen. Die Jury verschob das Wettrennen auf den nächsten Tag.

Die Menge war sauer. Der lange Anmarsch, und dann das! George Stephenson allerdings überlegte nicht lange. Er ließ einen Personenwagen an seine »Rakete« hängen und fuhr mit dreißig Passagieren über die Strecke. Die Menschen, die nun doch noch etwas zu sehen

bekamen, jubelten ihm zu, als der kurze Zug mit noch nie dagewesener Geschwindigkeit vorbeibrauste. Auch Stephenson war recht zufrieden mit der Generalprobe. Die »Rakete« war sein ganzer Stolz. Laut war sie zwar immer noch, aber verglichen mit der »Blücher«, mit der alles angefangen hatte, flüsterte sie geradezu. Es war ein unglaublich gutes Gefühl, wenn man den Dampfhahn öffnete, wenn der Zylinder sich im Kolben zu bewegen begann, wenn die an ihm befestigte Kurbelstange das Auf und Ab auf das große Rad übertrug und dieses sich auf der Schiene erst langsam, dann immer schneller zu drehen begann, wenn einem dann auf dem offenen Führerstand der Fahrtwind am Gesicht vorbeistrich und man den Zylinder fest in die Stirn ziehen mußte, damit er nicht davonflog. Das waren Momente, in denen man vergaß, was für eine harte und schmutzige Arbeit es war, das stets hungrige Feuer für den Dampfkessel mit Kohle zu füttern; in denen man nicht mehr an die vielen Fehlversuche und Irrwege bei der Konstruktion der Maschine dachte.

Am nächsten Morgen säumten trotz der Kühle wieder Hunderte oder sogar Tausende von Menschen die Strecke. Wieder drohte alles umsonst zu sein, denn die beiden Mitbewerber der »Rakete« konnten noch nicht repariert werden. Aber nun war die Jury nicht mehr bereit, das Rennen noch einmal zu verschieben. Ein Kanonenschuß gab das Startsignal, dann dampfte Stephensons »Rakete« los, zehnmal in die eine Richtung, zehnmal zurück, ohne jede Panne, mit einer Durchschnittsgeschwindigkeit von 22 Kilometern in der Stunde, und das trotz angehängter Wagen. Die Begeisterung der Leute an der Strecke kannte keine Grenzen. Was machte schon der schwarze Rauch, der aus dem großen Schornstein der vorbeidonnernden Lokomotive aufstieg und sich als Kohlenruß auf den Gesichtern und der Kleidung der Zuschauer festsetzte? Davon ließ man sich die Jubelstimmung nicht beeinträchtigen.

Auch die Herren von der Eisenbahngesellschaft waren beeindruckt. Noch am gleichen Tag fiel die Entscheidung: Die Züge auf der neuen Eisenbahnstrecke sollten mit Dampf betrieben werden. Zum Gewinner wollte man Stephenson allerdings doch nicht gleich erklären. Man wollte auch noch seine Mitbewerber auf der Strecke sehen. Denn besonders die Konstrukteure der »Neuheit« versprachen, sie wären noch schneller und benötigten nur ein Drittel der Kohle, die die »Rakete« brauchte. Das waren gewichtige Argumente. Da wollte man gern noch warten, bis der Defekt repariert war.

Zwei Tage später war es soweit. Die »Neuheit« startete, aber schon auf der ersten Strecke brach ein Rohr. Die Menge war voller Schadenfreude, als sie von Pferden an den Ausgangspunkt ihrer Reise zurückgeschleppt wurde. Nicht besser erging es der »Unvergleichlichen« am 13. Oktober. Noch einmal durfte die »Neuheit« auf die Strecke; sie blieb wieder liegen. Es gab keinen Zweifel: Der Preis gehörte George Stephenson.

Und wie das nach der Siegerehrung üblich ist, macht man noch eine Ehrenrunde. Dieses Mal ging Stephenson mit seiner »Rakete« ohne angehängte Wagen auf die Strecke. Seine Maschine machte ihrem Namen alle Ehre. Sie erreichte eine Geschwindigkeit von über 50 Stundenkilometern. Nie zuvor hatte sich ein Mensch auf einem Verkehrsmittel so schnell fortbewegt.

Ein Jahr später beförderten die von seinen Lokomotiven gezogenen Züge auf der neuen Eisenbahnstrecke schon über tausend Passagiere pro Tag und große Mengen Fracht. Die 500 Pfund Preisgeld für den Wettbewerb erwiesen sich als eine der besten Investitionen der Wirtschaftsgeschichte. Die Liverpool & Manchester-Eisenbahn machte im Jahr 1831 einen Profit von 80 000 Pfund. Mit George Stephensons »Rocket« begann die raketenhafte Entwicklung des Eisenbahnbaus in Europa. Seit dem 8. Oktober 1829 war Geschwindigkeit in unserem europäischen Haus keine Hexerei mehr, für die man die märchenhaften Siebenmeilenstiefel brauchte.

Das kurze Leben der Betty Drake

Betty Drake lebte in Leeds. Heute war ihr vierzehnter Geburtstag. Geschenke hatte sie nicht bekommen. Das erwartete sie auch gar nicht, denn dafür war die Familie zu arm, aber alle hatten ihr gratuliert: Mutter, Anne und die beiden Kleinen, auch Vater und ihr älterer Bruder John, bevor diese heute morgen um fünf das Haus verlassen hatten, um zur Arbeit in der Fabrik zu gehen. Vor heute abend um neun würden sie nicht zurück sein, aber vielleicht hatte Vater dann ja, weil es doch ihr Geburtstag war, Zeit, etwas Wichtiges mit ihr zu besprechen. Der Gedanke ging ihr schon lange im Kopf herum. Sie sah ja, wie wenig Geld im Haus war. Was Vater und John verdienten, reichte kaum zum Notwendigsten. Wehe, jemand wurde krank und brauchte einen Arzt oder Medizin. An ein neues Paar Schuhe wagte Betty gar nicht zu denken.

Schade, daß sie nur ein Mädchen war. Die Jungen konnten schon mit neun Jahren ins Bergwerk gehen und dort die Kohlenwagen schieben und verdienten fast fünf Schilling die Woche. Sicher, sie mußten dafür zwölf Stunden täglich außer sonntags arbeiten, sie hatten jede zweite Woche Nachtschicht und waren für die Sonntagsschule meist zu müde. Da hatte sie es besser. Ihr Vater achtete darauf, daß sie regelmäßig sonntags den Gottesdienst und die Schule besuchte, und sie konnte ganz passabel lesen, schreiben und rechnen. Aber es wäre doch schön, wenn sie eine bezahlte Arbeit fände. Vor einem Jahr hatte sie darüber schon einmal mit Vater geredet, aber er war damals eisern geblieben. »Wer, meinst du«, hatte er gefragt, »soll Mutter dann im Garten und im Stall und bei der Versorgung der Kleinen helfen?«

Sie mußte zugeben, daß das ein Argument war. Ohne die Kartoffeln, die sie auf einem kleinen Stück Land anbauten, und das Schwein, das sie jedes Jahr mästeten und verkauften, wäre es der Familie noch schlechter gegangen. Aber nun war Anne zehn Jahre alt. Vater mußte einsehen, daß ihre Schwester jetzt die Aufgaben zu Hause übernehmen konnte. Sie, Betty, wollte endlich etwas verdienen, und sie wußte auch schon wo.

Ihre Freundinnen Mary, Jane, Alice und Vicky, alle ein bis zwei Jahre jünger als sie, hatten ihr vergangenen Sonntag in der Schule erzählt, daß Mr. Benyon in seiner Flachsmühle Mädchen einstellte und ihnen drei Schilling die Woche bezahlte, daß die Arbeit nicht schwer war und daß die vier schon am nächsten Tag anfangen wollten. Das war die Lösung. Auch Vater mußte das für eine gute Idee halten. Schon dreimal hatte sie versucht, ihn darauf anzusprechen, aber er war stets zu müde gewesen, wenn er abends von der Arbeit in der Wollweberei zurückkam. Aber heute, an ihrem Geburtstag, mußte er einfach Zeit haben.

Betty hoffte nicht vergeblich. Joshua Drake hörte sich an, was ihm seine Tochter zu sagen hatte. Begeistert war er nicht. Er wußte doch, wie das mit den Kindern war, die mit ihm in der Fabrik arbeiteten. Viel zu lange Arbeitsstunden, Aufseher, die die Kinder prügelten, wenn ihnen die Augen zufielen und sie einen Fehler machten oder nicht schnell genug waren. Joshua Drake dachte darüber nach, was das für eine Zeit war, in der die Not einen Mann, der Kinder hatte, dazu zwang, diese in der Fabrik oder im Bergwerk arbeiten zu lassen. Arbeit an und für sich war ja nicht schädlich, und seitdem die Maschinen überall von Dampfmaschinen angetrieben wurden, konnten sie auch von Frauen und Kindern bedient werden. Aber diese unendlich lange Arbeitszeit!

Der Sonntag war wirklich der einzige Tag, an dem sie die Sonne noch sahen, wenn sie einmal stark genug war, den Rauch aus den Fabrikschloten zu durchdringen. Aber andererseits mußte Joshua an die ganze Familie denken, und da hatte Betty recht. Anne war inzwischen alt genug für dic Aufgaben im Haus, und drei Schilling pro Woche, das war schon die Miete für Haus und Garten, mit der sie so oft in Rückstand gerieten. Betty war ein gesundes Mädchen, die Arbeit würde ihr nicht schaden, und wenn sie Glück hatte, würde sie auch an einen Aufseher geraten, der die Kinder mehr durch Ermahnungen als durch Prügel zu ordentlicher Arbeit anhielt.

Während Joshua Drake so nachdachte, hatte er die Augen geschlossen, und Betty fürchtete schon, er sei eingeschlafen und würde ihr wieder keine Antwort geben. Aber dann erhielt sie doch die erhoffte Einwilligung, allerdings erst, nachdem er noch ein langes Gespräch mit ihrer Mutter geführt hatte.

Am Montag begann sie in der Flachsmühle bei Mr. Benyon. Hier wurde in mehreren Arbeitsgängen das Stroh der Flachspflanze bearbeitet, um die feinen langen Flachsfasern zu gewinnen, aus denen man Leinengarn herstellt. Auch kürzere Fasern, das Werg, wurden hier verarbeitet, und dabei wurden die Mädchen eingesetzt. Betty war gespannt, was sie erwarten würde. So schlimm hatte sie es sich allerdings nicht vorgestellt. In dem Raum, in dem sie arbeiteten, war es sehr heiß. Alles war voller Staub, so daß man die anderen nur durch einen Nebel hindurch sehen konnte. Betty mußte husten und hätte am liebsten sofort kehrtgemacht, aber dann dachte sie an das Geld, das sie verdienen würde, und beschloß durchzuhalten. Schließlich kann man sich an vieles gewöhnen.

Betty begann ihre Arbeit, und es war, wie sie gehofft hatte; sie gewöhnte sich an die Arbeitsbedingungen. Gegen den Staub und die Wergfasern, mit denen sie abends über und über bedeckt war, halfen

Wasser und Seife, und der Aufseher war in den ersten Tagen recht geduldig und zeigte ihr, wie sie die Fasern auszubreiten hatte, damit sie mit der Maschine zu Garn versponnen werden konnten. Wie stolz war sie, als sie am Ende der ersten Woche die drei Schilling, die sie verdient hatte, zu Hause abgeben konnte und als Vater ihr sogar drei Pence zurückgab, damit sie sich einen kleinen Wunsch erfüllen konnte.

Fast ein Vierteljahr war Betty nun bereits bei Mr. Benyon beschäftigt. Ihre Freundin Jane hatte die Arbeit aufgeben müssen, weil sie krank geworden war. Auch Betty fühlte sich jetzt oft unwohl. Die Hitze machte ihr zu schaffen. Wieder einmal wischte sie sich mit der Hand den Schweiß von der Stirn, da hörte sie hinter sich plötzlich die Stimme des Aufsehers, der brüllte, sie hätte das Werg schon wieder zu dick ausgebreitet. Ehe sie noch etwas sagen konnte, gab er ihr eine so gewaltige Ohrfeige, daß sie zu Boden stürzte und mehrere Minuten benommen liegen blieb. Dann rappelte sie sich auf und verrichtete schluchzend weiter ihre Arbeit.

Als Joshua Drake abends das verschwollene Gesicht seiner Tochter sah und hörte, was sich ereignet hatte, war er außer sich und verbot ihr, noch einmal in die Fabrik zu gehen. Zwei Tage war sie zu Hause geblieben, dann kam eine Nachricht von der Fabrik, man würde sie gern weiterbeschäftigen, sie würde auch zu einem anderen Aufseher geschickt.

Noch einmal ließ sich Joshua Drake umstimmen, noch einmal arbeitete Betty für einige Wochen. Dann fühlte sie, daß der Staub ihr immer mehr zusetzte. Sie mußte immer häufiger würgen und hatte heftige Schweißausbrüche.

Wenige Wochen später war Betty Drake gestorben, ebenso wie drei ihrer vier Freundinnen. Ihr Vater, Joshua Drake, berichtete im Jahr 1832 vor einer Untersuchungskommission des englischen Parlaments über ihr Schicksal. Dieser und andere Berichte führten dazu, daß das englische Parlament 1833 ein Gesetz verabschiedete, das Kinderarbeit auf acht Stunden pro Tag beschränkte.

Eine Revolution mit Dampf

Ingenieure revolutionieren Europa

Die Zeit, in der man in Europa begann, Demokratie und Selbstbestimmung für die Völker zu fordern, war in anderer Weise mindestens ebenso wichtig für unser heutiges europäisches Haus. Es war die Zeit der »industriellen Revolution«, in der immer mehr Güter immer schneller und immer billiger hergestellt wurden, in der in ganz Europa Fabrikschornsteine zu rauchen begannen.

Vorläufer von Fabriken, die Manufakturen, in denen man sich die einzelnen Arbeitsgänge bei der Produktion teilte, hatte es in Europa schon lange gegeben, im Aquitanien Eleonores, im weltumspannenden Unternehmen der Fugger in Augsburg, im Frankreich Ludwigs XIV. Man wußte auch schon lange, wie man sich Wasser oder Wind zunutze machen kann, um die Muskelkraft von Mensch oder Tier zu ersetzen. Wasserräder drehten sich schon im Altertum, gegen Windmühlenflügel kämpfte Don Quichotte. Aber im 18. Jahrhundert wurden in England einige Erfindungen gemacht, die es erlaubten, auch Spinn- und Webmaschinen mit Wasserkraft zu betreiben. Damit konnte nun ein Mann in der gleichen Zeit viel mehr herstellen als vorher, und wenn man mehrere dieser Maschinen in einer Halle aufstellte, war das noch günstiger. Zahlreiche Fabriken entstanden entlang der Flußläufe, die die Wasserkraft lieferten.

Aber nicht überall steht genügend Wasserkraft zur Verfügung. Da besann man sich einer anderen Energiequelle. Daß man Dinge mit Hilfe von Wasserdampf bewegen kann, wußte man schon seit der Antike, und einfache Pumpen, die mit Dampf betrieben wurden, hatten der Franzose Denis Papin und der Engländer John Newcomen schon um 1700 gebaut. Aber erst die Ideen des Schotten James Watt führten nach langer Entwicklungsarbeit 1769 zu einer vielseitig verwendbaren Dampfmaschine, die zwar noch verbessert werden mußte, aber bald in der Lage war, Webstühle und Spinnmaschinen, Schmiedehämmer, Walzen und Sägen, Pumpen für Bergwerke und Feuerwehren anzutreiben.

Dampf mußte sich, so glaubten einige, auch eignen, um den Menschen eine schnellere und bequemere Fortbewegung zu ermöglichen. Schon zu der Zeit, als James Watt an seiner Dampfmaschine arbeitete, gab es in der Schweiz, in Frankreich und wahrscheinlich auch in Rußland Ingenieure, die an einem Dampfwagen für den Straßenverkehr bastelten. Ohne großen Erfolg. Jeder vernünftige Mensch sah, daß Pferde diesen Ungetümen auf jeden Fall überlegen waren. Pferde zogen auch die auf eisernen Schienen rollenden Züge von Wagen, die man schon länger kannte, zum Transport von Personen und Gütern. Eine Maschine, die sich mit Dampf von selbst bewegte – man wählte dafür den lateinischen Namen Lokomotive –, das wäre etwas für diese Eisenbahn! 1804 stellte der englische Ingenieur Richard Trevithick die erste dieser Lokomotiven vor. Sie war zwar für die Schienen zu schwer und damit unbrauchbar, aber sie funktionierte, und man wußte nun, daß es ging. Zahlreiche Lokomotiven unterschiedlichster Bauart wurden in den darauffolgenden Jahren gebaut, aber, während ein brauchbares Dampfschiff in Amerika schon 1807 fuhr, dauerte es bis zum Jahr 1829, ehe mit George Stephensons »Rocket« ein wirklich brauchbarer Lokomotiventyp zur Verfügung stand. Ein Jahr später donnerte die erste Personendampfeisenbahn über die 53 Kilometer lange Strecke von Liverpool nach Manchester und legte sie in kaum mehr als zwei Stunden zurück. Das war schneller als jede Postkutsche. Auf dem Kontinent folgte man rasch nach. Im Jahr 1850 gab es in Europa schon fast 25 000 Kilometer Eisenbahnstrecke.

Für die Schienen und Lokomotiven brauchte man Stahl, für die Stahlerzeugung Kohle und Roheisen, für den Transport dieser Dinge wieder Schienen und Lokomotiven, für die Dampferzeugung Kohle. Auf diese Weise beschleunigte sich das Wachstum der Industrie fast von selbst. Nahezu alle Lebensbereiche veränderten sich. In die Landwirtschaft hielten Maschinen zum Säen, Dreschen und Heuwenden Einzug. Die Erträge wurden durch künstliche Düngung gesteigert, für dessen Herstellung die chemische Industrie sorgte. Neue Erfindungen und Entdeckungen ermöglichten diesem Industriezweig auch die Herstellung leuchtender Farben aus Teer und von Impfstoffen, durch die man Infektionskrankheiten wie die Pocken verhinderte. Mit der Elektrizität wurde eine neue Energiequelle entdeckt, die Maschinen und Fahrzeuge antrieb, die Menschen mit Licht versorgte und es erlaubte, Nachrichten von einem Ort zum anderen in kürzester Zeit zu übermitteln. Auch die Elektroindustrie nahm in ganz Europa einen raschen Aufschwung. Schließlich war auch die Erfindung des Verbrennungsmotors durch Nikolaus August Otto 1867 selbst ein Motor für die industrielle Entwicklung. Sie machte das Auto möglich. Nie zuvor hatte es ein Jahrhundert gegeben, in dem sich das Leben in Europa so veränderte wie im neunzehnten. Fortschritt, wohin man blickte!

Die Kehrseite des Fortschritts

Dieser Fortschritt hatte seinen Preis, und heute sehen wir vieles, was sich in der Phase der Industrialisierung ereignete, sehr skeptisch. Umweltschutz zum Beispiel war noch kein Thema. Damals begann die Verschmutzung von Gewässern, Böden und Luft in großem Umfang. Auch das Leben der Mehrzahl der Menschen war zunächst durch großes Elend gekennzeichnet. Das war nicht nur auf die Industrialisierung zurückzuführen. Vielmehr nahm in ganz Europa aus Gründen, die auch heute noch nicht ganz geklärt sind, die Bevölkerung zu. Bei weitem nicht mehr alle Menschen fanden Arbeit in der Landwirtschaft. Die neuen Fabriken versprachen Arbeit, aber weil es so viele Arbeitswillige gab, konnten die Unternehmer die Löhne niedrig, die Arbeitsbedingungen schlecht halten. Um die Familie zu ernähren, mußten auch Frauen und Kinder mitarbeiten, die als Arbeitskräfte noch billiger waren und insgesamt die Löhne drückten. Ein Teufelskreis. Gegen Krankheit, Unfall und Invalidität gab es keinen Schutz, und krank wurde man angesichts der unvorstellbar schlechten Wohnverhältnisse leicht. Wir hören von einem Zimmer, knapp sechs Meter lang und fünf Meter breit, in dem 14 Betten für insgesamt 42 Männer und 14 Knaben standen.

Die Probleme werden erkannt

Die Probleme blieben auch staatlichen Stellen nicht verborgen, und sei es nur darum, weil die Kinderarbeit viele Jungen schon früh so mitnahm, daß sie für den Militärdienst untauglich wurden, oder weil es Aufstände gegen Arbeitslosigkeit und Hungerlöhne gab. Gegen solche Erhebungen reagierte man mit Gewalt. Als in England zwischen 1810 und 1820 Handweber, die durch die neue Entwicklung ihre Arbeit verloren, in die Fabriken eindrangen und die mechanischen Webstühle zerstörten, wurden sie zum Tode verurteilt. Als 1844 in Schlesien die Weber sich gegen die Hungerlöhne, die man ihnen bezahlte, zur Wehr setzten, wurde dieser Weberaufstand von preußischen Truppen blutig niedergeschlagen. Aber dann begannen Regierungen und Parlamente sich der Fragen anzunehmen. Nach und nach wurden überall in Europa Gesetze erlassen, durch die Kinderarbeit eingeschränkt und dann ganz verboten und für alle die Höchstarbeitszeit beschränkt wurde. Aber es dauerte noch bis zum Ende des Jahrhunderts und bis in unser Jahrhundert hinein, bis die europäischen Staaten einigermaßen ausreichende Vorsorgeeinrichtungen für Krankheit, Unfall, Alter und Arbeitslosigkeit geschaffen hatten. Vorbildlich wurde hier übrigens Belgien, wo es schon seit 1844 eine gesetzliche Krankenversicherung gab.

Allerdings gab es neben dem Staat auch andere Stellen, die sich der Probleme annahmen, so die christlichen Kirchen, die an das Gebot der Nächstenliebe nicht nur erinnerten, sondern es auch ernst nahmen und sich um menschenwürdige Unterkünfte und die Unterstützung in Not geratener Familien kümmerten.

Auch unter den Unternehmern gab es nicht nur gewissenlose Ausbeuter. Der englische Textilfabrikant Robert Owen (1771-1858) etwa ließ für seine

Arbeiter ordentliche Wohnungen bauen, sorgte für eine Schulausbildung ihrer Kinder und schuf preiswerte Einkaufsmöglichkeiten (Konsumgenossenschaften). Auch Alfred Krupp (1812-1887) in Essen gründete schon 1836 eine Betriebskrankenkasse und sorgte in ähnlicher Weise wie Owen für die Arbeiter seines Werkes, nicht nur aus Verantwortungsgefühl, sondern auch, weil er erkannt hatte, daß zufriedene Leute besser arbeiteten und der Firma länger treu blieben.

Schließlich begannen auch die Arbeiter selbst sich zu organisieren. Zuerst in England, später auch in anderen europäischen Ländern, schlossen sie sich zu Gewerkschaften zusammen, die auch das Mittel des Streiks (von englisch »to strike« = zuschlagen) entdeckten. Gemeinsam waren die Arbeiter stark genug, bei den Unternehmern Verbesserungen des Lohns und der Arbeitsbedingungen durchzusetzen.

Auch Wissenschaftler und Denker begannen auf die Frage aufmerksam zu werden. Da war vor allem der Deutsche Karl Marx (1818-1883), der große Teile seines Lebens in Paris, Brüssel und London verbrachte, also die europäischen Verhältnisse kannte. Er beschrieb klarer als die meisten seiner Zeitgenossen, was die Maschinenarbeit für die Menschen bedeutete, die nun immer nur noch einen kleinen Ausschnitt aus dem Arbeitsprozeß verrichteten und nicht mehr sagen konnten, welchen Anteil sie an dem fertigen Produkt hatten. Er erkannte auch wichtige Zusammenhänge zwischen den Entscheidungen der Unternehmer und der Lage der Industriearbeiter. Am bekanntesten aber wurde er als einer der Verfasser des »Kommunistischen Manifests«, in dem 1848 die »Proletarier aller Länder« aufgefordert wurden, sich zu vereinen, sich gegen die herrschende Bourgeoisie, das heißt die Bürger, zu erheben und eine neue »kommunistische« Gesellschaftsordnung zu errichten, in der das Privateigentum abgeschafft war.

Vieles von dem, was Karl Marx schrieb, wird heute allgemein als richtig angesehen, anderes hat sich als falsch erwiesen. Die revolutionären Ideen, die er hatte, sind erst im 20. Jahrhundert wirksam geworden und haben hier viel Leid über Europa gebracht. Aber Karl Marx ist auch aus der Geschichte der sozialistischen und sozialdemokratischen Parteien nicht wegzudenken, und diese haben an unserem gemeinsamen Haus Europa im 20. Jahrhundert im Westen entscheidend mitgebaut und tun es noch. Es wäre daher ungerecht, ihm seinen Rang unter den Baumeistern Europas zu bestreiten.

KRIEG UND FRIEDEN

Verhängnisvolle Schüsse

Dieses Kapitel soll über ein Ereignis berichten, das sich im Juni 1914 in einer Stadt auf dem Balkan ereignet hat. Es war ein schreckliches Ereignis, aber seine Folgen waren noch schrecklicher. Unendliches Leid kam über Europa und die Welt; Millionen von Menschen verloren ihr Leben oder wurden verkrüppelt.

Gesprochen hatte man viel darüber, was passieren konnte, aber damit gerechnet hatten nur wenige.

Die englische Kriminalschriftstellerin Agatha Christie beschreibt 1977 in ihren Memoiren, wie sie die Ereignisse als junge Frau von noch nicht 25 Jahren empfand: »Als im fernen Serbien ein Erzherzog ermordet wurde, da schien uns das so weit entfernt. Nichts, was uns betraf. Schließlich wurden dort auf dem Balkan andauernd Menschen umgebracht. Daß das uns in England berühren würde, schien völlig ausgeschlossen. Dann aber, schon bald nach diesem Mord, zogen Gewitterwolken am Horizont auf. Es gab Gerüchte über so etwas wie Krieg. Aber das waren natürlich nur die Zeitungen. Zivilisierte Völker führten doch heutzutage keinen Krieg mehr. Es hatte schon seit Jahren keinen Krieg mehr gegeben, und es würde wahrscheinlich auch nie mehr einen geben. Und dann plötzlich eines Morgens war es doch geschehen: England befand sich im Krieg.«

Was war das nun für ein Ereignis, das sich da irgendwo weit entfernt auf dem Balkan zugetragen hatte, in Serbien? Doch halt, hier fängt es ja schon an. Sarajewo, wo die verhängnisvollen Schüsse fielen, liegt gar nicht in Serbien, sondern es ist die Hauptstadt von Bosnien-Herzegowina. Aber für Europäer aus dem Norden war das alles ohnehin schwer durchschaubar. Hundert Jahre vorher, da war alles noch ziemlich klar gewesen: Der größte Teil des Balkangebiets gehörte zum Osmanischen Reich, und da, wo die Türken nicht waren, herrschten eben die Österreicher oder die Russen. Aber dann die ganzen Freiheitsbestrebungen, und jetzt war alles so unübersichtlich. Kroatien, Dalmatien und Bosnien gehörten zu Österreich-Ungarn; Serbien, Montenegro, Albanien, Griechenland, Bulgarien und Rumänien waren selbständig; die Türken waren fast ganz heraus aus Europa. Dann hatte man in den letzten Jahren hier auch noch zwei Balkankriege geführt, einen gegen die Türken und einen mit den Türken gegen Bulgarien, und jedesmal waren die Grenzen neu festgelegt worden. Es war also wirklich verwirrend, und von einer jungen Frau, wie Agatha Christie es damals war, konnte man nun wirklich nicht erwarten, daß sie das alles fein auseinanderhielt.

So unrecht hatte sie nämlich nun auch wieder nicht, denn was sich in Sarajewo ereignete, spielte sich zwar nicht in Serbien ab, aber es hatte viel, wenn nicht alles mit diesem Land zu tun, das erst seit 1878 völlig selbständig war. Das war damals eines der Ergebnisse des »Berliner Kongresses«, mit dem ein Krieg zwischen Rußland und der Türkei beigelegt worden war. Gleichzeitig hatten die Österreicher das Recht zugesprochen bekommen, Bosnien-Herzegowina zu besetzen und zu verwalten. Das hatten sie getan, und 1908 erklärten sie es sogar zu einem Teil des Kaiserreichs Österreich-Ungarn. In Serbien dagegen träumte man davon, einen großen Staat zu schaffen, in dem das ganze serbische Volk vereint war, und es war nun einmal eine Tatsache, daß in Bosnien-Herzegowina viele Serben lebten, die auch nicht damit zufrieden waren, vom fernen Wien aus regiert zu werden. Bedenkt man ferner, daß auch die Bulgaren auf Rache sannen, weil man ihnen nach dem verlorenen zweiten Balkankrieg so viel von ihrem Staatsgebiet weggenommen hatte, kann man verstehen, warum man im übrigen Europa den Balkan als ein Pulverfaß ansah, das jeden Moment explodieren konnte, oder einen Kessel, der dicht vor dem Überkochen stand. Was sich allerdings dort genau abspielte, wußte kaum jemand zu sagen.

Am kaiserlichen Hof und bei der Regierung in Wien hätte man es wissen müssen. Was für eine Idee, den Kronprinzen, Erzherzog Franz Ferdinand mit seiner Frau, der Herzogin Sophie von Hohenberg, im Juni 1914 zu einem offiziellen Besuch nach Sarajewo, in die Hauptstadt des unruhigen Bosnien, zu schicken! Oder war es vielleicht sein eigener Wunsch? Jetzt war er »Generalinspekteur der gesamten bewaffneten Macht«, aber eines Tages würde er als Kaiser Oberhaupt dieses Staates sein, in dem so viele Völker nicht immer friedlich zusammenlebten. Sein Onkel, Kaiser Franz II., mochte mit seinen 84 Jahren noch der Fürstenwelt des 19. Jahrhunderts nachtrauern, er wollte, daß die slawischen Völker in seinem Reich sich selbst verwalten sollten. Wo eher als in Bosnien also hätte er Unterstützung für solche Pläne finden können?

19 Jahre war Gavrilo Princip alt. Er stand kurz vor seinem Schulabschluß. Aber daran dachte er weniger. Was bedeutete schon die Familie, wenn es galt, Serbien groß zu machen und seine Landsleute in Bosnien vom Joch der Fremdherrschaft zu befreien? Es gab viele im Land, die dachten wie er, und ein Freund hatte ihn eingeladen, mit ihm zusammen einmal ein Treffen von Leuten zu besuchen, die nicht nur

reden, sondern auch etwas tun wollten. So war er zu der Gruppe gestoßen, die sich »Vereinigung oder Tod« oder, was ihm besser gefiel, die »Schwarze Hand« nannte. Hier erfuhr er von dem bevorstehenden Besuch Franz Ferdinands, hier schmiedete man Pläne, wie man durch ein Attentat auf diesen die verhaßten Österreicher treffen könnte. Gavrilo Princip hielt es für seine heilige Pflicht dem Vaterland gegenüber mitzumachen. Woher die Bombe und die anderen Waffen kamen, was kümmerte es ihn, wenn sie nur funktionierten? War es nicht geradezu ein göttliches Zeichen, daß die Zöllner sie ganz ohne Kontrolle nach Bosnien hineingelassen hatten?

Es ist der 28. Juni. Das Wetter ist schön, als der kaiserliche Sonderzug im Bahnhof von Sarajewo eintrifft. Man steigt um in einen offenen Wagen, um sich der Bevölkerung zeigen zu können, die die Straßen säumt. Da fliegt plötzlich etwas durch die Luft und trifft auf die Rückenlehne des Wagens. Franz Ferdinand ergreift es und schleudert es wieder hinaus. So berichtet jedenfalls ein angeblicher Augenzeuge. Auf jeden Fall ertönt wenige Augenblicke, nachdem der kaiserliche Wagen die Stelle passiert hat, eine Explosion. Das Etwas war eine Bombe. Dem Kronprinzen ist nichts geschehen, aber eine Reihe von Zuschauern und der Sicherheitsoffizier, der im Wagen dahinter folgt, werden verletzt.

Die Fahrt zum Rathaus wird trotzdem fortgesetzt. Es kommt zum vorgesehenen Empfang durch den Bürgermeister. Aus Sicherheitsgründen soll der Rückweg zum Bahnhof nicht durch die Hauptstraßen führen, sondern man legt eine andere Route fest. Aber dann gibt der Erzherzog den Befehl, einen Umweg zu machen, um den verletzten Offizier im Krankenhaus zu besuchen. Der Fahrer ist sich unsicher über den Weg. Er fährt langsam an einer kleinen Menschenansammlung vorbei, aus der ein junger Mann herausspringt, einen Revolver in der Hand. Zwei Schüsse fallen. Der eine durchschlägt die Schläfe des

Erzherzogs, der andere trifft die Herzogin in den Unterleib. Keiner von beiden überlebt das Attentat.

Der Attentäter, Gavrilo Princip, wird sofort verhaftet, seine Komplizen wenig später. Eine Reihe von ihnen wird später zum Tode, der Attentäter selbst wegen seiner Jugend nur zu zwanzig Jahren Haft verurteilt, stirbt aber vier Jahre später im Gefängnis. Veljko Cubrilovic, einer der Verschwörer, schreibt kurz vor seiner Hinrichtung am 20. Januar 1915 einen Brief an seine dreijährige Tochter, der ihr ausgehändigt werden sollte, wenn sie alt genug sei, ihn zu verstehen.

Meine liebe einzige Tochter,
Viele Jahre werden vorbei sein, wenn Du diesen Brief liest. Ich kann mir vorstellen, wie die kleine Blütenknospe dann zu einer wunderschönen Blume geworden sein wird. Das einzige, mein Kind, das Dein Vater Dir hinterlassen kann, ist ein ehrlicher und unbefleckter Name. Er bleibt in Deiner Schuld; aber er hinterläßt Dir seine große Liebe und seinen makellosen Namen.
Jetzt, wo du herangewachsen bist, kannst du die stürmischen Zeiten verstehen, in denen Dein Vater lebte, und, wenn Du sie verstehst, wirst Du ihm vergeben.
Liebe und ehre Deine Mutter. Sie wird viele Opfer für dich bringen. Von Dir, meine Kleine, erwartet Dein Vater ein reines Herz und edle Gedanken. Sei aufrichtig. Und liebe das Volk, dessen Wurzeln Deine eigenen sind.
Das ist alles, was Dein Vater dir hinterlassen kann. Der gnädige Gott wird für alles andere sorgen. Ich liebe Dich, mein einziges Kind, und in diesen letzten Momenten meines Lebens denke ich einzig an Dich und Deine Mutter.

Dein Vater Veljko

In Österreich sah man die Motive der Attentäter als weniger edel an. Der Jubel über die Schüsse von Sarajewo in Serbiens Zeitungen führte zu noch größerer Erbitterung. Am 23. Juli verlangte man von Serbien binnen 48 Stunden Antwort auf die Frage, ob es bereit sei, alle Propaganda gegen Österreich zu verbieten und österreichische Beamte ins Land zu lassen, um die Hintergründe des Attentats aufzuklären. Zu vielem war Serbien bereit, auf diese letzte Forderung aber wollte man nicht eingehen.

Am 28. Juli erklärte Österreich dem mit Rußland verbündeten Serbien den Krieg. Einen Tag später erteilte der russische Zar seiner Armee den Befehl, mobil zu machen, das heißt, sich in Kriegsbereitschaft zu versetzen. Am 31. Juli folgte das mit Österreich verbündete Deutschland, am 1. August das mit Rußland verbündete Frankreich. Am 2. August schloß Deutschland einen Vertrag mit der Türkei, die sich darin verpflichtete, in den Krieg gegen Rußland mit einzutreten. Am 3. August marschierten deutsche Truppen in das neutrale Belgien ein. Am 4. August befand sich auch England im Krieg, weil es sich 1839 verpflichtet hatte, die belgische Neutralität zu schützen. Der große Krieg, der von 1914 bis 1918 dauern sollte, hatte begonnen, und er erfaßte nicht nur Europa, sondern auch die überseeischen Kolonien der europäischen Länder, Japan und die USA. Die Schüsse von Sarajewo hatten den ersten Weltkrieg ausgelöst. Das Haus Europa wäre an ihm fast zerbrochen.

Und was wäre gewesen, wenn . . . ?

Was wäre gewesen, wenn man zum Beispiel eine Frau wie die österreichische Baronin Bertha von Suttner (1843-1914) ernst genommen hätte? Die Nachricht von ihrem Tod hatte nur wenige Tage vor den Schüssen von Sarajewo in Zeitungen in der ganzen Welt gestanden. Mit ihr starb eine Frau, die nach Umfragen die bekannteste Europäerin ihrer Zeit war. Warum das so war, zeigt vielleicht das folgende Ereignis aus ihrem Leben.

Es war im Winter 1890/91. Das Ehepaar Arthur Gundaccar und Bertha von Suttner, sonst ständig in Geldschwierigkeiten, war plötzlich zu einem kleinen Vermögen gekommen. Warum, will ich noch nicht sagen, weil ich sonst meiner Geschichte die Überraschung nehmen würde. Mit dem Geld konnten sie sich einen Wunsch erfüllen, den sie schon lange gehegt hatten, nämlich einen ganzen Winter in Venedig zu verleben. Sie bewohnten einen kleinen, hübsch bemalten Palazzo und genossen es, sich in der eigens gemieteten Gondel durch die Stadt fahren zu lassen, wo sie in diesem Winter zahlreiche Bekannte aus aller Welt wiedertrafen. Denn Bertha von Suttner hatte in Europa und weit darüber hinaus einen Namen. Auch viele Fremde suchten ihre Bekanntschaft. So war es denn kein Wunder, daß eines Morgens, als das Ehepaar beim Frühstück war, der Hausdiener hereinkam und der Baronin eine Besuchskarte überreichte. Ein gewisser Felix Moscheles aus London wünschte, sich ihr vorstellen zu dürfen.

Natürlich war man bereit, den Gast zu empfangen, und Baron Arthur von Suttner ging hinaus in die Vorhalle, um ihn hereinzubitten. Er begrüßte den Fremden mit den Worten: »Es wird meine Frau sehr freuen, Sie kennenzulernen.« Hierüber hätte sich nun an und für sich Herr Moscheles freuen müssen, statt dessen war seine Reaktion mehr als merkwürdig. Einen Moment war er sprachlos, dann sagte er, offensichtlich völlig verwirrt: »Wie? Was? Sie wollen Baron Suttner sein? Sie sind also nicht tot? Sie sind ja doch nicht in Paris erschossen worden.« Der Baron, der sich noch sehr lebendig vorkam, entschuldigte sich höflich, wie er war, daß er noch am Leben sei, und führte den Gast zu seiner Frau.

Des Rätsels Lösung? Der Grund für den Besuch von Felix Moscheles im Hause der Suttners war es, daß er die Verfasserin eines Romans kennenlernen wollte, der ihn kurz zuvor ungemein beeindruckt hatte. Das Buch hieß »Die Waffen nieder«, und mit ihm war Bertha von Suttner im Jahr 1889 auf einen Schlag in ganz Europa bekannt geworden. Durch ihn hatte sie auch das Geld verdient, das ihnen den Winter in Venedig ermöglichte.

Der Roman erzählt die Lebensgeschichte einer Wiener Baronin. Ihr erster Mann, ein Husarenleutnant, fällt 1859, als sie gerade 19 Jahre alt ist. Einige Jahre später heiratet sie erneut. Auch ihr zweiter Mann muß in den Krieg, kehrt heil zurück, wird erneut eingezogen und vermißt. Auf der Suche nach ihm im Kampfgebiet erlebt die Baronin die Grauen der Schlacht, die ihr Mann zuvor schon in eindringlichen Briefen aus beiden Kriegen geschildert hat, selbst mit. Ihr Mann kehrt zwar verwundet in die Heimat zurück, aber durch den Krieg wird die Cholera in die Heimat der Baronin eingeschleppt. Hierdurch verliert sie drei Geschwister; ihr Vater bricht darüber zusammen und stirbt ebenfalls. Als ihr Mann dank einer Erbschaft aus dem Militärdienst ausscheiden kann, setzen sie sich beide, wo sie nur können, für den Frieden ein. Den Ausbruch des Deutsch-französischen Krieges 1870 erleben sie in Paris mit. Hier wird ihr Mann, nur weil er aus einer preußischen Familie stammt, für einen Spion gehalten und erschossen. Die Baronin ist verzweifelt, beschließt aber, für ihre beiden Kinder weiterzuleben und sich von nun an unermüdlich dafür einzusetzen, daß Auseinandersetzungen zwischen Völkern nur noch mit friedlichen Mitteln beigelegt werden.

Diesen Roman hatte Felix Moscheles, selbst ein begeisterter Anhänger der Friedensbewegung, für die Lebensgeschichte von Bertha von Suttner gehalten, und er war einigermaßen entsetzt, daß die verehrte Baronin nach dem Verlust von zwei Männern nun offensichtlich ein drittes Mal geheiratet hatte. Der Irrtum wurde aufgeklärt, und nachdem sie sich einmal kennengelernt hatten, arbeiteten Bertha von Suttner und Felix Moscheles in der Friedensbewegung eng zusammen.

Der Roman »Die Waffen nieder« mit seiner Anklage gegen jeden Krieg war schon etwas in einer Zeit, in der die Kinder sich vom Weihnachtsmann noch »Trommeln, Pfeifen und Gewehr, Fahne, Säbel und noch mehr, ja ein ganzes Kriegesheer« erhofften. Kein Wunder, daß Bertha von Suttner Mühe hatte, einen Verleger zu finden, der mutig genug war, es herauszubringen. Aber als das Buch einmal erschienen war, war sein Siegeszug unaufhaltsam. Eine Auflage erschien nach der anderen, in zahlreiche Sprachen wurde es übersetzt, zahlreiche Menschen ließen sich von ihm beeindrucken. Mit Stolz erzählt Bertha von Suttner zum Beispiel in ihren Lebenserinnerungen von der Begegnung mit einem Studenten aus Schweden, der ihr sagte, daß er fest vorhatte, eine militärische Laufbahn einzuschlagen, aber sich nach der Lektüre ihres Buches eines anderen besonnen hatte.

Andere dagegen bekämpften Bertha von Suttner gerade deswegen erbittert. Nicht nur, daß sich hier jemand erdreiste, Ideale wie Tapferkeit und Heldenmut in Zweifel zu ziehen, nein, dieser jemand war auch noch eine Frau! »Die Waffen hoch! Das Schwert ist Mannes eigen; wo Männer fechten, hat das Weib zu schweigen«, reimte einer der Kritiker. In zahlreichen Karikaturen wurde Bertha von Suttner wegen ihrer Friedenssehnsucht verspottet; ausgerechnet der größten Kanone gab man in Deutschland den Namen »Dicke Bertha«.

Bertha von Suttner ließ sich von all dem nicht beeindrucken. Sie setzte sich dafür ein, daß überall Friedensgesellschaften gegründet wurden, und sie konnte auch den schwedischen Industriellen Alfred Nobel, Erfinder des Dynamits, dazu bewegen, in seinem Testament nicht nur Nobelpreise für Physik, Chemie, Medizin und Literatur auszusetzen, sondern auch einen für denjenigen, »der am besten für die Verbrüderung der Menschheit gewirkt hat«. Die ersten Träger dieses Friedensnobelpreises waren 1901 der Franzose Frédéric Passy und der Schweizer Henri Dunant, der Begründer des Roten Kreuzes. Bertha von Suttner erhielt den Preis im Jahre 1905.

Ihr Kampf für den Frieden war nicht ganz ohne Erfolg. Immerhin durfte sie die Haager Friedenskonferenz von 1899 miterleben. Zar Nikolaus II. von Rußland hatte sie angeregt, und 26 Staaten, darunter alle europäischen, nahmen an ihr teil. Das Ergebnis war mager, aber immerhin wurde in Den Haag ein ständiger Schiedshof eingerichtet, der in internationalen Streitfragen vermitteln sollte. Den ersten Weltkrieg konnte er nicht verhindern.

Bertha von Suttner, die sieben Tage vor dem Ausbruch dieses Krieges starb, war eine bewundernswerte Frau, eine große Europäerin! Auch wenn sie und ihre Mitstreiterinnen und Mitstreiter damals noch so in der Minderheit waren, daß sie die beiden großen Weltkriege dieses Jahrhunderts nicht verhindern konnten, so überdauerten ihre Ideen diese Kriege doch. Wenn heute in Europa junge Männer das Recht haben, aus Gewissensgründen den Kriegsdienst zu verweigern, so sollten sie hierfür auch dieser Baumeisterin Europas dankbar sein.

(K)ein Platz an der Sonne

Eine Nation – ein Staat

Um die Ereignisse des Jahres 1914 ein wenig besser zu verstehen, müssen wir nun noch einmal zurückkehren in die Mitte des 19. Jahrhunderts. Damals bewegten vor allem zwei Wünsche die Europäer: Die Völker wollten ihre eigenen Staaten, und die Menschen wollten mitentscheiden darüber, von wem und wie sie regiert wurden. Dafür waren viele auf die Straße gegangen, hatten zu den Waffen gegriffen und miterleben müssen, wie die europäischen Revolutionen von 1848 überall unterdrückt wurden. Das heißt nicht, daß sie ohne Folgen blieben. Selbst Länder wie Preußen und Österreich bekamen jetzt Verfassungen, aber keine, die sich die Völker selbst gaben, sondern solche, die vom König oder Kaiser gnädig gewährt wurden. Es versteht sich von selbst, daß die Herrscher darauf achteten, daß ihnen nicht zuviel von ihren Rechten weggenommen wurde. Aber immerhin, es war ein Anfang, auf dem man weiterbauen konnte. Und da es jetzt fast überall Parlamente gab, in die man Abgeordnete wählen konnte, bildeten sich allmählich auch die ersten politischen Parteien, wie wir sie heute kennen.
Was die Selbstbestimmung der Völker betraf, hielt sich der Fortschritt in Grenzen. 1848 schrieb der Italiener Giuseppe Mazzini: »Deutschland ausgenommen, haben wir allein unter den Völkern unsere Einheit, Unabhängigkeit und Freiheit erst noch zu erkämpfen.« Diese Aussage war falsch. Probleme gab es an allen Ecken und Enden. Island wollte sich von Dänemark, Irland von Großbritannien lösen. Finnland, Litauen, Lettland und Estland standen noch unter russischer Herrschaft, Polen war nach wie vor geteilt. In Wien regierte ein Kaiser aus dem Hause Habsburg, in dessen Reich Deutsche, Tschechen, Slowaken, Ungarn, Kroaten, Slowenen, Rumänen, Polen, Ukrainer und eben Italiener nicht eben friedlich zusammenlebten. Die Verhältnisse auf der Balkanhalbinsel, wo die osmanische Herrschaft nach und nach zurückgedrängt wurde, waren, wie wir gesehen haben, sehr verworren. Das alles hätte auf die Dauer vielleicht gutgehen können, wenn

man damals schon ein Vereinigtes Europa ins Auge gefaßt hätte, in dem sich keine Nation zurückgesetzt fühlte. Aber bis man einen solch vernünftigen Gedanken fassen konnte, brauchte man noch über ein Jahrhundert Kriege und Blutvergießen, und in einigen Teilen Europas ist man wohl heute noch nicht soweit.

Aber kehren wir zurück in das Italien Giuseppe Mazzinis. Italien? Das war damals nur eine Idee, für die nach der gescheiterten Revolution von 1848/49 fast tausend Freiheitskämpfer hingerichtet wurden. Im Norden gehörte es zur Habsburger-Monarchie, in der Mitte lag der Kirchenstaat, im Süden wurden die vereinigten Königreiche von Neapel und Sizilien von einem französischen König aus dem Haus der Bourbonen regiert. Nur im Nordwesten und auf Sardinien gab es ein italienisches Königreich: Piemont-Sardinien. Die Hauptstadt war Turin. Hier begann die Einigungsbewegung. In einem Bündnis mit Frankreich wurde 1859 die österreichische Armee bei Solferino besiegt. Hätte der französische Kaiser Napoleon III. allerdings gewußt, daß ein Jahr später ein gewisser Giuseppe Garibaldi mit einem Trupp von Freiwilligen in Genua mit dem Ziel Sizilien an Bord gehen würde, hätte er sich sein Eintreten für Piemont-Sardinien wohl überlegt. Garibaldi jedenfalls wurde von der Bevölkerung als Befreier begrüßt. Nach fünf Monaten war die französische Herrschaft in Süditalien beseitigt. Im Jahr 1861 erklärte in Turin ein gesamtitalienisches Parlament Rom, das allerdings noch zum Kirchenstaat gehörte, zur Hauptstadt und Viktor Emanuel II. von Piemont-Sardinien zum König Italiens. Aber erst nach weiteren Kriegen mit Österreich und mit dem Kirchenstaat war Italien ungefähr in den Grenzen von heute, aber noch ohne Südtirol, ganz geeint, konnten 1871 König, Regierung und Parlament nach Rom umziehen. Der Papst regierte nur noch über den kleinen Vatikanstaat innerhalb der Stadt Rom.

Im gleichen Jahr 1871 wurde auch Deutschland ein Staat. Der Wunsch dazu bestand schon lange, und im ersten freigewählten deutschen Parlament in der Frankfurter Paulskirche 1848 wurde lange darüber diskutiert, ob auch Österreich Teil eines solchen Staates sein sollte. Das war schwierig, denn im Reich der Habsburger lebten ja nicht nur Deutsch-Österreicher, sondern

auch zahlreiche andere Völker. Es sprach also vieles dafür, einen deutschen Staat ohne Österreich zu schaffen. Zur Enttäuschung der Nationalversammlung hatte aber im März 1849 der preußische König Friedrich Wilhelm IV. die ihm angebotene Kaiserkrone in einem solchen Reich abgelehnt, weil ihm die vorgesehene Verfassung zu wenig Rechte einzuräumen schien. Dann erledigte sich die Frage ohnehin, weil die deutschen Fürsten die Revolution mit Gewalt unterdrückten und das Parlament auflösten.
Im Jahr 1861 wurde Wilhelm I. König in Preußen. Er berief 1862 einen Mann zum Ministerpräsidenten, der danach für fast dreißig Jahre die europäische Politik mitgestaltete: Otto von Bismarck (1815-1898). Ein Demokrat, wie man ihn sich wünscht, war dieser Mann nicht. Seine Berufung zum Ministerpräsidenten war erfolgt, weil er bereit war, auch gegen das Parlament zu regieren. Aber er hatte eine sehr klare Vorstellung davon, was politisch machbar war und was nicht. Das Ziel seiner Politik war ein einheitliches Deutsches Reich unter Führung Preußens und ohne Österreich. Dazu war er bereit, auch Kriege zu führen. Das begann mit dem Deutsch-Dänischen Krieg 1864, für den er sich mit Österreich verbündete und Schleswig, Holstein und Lauenburg gewann. Zwei Jahre später provozierte er einen Krieg, durch den Österreich allen Einfluß nördlich des Mains verlor. Wieder vier Jahre später befanden sich Frankreich, das schon seit einiger Zeit mit Mißtrauen beobachtete, welch starker Nachbar da im Osten heranwuchs, und Preußen im Krieg.
Der Anlaß war lächerlich, aber weil er zeigt, wie leichtfertig man in Europa oft Kriege angefangen hat, will ich ihn kurz darstellen. In Spanien war 1868 Königin Isabella abgesetzt worden und nach Paris geflohen. Die Generäle, die die Macht übernahmen, boten die spanische Königskrone einem entfernten, süddeutschen Verwandten des preußischen Königs an, was in Frankreich einen Sturm der Entrüstung auslöste, weil man sich von Preußen umzingelt fühlte. Auch als der Deutsche auf die Bewerbung verzichtete, beruhigte man sich nicht. Kaiser Napoleon III. ließ den preußischen König auffordern, er sollte zusagen, niemals wieder einer solchen Kandidatur zuzustimmen. Wilhelm I. hielt sich damals zur Kur in Bad Ems auf. Er

empfand das Verlangen Frankreichs in der Form, in der es ihm der französische Gesandte Benedetti übermittelte, als äußerst ungehörig und weigerte sich, ihn in dieser Angelegenheit noch einmal zu empfangen. Er habe ihm nichts weiter zu sagen. In einem Telegramm, der sogenannten »Emser Depesche«, ließ der König seinen Ministerpräsidenten in Berlin am 13. Juli 1870 über die Vorgänge unterrichten. Bismarck gab diese Depesche an die Presse, verkürzte sie aber so, daß jeder den Eindruck haben mußte, als lehnte der König jede weitere Verhandlung ab. Wie er es vorausgesehen hatte, empfand man dies in Frankreich als Provokation und erklärte den Krieg.

Was Napoleon III. nicht wußte, war, daß Bismarck sich in geheimen Bündnissen auch die Hilfe der süddeutschen Staaten gesichert hatte. Frankreich unterlag. Der Sieg einte Deutschland, und ausgerechnet im Spiegelsaal des Schlosses von Versailles wurde am 18. Januar 1871 ein einheitliches deutsches Reich ausgerufen, dem Österreich nicht angehörte. An seine Spitze trat der preußische König als Kaiser Wilhelm I. Ihm zur Seite stand Bismarck als Reichskanzler. Der Jubel in Deutschland über den militärischen Erfolg und das Ende der Kleinstaaterei war ungeheuer.

Wer hat das größte Reich?

Eigentlich hätte man sich jetzt, wo zumindest in Mitteleuropa die Frage der Nationalstaaten geklärt war, an einen Tisch setzen und darüber beraten können, wie man die noch verbleibenden europäischen Probleme lösen und den Frieden sichern könnte. Aber hierfür waren die Voraussetzungen denkbar ungünstig. Die vielen Menschenleben, die die Einigungskriege gefordert hatten, waren unvergessen. Außerdem hatte Frankreich im Friedensvertrag mit Deutschland gegen den Willen der Bevölkerung – und übrigens auch gegen den Willen Bismarcks – seine Westgebiete, das Elsaß und Lothringen, an Deutschland abtreten müssen. Da fällt es schwer, sich schnell wieder zu versöhnen.

Im übrigen waren die europäischen Länder im letzten Drittel des 19. Jahrhunderts weniger an einer europäischen Einigung interessiert als daran, wie sie ihr Reich, ihr Imperium, vergrößern könnten. Man spricht in dieser Zeit vom »Imperialismus«. Eigentlich hätte man aus der europäischen Geschichte lernen können, daß sich ein Volk nicht auf Dauer von einem anderen unterdrücken läßt. Tatsächlich aber kümmerten Europas Mächte sich darum nicht im geringsten, als sie geradezu einen Wettlauf starteten, um die Welt unter sich aufzuteilen. Auch das neue deutsche Kaiserreich beanspruchte »einen Platz an der Sonne« und erwarb Kolonien in Afrika und in der Südsee. In China wurde eine ganze Provinz »gepachtet«. Die größte Kolonialmacht aber war zweifellos England mit Besitzungen in Afrika, Amerika (Kanada), Australien und Asien. Als »Juwel in der Krone« der englischen Königin Victoria (geboren 1819, Königin von 1837-1901) galt das reiche Indien, dessen »Kaiserin« sie war. Aber auch die anderen westeuropäischen Länder, Portugal, Spanien, Italien, Frankreich, Belgien und die Niederlande, besaßen Kolonien in Afrika, Südamerika und Asien. Auch Rußland betrieb eine imperialistische Politik, zunächst, indem es versuchte, die Schiffahrtsstraßen vom Schwarzen Meer zum Mittelmeer in die Hand zu bekommen. Damit hatte es keinen Erfolg, weil England und Frankreich die Türkei im sogenannten »Krimkrieg« (1853-1856) unterstützten. Aber in Zentralasien und im fernen Osten war man erfolgreicher. »Beherrsche den Osten!« ist die deutsche Übersetzung von Wladiwostok, der Hafenstadt, mit der Rußland Zugang zum Japanischen Meer gewann.

Was die einheimische Bevölkerung von den europäischen Herrschern hielt, war diesen ziemlich egal. Aufstände wurden blutig unterdrückt. Jede der imperialistischen Mächte war überzeugt davon, daß sie den unterentwickelten Barbaren das Licht der Zivilisation brächte. »Ich behaupte«, sagte der Engländer Cecil Rhodes, »daß wir die erste Rasse der Welt sind und daß es für die Menschheit um so besser ist, je größere Teile der Welt wir bewohnen. Gott hat sich die englischsprechende Rasse zu seinem auserwählten Werkzeug geformt.« Das hätten auch die anderen europäischen Länder so unterschrieben, nachdem sie »englisch« durch »deutsch«, »französisch«, »russisch« und so weiter ersetzt hätten. Es war eine Zeit, für die wir uns als heutige Bewohner des europäischen Hauses schämen müssen.

Der Weg in die Katastrophe

Wo jeder davon überzeugt ist, daß er zum Herrscher über andere geboren ist, läßt sich auf die Dauer kein Friede sichern. In Europa war es nicht anders. Die großen Mächte schienen nach wie vor bereit, Krieg gegeneinander zu führen, wenn es eine begründete Aussicht gab, diesen zu gewinnen. Solange Bismarck als Kanzler die Fäden zog, gab es diese nicht. Durch ein raffiniertes System von Verträgen sorgte er dafür, daß Deutschland immer so viele Verbündete hatte, daß kein Land einen Krieg gegen es wagen konnte. Als er 1890 als 75jähriger von dem jungen deutschen Kaiser Wilhelm II. zum Rücktritt gezwungen wurde, änderte sich die Lage. Seine Nachfolger ließen es zu, daß in Europa neue Bündnisse entstanden und sich England, Frankreich und Rußland in der sogenannten »Entente cordiale« (= herzliches Einvernehmen) zusammenschlossen. Anstatt nun alles daranzusetzen, in Verhandlungen eine dauerhafte Friedensordnung zu schaffen, vertraute man lieber der eigenen Stärke. Ein Plan wurde entwickelt, wie man einen möglichen Krieg an zwei Fronten gegen Frankreich und Rußland gewinnen konnte, und die deutsche Kriegsflotte wurde vergrößert und verstärkt. Das empfand England als Herausforderung und rüstete seinerseits auf. Die anderen Mächte folgten, und so war man 1914 recht gut auf einen großen Krieg vorbereitet. Die Schüsse von Sarajewo waren nur der letzte Auslöser für das schreckliche Geschehen, das bis 1918 dauerte und das europäische Haus bis in seine Fundamente erschütterte.

Europa wird menschlicher

Dennoch gab es auch in der Zeit der vielen Kriege, mit denen wir uns in diesem Kapitel beschäftigen mußten, einige Hoffnungsschimmer, einige Menschen, die Europa ein wenig menschlicher zu machen versuchten. Vor allem eine Frau und ein Mann waren es, die sich bemühten, wenigstens die schrecklichen Folgen des Grauens zu lindern. Sie zählen bestimmt zu den ganz großen Europäern.
So pflegte im Krimkrieg (1853-56) die Engländerin **Florence Nightingale**

(1820-1910) verwundete und an der Cholera erkrankte Soldaten. Mit Entsetzen erkannte sie, daß viele nur deswegen starben, weil die Verantwortlichen dem Sanitätswesen nicht halb soviel Aufmerksamkeit schenkten wie ihren Waffenbeständen und Schlachtplänen. Nach ihrer Rückkehr nach England setzte sie sich rastlos dafür ein, daß die Krankenpflege in den Kriegslazaretten und den zivilen Krankenhäusern verbessert wurde.
Für den Schweizer Kaufmann **Henri Dunant** (1828-1910) wurde ebenfalls ein Krieg zum Schlüsselerlebnis. In der Schlacht bei Solferino erlebte er 1859 das Leid der Verwundeten mit. Fortan kämpfte er für eine international gültige Abmachung aller Staaten, die auch im Krieg ein Mindestmaß an Menschlichkeit garantieren sollte. 1864 unterzeichneten 16 Staaten diese *Genfer Konvention*, die heute auf der ganzen Welt gültig ist. In diesem Jahr entstand auf Dunants Initiative hin auch die Hilfsorganisation des *Roten Kreuzes*.

Europa wird sportlicher

Auch ein anderer Mann aus dieser Zeit verdient es, daß wir uns seiner erinnern, denn er zeigte einen Weg, wie sich Menschen verschiedener Nationen zugleich im Wettkampf gegeneinander messen und in der Begegnung miteinander verstehen lernen. Es war der französische Baron Pierre de Coubertin (1863-1937), der anregte, die olympischen Spiele der alten Griechen wieder aufleben zu lassen, und es dank seiner Überzeugungskraft dahin brachte, daß 1896 bei den ersten Olympischen Spielen der Neuzeit in Athen schon 285 Männer aus 13 Staaten an den Start gingen. Bei den fünften 1912 in Stockholm, den letzten vor Ausbruch des Weltkriegs, waren dann schon 2541 Männer und 57 Frauen aus 28 Staaten beteiligt. Schade, daß aus der olympischen Idee des Friedens und des fairen Wettkampfs so wenig in den politischen Alltag Eingang fand.

Und die Kultur?

Je näher wir unserer eigenen Zeit kommen, desto mehr Raum brauchen wir in der Darstellung für die politischen Ereignisse. Dabei sind sie größtenteils heutzutage nur noch als schlechte Beispiele zu gebrauchen. Eigentlich müßten wir also den Malern und Musikern, den Schriftstellern und Dichtern mehr Platz einräumen, denn sie waren auch in der Zeit, um die es in diesem Kapitel geht, mächtig am Werk, um das europäische Haus oder zumindest das Zimmer, das ihre Nation bewohnte, bunter und vielfältiger zu machen. Wieder ist es unmöglich, alle wichtigen Namen zu nennen, zumal immer mehr Länder wichtige Beiträge beisteuerten.

In der Malerei allerdings war ohne Zweifel Frankreich führend. Hier tat sich Neues und, wie sich das für Frankreich gehört, Revolutionäres. Da gab es Maler, die sich vornahmen, nicht mehr die Wirklichkeit abzubilden – das konnte die neu erfundene Fotografie viel besser –, sondern ihre Impressionen (= Eindrücke) von dieser. Einen Sturm der Empörung riefen die Bilder dieser »Impressionisten« zuerst hervor. Das sollten Künstler sein, dieser **Edouard Manet** (1832-1883), **Claude Monet** (1840-1926) oder dieser **Auguste Renoir** (1841-1919)? Und als man sich dann endlich an ihre Malweise gewöhnt hatte, kamen Leute wie ein **Paul Gauguin** (1848-1903) oder dieser Niederländer **Vincent van Gogh** (1853-1890) und beleidigten das Auge mit ihren groben Formen und grellen Farben, und auf einmal war es in Europa Mode, seine Gefühle hinauszuschreien, man gab sich »expressionistisch«. Wir braven Bürger, die wir heute zu Scharen ins Museum strömen, um die in dieser Zeit geschaffenen Meisterwerke zu bestaunen, wären damals sicher genauso schockiert gewesen wie unsere Ururgroßeltern, aber die wußten ja auch noch nicht, wie sich die Malerei unter dem Einfluß eines 1881 in Spanien geborenen Mannes, eines gewissen Pablo Picasso, weiterentwickeln würde.

Mit der Musik kamen die Europäer schon eher zurecht, jedenfalls mit mancher. Die Opern dieses **Richard Wagners** aus Deutschland (1813-1883) durfte man nicht laut kritisieren, denn sie wurden von der Kritik über den grünen Klee gelobt, und die eine oder andere Melodie prägte sich auch ein, aber das lange Sitzen im Opernhaus war doch sehr ermüdend, obwohl, große Kunst war es ja, was man da zu hören bekam. Aber es gab Unterhaltsameres, das mehr ins Ohr ging. Die Chöre und Arien zum Beispiel

aus den Opern des **Giuseppe Verdi** (1813-1901), die mitreißenden Melodien der Operetten des in Paris lebenden Kölners **Jacques Offenbach** (1819-1880) wie den berühmten Cancan, die Oper »Carmen« des Franzosen **Georges Bizet** (1838-1875), »Die verkaufte Braut« des Tschechen **Friedrich Smetana** (1824-1884), ganz zu schweigen von den Walzern des Wieners **Johann Strauß** (1825-1899). Aus Rußland tönte Neues herüber, fremdartig, aber exotisch-interessant. **Modest Mussorgski** (1839-1881), **Nikolai Rimski-Korssakow** (1844-1908) oder **Peter Tschaikowski** (1840-1893) brachten ebenso wie der Norweger **Edvard Grieg** (1843-1907), der Tscheche **Antonin Dvorák** (1841-1904) und der Finne **Jean Sibelius** (1865-1957) neue Klangfarben in die europäische Musik. Unter den großen Komponisten der Zeit sind auch der in Deutschland geborene, aber hauptsächlich in Wien wirkende **Johannes Brahms** (1833-1897), der Österreicher **Anton Bruckner** (1824-1896), der in Ungarn geborene und hauptsächlich in Deutschland tätige **Franz Liszt** (1811-1886) und der für viele damals viel zu moderne Franzose **Claude Debussy** (1862-1918) zu nennen. Europas Tonwelt war so vielfältig und so international wie nie zuvor.
Auch die an Literatur Interessierten kamen auf ihre Kosten. Es entstanden Bücher, dier gerade bei jungen Leserinnen und Lesern auch heute noch bekannt sind, auch wenn sie nicht alle für Kinder geschrieben wurden. In England begann der von **Arthur Conan Doyle** (1859-1930) geschaffene Sherlock Holmes zu ermitteln, ließ **Lewis Carroll** (1832-1898) seine Alice ihre Reisen im Wunderland und in der Spiegelwelt antreten, waren spannende Abenteuer auf der »Schatzinsel« des **Robert Louis Stevenson** (1850-1894) oder im Urwald des »Dschungelbuchs« von **Rudyard Kipling** (1865-1936) zu bestehen. Mit **Jules Verne** (1828-1905) aus Frankreich konnte man »In 80 Tagen um die Welt« oder »20 000 Meilen unter dem Meer« reisen. In Deutschland schuf **Karl May** (1842-1912) seinen Winnetou und seinen Old Shatterhand, eine **Emmy von Rhoden** (1832-1885) ihren »Trotzkopf«. Die Schweizerin **Johanna Spyri** (1827-1901) veröffentlichte um 1880 ihre Heidi-Romane. Etwa zur gleichen Zeit trat von Italien aus die Figur des Pinocchio, geschaffen von **Carlo Collodi** (1826-1890), ihren Siegeszug

durch die Welt an. In den Kinderbüchern erschienen seit Ende des 19. Jahrhunderts immer mehr Farbtafeln und farbige Illustrationen. Das Europa der Kinder wurde erheblich bunter.

Aber natürlich ist auch für Erwachsene einiges Bemerkenswerte entstanden in dieser Zeit, zum Beispiel die großen Romane »Krieg und Frieden« und »Schuld und Sühne« der Russen **Leo Nikolajewitsch Tolstoi** (1828-1910) und **Fejodor Dostojewski** (1821-1881), die Dramen des Norwegers **Henrik Ibsen** (1828-1906) und des Schweden **August Strindberg** (1849-1912), aber auch vieles andere in vielen anderen europäischen Ländern, für dessen Aufzählung und Beschreibung hier der Platz fehlt.

Sie war schon interessant, die Zeit, in der die Technik ihren Siegeszug fortsetzte und uns so interessante Bauten wie den Londoner Kristallpalast (1851) und den Pariser Eiffelturm (1889), aber leider auch »verbesserte« Waffen und Kampfstoffe bescherte. Schade, daß wir uns unsere Geschichte nicht aussuchen können, sondern hinnehmen müssen, daß in unserem europäischen Haus die hell erleuchteten und die rabenschwarzen Räume so dicht nebeneinander liegen.

JUNGE LEUTE IN EUROPAS SCHWÄRZESTER ZEIT

Verführt

Düsseldorf, Montag, der 10. April 1933

Vor zehn Wochen ist in Berlin Adolf Hitler zum Reichskanzler ernannt worden, vor zweieinhalb Wochen hat er sich vom Reichstag ermächtigen lassen, vier Jahre lang ohne Zustimmung des Parlaments zu regieren. Seine Partei, die Nationalsozialistische Deutsche Arbeiterpartei, ist dabei, Deutschland in ihrem Sinne umzugestalten.

Wie das neue Deutschland aussehen soll, erfahren die Düsseldorfer Bürger, als sie heute morgen die Zeitung aufschlagen. »Deutsche Jugend!«, liest man da in einem Aufruf der Hitler-Jugend. »Jahrelang hat man versucht auch dich zu vergiften, durch Bücher und Schriften, die eine Gefahr für Jugend und Volk bedeuten.« Und dann heißt es, dick unterstrichen: »Auf den Scheiterhaufen mit diesem Gift! Sammelt alle Bücher dieser Art!« Am Dienstag, dem 11. April, 20 Uhr, soll sich die Düsseldorfer Jugend vor dem Planetarium vor einem »lodernden

Scheiterhaufen« versammeln und durch die Bücherverbrennung ihren Willen »zu Sauberkeit und deutschem Geist« bekunden.

Am 13. April las man dann in der Zeitung, die die Aktion unterstützte, was sich ereignet hatte: »Am Dienstag abend strömten aus verschiedenen Teilen der Stadt Jugendgruppen zu einer gemeinsamen Kundgebung gegen undeutsche Literatur. Insgesamt dürften wohl 1000 Jugendliche in ihren verschiedenen Uniformen aufmarschiert sein. In den Anlagen standen die Zuschauer zu vielen Tausenden. Zunächst ergriff der Bannführer der Hitlerjugend, Klute, Düsseldorf, das Wort zu einer zündenden Ansprache. Er zeichnete in kurzen Sätzen die Jahre, in denen nationale Jugend in jeder Weise geknebelt wurde, in denen sie sich drücken mußte und in denen sie mit viel Schmutz und Schund in Schule und Haus überschüttet wurde. Er begrüßte die neue Zeit, in der die Jugend wieder aufatmen und zu ihrem Teil an der Erneuerung des deutschen Volkslebens helfen dürfe. Deswegen, so führte der Redner aus, seien hier die nationalen Verbände Düsseldorfs zusammengekommen, um in einem symbolischen Akt ein gut Teil schlechter Literatur und Zersetzungsschriften marxistischer Parteien und Bünde zu vernichten. Daraufhin flogen die Fackeln in den Scheiterhaufen und hell loderten die Flammen auf.«

Dann ergriff der Führer einer anderen Jugendgruppe die Initiative, und bei jedem Buch, das er ins Feuer warf, fährt die Zeitung fort, gab er eine kurze Skizzierung des Schriftstellers und öffnete nicht nur der Jugend, sondern auch manch einem Erwachsenen die Augen für ein durch und durch undeutsches und zersetzendes Schrifttum. Jedesmal, wenn der Redner ein Buch nannte, stellte er die Frage an die Anwesenden, was damit geschehen solle, und jedesmal brauste der Chor auf: »Ins Feuer!« Zuletzt warf noch einmal der Hitlerjugendführer die Fahne, unter der sich all dieses »üble Schrifttum« entwickeln durfte, die Fahne schwarz-rot-gold, ins Feuer.

Zu diesem »üblen Schrifttum«, das in Düsseldorf und anderen Städten verbrannt wurde, gehörten Gedichte eines Mannes wie Heinrich Heine, der es fast ein Jahrhundert zuvor von Paris aus gewagt hatte, die deutsche Obrigkeit zu verspotten, ein Roman wie »Im Westen nichts Neues«, in dem Erich Maria Remarque eindringlich den Wahnsinn des ersten Weltkriegs vor Augen führt, ein Buch wie Lion Feuchtwangers »Jud Süß«, das die Lebensgeschichte eines jüdischen Bankiers im 17. Jahrhundert schildert, die Schriften des Kommunisten Karl Marx und der Friedenskämpferin Bertha von Suttner. Die Jugend sollte lernen, daß man für den Krieg zu sein hatte, gegen Kommunisten, Juden und Zigeuner. In der Schule durfte ein Stück wie »Nathan der Weise« von Lessing, in dem für ein friedliches Zusammenleben zwischen den Religionen geworben wird, nicht mehr gelesen werden. In Geschichte sollte von Anfang an auf die Gefahr der Demokratie hingewiesen werden. Im Sport übte man unter anderem Handgranatenwerfen. In Biologie sollte man lernen, daß die germanische Rasse allen anderen überlegen sei. In Mathematik mußte man ausrechnen, wieviel die Unterhaltung von Geisteskranken, Krüppeln und Verbrechern den Staat pro Tag kostete. Wohin das führen sollte, beschrieb Adolf Hitler einmal so: »Eine gewalttätige, herrische, unerschrockene, grausame Jugend will ich. Schmerzen muß sie ertragen. Es darf nichts Schwaches und Zärtliches an ihr sein.«

Das Resultat solcher wahnsinnigen Vorstellungen war nicht nur für Deutschland fürchterlich.

Verschickt

London, Sonntag, der 3. September 1939

Es war eine unruhige Nacht für viele Menschen, nicht nur, weil es ein schweres Gewitter gegeben hatte. Da war auch die bange Frage, was England tun würde, nachdem am Freitag Hitlers Truppen nach Polen einmarschiert waren. Bedeutete das Krieg für England? Aber am Morgen machte sich doch Sonntagsstimmung breit. Der Himmel war blau, es war warm, und noch war nichts Entscheidendes geschehen.

Aufmerksame Beobachter wurden allerdings stutzig, als sie im Radio auf den gewohnten Wetterbericht verzichten mußten, und die Kenner erklärten, daß dies sicher von der Regierung so angeordnet worden war, um der deutschen Luftwaffe keine Informationen zu geben. Schließlich war ja auch die Straßenbeleuchtung nachts schon seit zwei Tagen ausgeschaltet, um feindlichen Flugzeugen die Orientierung zu erschweren.

Auch in der Kirche war es nicht so wie sonst. Wann hatte man es schon einmal erlebt, daß hier Radiogeräte standen und der Gottesdienst für eine Ansprache des Premierministers unterbrochen wurde? Dann kam die Gewißheit. Um neun Uhr hatte der britische Botschafter in Berlin die deutsche Regierung aufgefordert, bis 11 Uhr alle Kämpfe in Polen einzustellen. Jetzt war es 11.15 Uhr. England hatte Deutschland den Krieg erklärt. Und während noch die Stimme des Premierministers Neville Chamberlain aus dem Äther in die Kirchen und Häuser hineinklang, ertönten über London schon die Luftschutzsirenen, die vor einem deutschen Angriff warnten. Es war, wie sich später herausstellte, ein Fehlalarm, aber er brachte Tausende dazu, zum ersten Mal die Luftschutzräume aufzusuchen, die sie in den Jahren zuvor vorsichtshalber im Keller oder im Garten angelegt hatten. Wer keinen solchen Raum hatte, nagelte Wolldecken über die Haustür und verstopfte Fensterritzen und Kamine, um vor Giftgas geschützt zu sein, und füllte die Badewanne mit Wasser, um einen Brand schnell löschen zu können.

Eine Viertelstunde später kam die Entwarnung. Niemand konnte damals wissen, daß es noch Monate dauern würde, bis zum ersten Mal deutsche Flugzeuge Bomben auf die britische Hauptstadt werfen würden.

Am 3. September wollte man nichts riskieren. Über eine Million Schulkinder und Mütter mit kleinen Kindern wurden aus den Gegenden, die die deutschen Bomber erreichen konnten, in Sicherheit gebracht. Vierundzwanzig Stunden lang rollte Zug auf Zug in die nichtgefährdeten Gebiete. Es gab Tränen, wenn sich die Kinder am Bahnhof von ihren Eltern verabschiedeten, aber für viele war es auch ein Abenteuer, vielleicht die erste Reise überhaupt. Ein seltsames Bild, wie da die Kinder in Schuluniform in Zweierreihen zu den Bahnhöfen marschierten; ein erschreckendes Bild, wie sie alle die Pappschachteln mit der Gasmaske darin um den Hals hängen hatten; ein rührendes Bild, wie da der Lieblingsteddy aus dem Umhängebeutel herausschaute, um zu sehen, wohin die Reise ging.

Dann die Ankunft an den Zielbahnhöfen, wieder ein Marsch in Zweierreihen zum Dorfplatz oder in eine Kirche, aber nicht mehr so freudig wie zum Teil noch am Morgen. Die Kinder und die jungen Mütter waren müde und erschöpft nach der langen Fahrt in dem überfüllten Zug. Natürlich sollte alles seine Ordnung haben. Verzweifelt versuchten die Beamten, die für die Einquartierung zuständig waren, dafür zu sorgen, daß die Kinder in passende Gastfamilien kamen. Aber sie konnten sich kaum verständlich machen. Die zukünftigen Pflegeeltern

gingen selbst durch die Reihen und suchten sich ihre Schützlinge aus, und die Kinder, die am gepflegtesten und gesündesten aussahen, fanden auch als erste Aufnahme. Man kann sich vorstellen, was in denjenigen vorging, die dann zum Schluß übrigblieben. »Es war wie auf dem Viehmarkt«, beschrieb eine der jungen Mütter später die Ereignisse.

Und dennoch war dieses Leid geringfügig gegenüber dem, was Hitler und seine Anhänger schon über Polen und ihr eigenes Land zu bringen begonnen hatten und was Europa und der ganzen Welt noch bevorstehen sollte.

Versteckt

Amsterdam, Samstag, der 8. Juli 1944

Seit etwa einem Monat schon herrscht bei den Familien Frank, van Daan und Herrn Dussel Hochstimmung. Genauer gesagt, seit dem 6. Juni. Da meldete der englische Rundfunk, daß in der Normandie britische und amerikanische Verbände gelandet waren. Von Tag zu Tag kamen jetzt immer bessere Nachrichten über französische Städte, die befreit worden waren. Es konnte nicht mehr lange dauern, bis auch hier in Amsterdam der Spuk vorüber sein würde, bis die Deutschen sich auch aus den Niederlanden zurückziehen mußten. Dann konnten sie endlich ihr Versteck verlassen, in dem sie vor zwei Jahren untergetaucht waren, als die Deutschen anfingen, alle Juden festzunehmen und in Konzentrationslager zu verschicken. Was ihnen dort blühte, ahnte Anne Frank, die am 12. Juni, sechs Tage nach der Invasion, ihren fünfzehnten Geburtstag gefeiert hatte. An den Tag, an dem sie mit ihrer Familie 1933 aus Frankfurt in die sicheren Niederlande geflüchtet war, konnte sie sich nicht erinnern. Dazu war sie damals zu jung gewesen. Aber den Mai 1940, als die Deutschen die Niederlande überfielen und es mit ihrer scheinbaren Sicherheit vorbei war, hatte sie schon sehr bewußt miterlebt, und der 9. Juli 1942, als sie keinen Tag zu früh »untergetaucht« waren, stand ihr vor Augen, als sei es gestern gewesen. Wie sie den Tag ihrer Befreiung herbeisehnte! Wie eng es war, hier im Hinterhaus der Firma, deren Direktor ihr Vater gewesen war! Wie vorsichtig man sein mußte! Wenn in der Firma jemand arbeitete, durfte man kein Wasser auf dem WC laufen lassen und mußte sich absolut ruhig verhalten. Immer die Angst, jemand könnte die mit einem Regal getarnte Drehtür und die steile Treppe dahinter entdecken, die in ihr Versteck führte. Wenn man doch das schöne Wetter endlich wieder einmal nutzen könnte, um spazierenzugehen oder radzufahren.

Aber es gab auch kleine Freuden. Heute zum Beispiel war Samstag, und da konnte man schon ab Mittag das Hinterhaus verlassen und sich frei in der Firma bewegen, weil niemand mehr arbeitete. Außerdem gab es etwas ganz Besonderes, das Abwechslung in dem kargen Speiseplan versprach: Erdbeeren, 24 Kistchen, für die untergetauchten Familien und ihre Helfer im Büro der Firma, ohne die sie verloren gewesen wären. Das würde ein Fest!

Um halb eins waren endlich keine Fremden mehr im Haus; die Außentür der Firma wurde abgeschlossen, und jetzt ging es hinunter in die Firma, um die erste Portion der staubigen Früchte zum Waschen nach oben zu holen. Was für eine Lust, die Stiele abzuzupfen und die Früchte für die weitere Verwendung im Mund oder Eimer verschwinden zu lassen. Bald mußte Nachschub von unten besorgt werden. Peter, der Sohn der Familie van Daan, war an der Reihe. Er ging die Treppe hinunter. Da klingelte es. Wie der Blitz war Peter wieder auf der Treppe und verschloß die Drehtür hinter sich. Oben waren alle ungeduldig. Die Erdbeeren mußten gewaschen werden, aber niemand durfte den Hahn aufdrehen. Das war eiserne Regel bei den Bewohnern des Hinterhauses, denn das Geräusch hätte sie verraten können. Um eins kam die Nachricht, daß es der Postbote gewesen war. Wieder eilte Peter die Treppe hinunter, und wieder ging die Türglocke; wieder mußte er kehrtmachen; wieder verging kostbare Zeit. Anne und Peter lauschten hinter der Drehtür. Es war keine fremde Stimme zu hören. Ob er es wagen konnte, einmal nachzusehen? Aber kaum hatte er sich blicken lassen, als er von einem der treuen Helfer in der Firma schon wieder hinaufgescheucht wurde. »Mach, daß du schnell wieder hinaufkommst, Peter; der Buchprüfer ist überraschend gekommen.« Endlich um halb zwei war die Luft wieder rein, und dann versank alles in Erdbeeren. Erdbeeren wurden in Gläsern eingeweckt; es wurde Erdbeermarmelade gekocht. Es gab »Brei mit Erdbeeren, Buttermilch mit Erdbeeren, Brot mit Erdbeeren, Erdbeeren als Dessert, Erdbeeren mit Zucker, Erdbeeren mit Sand. Zwei Tage tanzten überall Erdbeeren, Erdbeeren, Erdbeeren; dann war der Vorrat auf oder stand in Gläsern oder Töpfen hinter Schloß und Riegel.«

Die Geschichte steht im Tagebuch der Anne Frank, in dem diese einer erfundenen Freundin namens Kitty ihre Erlebnisse im Hinterhaus schildert. Die Erdbeeren waren eine der letzten Freuden ihres kurzen Lebens. Allen Vorsichtsmaßnahmen zum Trotz wurde das Versteck entdeckt oder verraten. Am 4. August drang die Geheime Staatspolizei der Nationalsozialisten in das Hinterhaus ein, verhaftete die Bewohner und ließ sie in Konzentrationslager transportieren. Anne Franks Vater überlebte, alle anderen wurden umgebracht. Anne Frank, dieses lebenslustige, humorvolle, begabte Mädchen, starb im März 1945 im Lager Bergen-Belsen in Niedersachsen, wenige Wochen, bevor es von den Engländern befreit wurde. Die Habe der Bewohner des Hinterhauses war von der Gestapo fortgeschleppt worden. Nur »Wertloses« wurde zurückgelassen. Darunter fand sich das Tagebuch der Anne Frank, das nach dem Krieg veröffentlicht wurde. Es ist eine Mahnung für jeden, mit allen Kräften dafür zu kämpfen, daß sich in unserem Haus Europa, ja auf der ganzen Welt nie mehr etwas so Schreckliches ereignet.

Europa hat immer noch nicht gelernt

Moderne Kriege kann man nur verlieren

Der erste Weltkrieg dauerte über vier Jahre, bis in den November des Jahres 1918. Er war schrecklicher als alle Kriege zuvor. Giftgas, U-Boote, Flugzeuge und Panzer bewiesen, wie »leistungsfähig« die moderne Technik auch im Krieg geworden war. Fast zehn Millionen Menschen verloren ihr Leben,

weitere Millionen wurden zu Krüppeln. Die Kriegsschauplätze in Frankreich, Belgien, Rußland und auf dem Balkan waren fürchterlich verwüstet. An eine rasche Reparatur der Schäden war nicht zu denken, denn das Geld, das der Krieg gekostet hatte, fehlte auch noch Jahre danach.
Heute, ein dreiviertel Jahrhundert nach dem schrecklichen Geschehen, kann man nicht begreifen, warum man damals nicht sah, daß ein dauerhafter Frieden in Europa nur dann möglich gewesen wäre, wenn sich Politiker aller europäischen Völker, gleich ob Sieger oder Besiegte, zusammengesetzt und sich geschworen hätten, daß sich so etwas nie wiederholen dürfe. Aber damals waren die Wunden, die man sich geschlagen hatte, noch so frisch in Erinnerung, daß viele mehr an Rache als an Versöhnung dachten. Deutschland, Österreich, Bulgarien und die Türkei hatten den Krieg verloren. Sie sollten dafür bezahlen, und die Bedingungen für den Frieden stellten die Sieger, an ihrer Spitze die USA, Frankreich, Großbritannien und Italien. Die Besiegten saßen nicht mit am Verhandlungstisch, als am 18. Januar 1919 in Paris die »Friedenskonferenz« eröffnet wurde.
Wie oft zuvor, beugten die Köpfe der Politiker und Diplomaten sich über die Landkarte Europas, um eine Lösung für alle Probleme zu finden. Esten, Letten und Litauer und auch die so lange zwischen Preußen, Österreich und Rußland aufgeteilten Polen bekamen einen eigenen Staat. Auf dem Balkan, wo der Krieg angefangen hatte, entstand Jugoslawien. Die größten Veränderungen ergaben sich für das frühere Österreich-Ungarn, das in Österreich, Ungarn und die Tschechoslowakei aufgeteilt wurde. Andere Teile fielen an Polen, Rumänien, Jugoslawien und Italien.
Auch Deutschland wurde kleiner. Im Westen kamen Lothringen und das Elsaß wieder an Frankreich, im Osten erhielt Deutschland mit Polen einen neuen Nachbarn, an den es Gebiete abtreten mußte.
Der östlichste Teil Deutschlands, Ostpreußen, war von nun an zu Land nur noch über polnisches Gebiet zu erreichen; die Stadt Danzig wurde ein eigener Staat.
Auch wenn es nicht ganz hierhin gehört, muß man auch noch eine andere Gebietsveränderung in Europa erwähnen. Im Dezember 1922 wurde nach

einem blutigen Bürgerkrieg mit England die Republik Irland selbständig, während der Norden der Insel bei Großbritannien blieb.
An und für sich war die Idee, den europäischen Nationen jeweils einen eigenen Staat zuzugestehen, nicht schlecht. Aber so einfach ist das nicht auf einem Kontinent, in dem die Völker bunt durcheinander leben. Auch die neu geschaffenen Staaten waren nicht ideal. In Polen, in der Tschechoslowakei und im nun italienischen Südtirol lebten beispielsweise viele Deutsche, in Jugoslawien mußten Serben, Kroaten und zahlreiche andere Völker miteinander auskommen.
Ähnliche Probleme gab es auch in anderen Ländern. Sie sind zum Teil bis heute nicht gelöst. Während ich dieses Kapitel schreibe, höre ich in den Nachrichten von Bombenanschlägen in Irland und von blutigen Kämpfen zwischen Serben und Kroaten in Jugoslawien, und ich fühle mich an die Schüsse von Sarajewo und ihre Vorgeschichte erinnert und frage mich, wann Europa endlich aus seiner Geschichte lernen wird.

Schlechte Zeiten für Europas Kaiser

Europas Länder änderten im ersten Weltkrieg nicht nur ihre Grenzen, sondern auch ihre Staatsform. Zwei Kaiser und ein Zar hatten ihre Länder in den Krieg geführt. Am Ende dieses Kriegs war die Zeit der europäischen Kaiser vorüber. 1916 starb Kaiser Franz Josef I. von Österreich im Alter von 86 Jahren, nachdem er 68 Jahre lang die Politik Europas mitbestimmt hatte. Sein Nachfolger, Karl I., war der letzte österreichische Kaiser. Er mußte im November 1918 auf seine Krone verzichten, etwa zur gleichen Zeit wie Kaiser Wilhelm II. in Deutschland. Österreich und Deutschland wurden Republiken mit gewählten Staatsoberhäuptern. Immerhin überlebten die beiden Ex-Kaiser den Krieg. Karl I. starb 1922 auf der portugiesischen Insel Madeira, Wilhelm II. 1941 in Holland. Ihrem russischen Kollegen, Zar Nikolaus II. erging es schlechter: Er wurde am 16. Juli 1918 mit seiner gesamten Familie erschossen.

Eine Reise durch Deutschland mit Folgen für Europa

Es gab damals wohl nur wenige Menschen, die ahnten, welche Folgen für Europa die Ereignisse in Rußland in den Jahren 1917 und 1918 haben würden.
Der Zar war ein zuverlässiger Bundesgenosse Englands und Frankreichs im Krieg gegen Deutschland und Österreich. Aber das Volk sah nicht ein, wofür so viele Menschen im Krieg fielen und an Hunger starben. Am 12. März 1917 erhoben sich in St. Petersburg Bürger und Soldaten gegen den Zaren und zwangen ihn abzudanken. Auch die neue Regierung fühlte sich allerdings verpflichtet, den Krieg gegen Deutschland fortzusetzen.
Da glaubte die deutsche Regierung, eine besonders gute Idee zu haben. Es gab in der Schweiz einen gewissen Wladimir Iljitsch Lenin (1870-1924), der wegen seiner politischen Haltung aus dem Zaren-Rußland hatte fliehen müssen. Er wollte mit einer kleinen Gruppe von Leuten die Macht in Rußland übernehmen, das Privateigentum abschaffen und einen Staat errichten, in dem die Sowjets, das sind die von den Arbeitern gewählten Räte, bestimmten, was zu geschehen hatte. Das waren Ideen, die man in der deutschen Regierung für sehr gefährlich hielt. Aber wenn man Lenin nach Rußland ließ, konnte er vielleicht dafür sorgen, daß hier der Krieg nicht fortgesetzt wurde. Also gestattete man ihm und seinen Freunden, in einem Zug Deutschland zu durchqueren, damit er nach Petersburg zurückkehren konnte. Am 7. November – nach dem damaligen russischen Kalender am 25. Oktober – setzten sich Lenins Anhänger in der Oktoberrevolution durch. Sie konnten auch den anschließenden blutigen Bürgerkrieg gewinnen. Alle Republiken, die im ehemaligen Zarenreich entstanden waren, schlossen sich am 30. Dezember 1922 zur Union der Sozialistischen Sowjetrepubliken (UdSSR) zusammen.
Die neuen Machthaber waren überzeugt, daß man auf dem Weg in eine bessere Zukunft Opfer bringen mußte. Sie glaubten, daß die Ausbeutung der Arbeiter und Bauern aufhören würde, wenn Fabriken, Banken und Ackerland nicht mehr Privatleuten gehörten, sondern allen und daß es dem Land am besten gehen würde, wenn der Staat bestimmte, was hergestellt

werden sollte und dürfte. Da gab es nichts zu diskutieren. Wer sich der Enteignung widersetzte oder es wagte, eine andere Meinung zu haben als die kommunistische Partei und diese auch noch äußerte, wurde unerbittlich verfolgt. Besonders unter Lenins Nachfolger Stalin (1879-1953) wurden Millionen von Menschen aus allen Kreisen der Bevölkerung verfolgt, verhaftet, in Zwangsarbeitslager verschleppt oder nach Schauprozessen hingerichtet. Was sich »Republik« nannte, war in Wirklichkeit ein Zwangsstaat, in dem die Bürger- und Menschenrechte mit Füßen getreten wurden. Ein Vorbild für ein neues, friedliches europäisches Haus konnte dies nicht sein, auch wenn viele Kommunisten in Westeuropa dies anders sahen.

Wehe den Besiegten

Auch in Deutschland gab es eine Revolution. Zwar war die Rechnung aufgegangen, daß Lenin dafür sorgen würde, daß Rußland aus dem Krieg austreten würde, aber der Krieg war verloren. Der Kaiser dankte im November 1918 ab; Deutschland wurde zum ersten Mal in seiner Geschichte eine Republik. Ihre Verfassung wurde von einer Nationalversammlung in Weimar erarbeitet. Aber die »Weimarer Republik« hatte von Anfang an einen schlechten Stand. Nicht der Kaiser und seine Regierung, die das Land in den Krieg geführt hatten, sondern die neuen, vom Volk gewählten Vertreter mußten 1919 den Friedensvertrag von Versailles unterzeichnen, um weiteres Blutvergießen zu verhindern. Diesen Versailler Vertrag hielten viele Deutsche für ungerecht.

Das kann man gut verstehen, denn Deutschland mußte unterschreiben, daß es allein schuld am Krieg gehabt hatte, und man sollte große, von Deutschen bewohnte Gebiete an Frankreich und Polen abtreten, ohne daß zuvor die Bevölkerung befragt wurde, zu welchem Land sie gehören wollte. Die Siegermächte wollten ungeheure Summen an Kriegsentschädigung haben. Deutschland sollte nur noch eine Armee von 100 000 Soldaten aufstellen, und diese durfte nicht näher als fünfzig Kilometer ans rechte Rheinufer heranrücken. Die Wogen der Erregung schlugen hoch in Deutschland wegen dieser Bedingungen. Viele Leute glaubten denjenigen, die behaupteten, nur die Revolution hätte verhindert, daß das deutsche Heer doch noch gesiegt hätte.

Die goldenen Zwanziger

Dennoch schien sich Europa fünf Jahre nach dem Ende des Krieges wieder einigermaßen erholt zu haben. Sogar der Frieden schien sicherer zu werden, als sich 1925 in der Schweizer Stadt Locarno Vertreter vieler europäischer Staaten trafen, um eine gerechtere Ordnung für Europa zu finden. Frankreich, Deutschland und Belgien einigten sich darauf, die nach dem Krieg festgelegten Grenzen zwischen sich endgültig anzuerkennen. Die Außenminister Deutschlands (Gustav Stresemann), Frankreichs (Aristide Briand) und Englands (Sir Austen Chamberlain) wurden für ihre Bemühungen um den Locarno-Pakt mit dem Friedensnobelpreis ausgezeichnet. Ein erneuter Krieg in Europa schien in weite Ferne gerückt. Das Leben zeigte sich von der schönsten Seite.
Es war nicht mehr das beschauliche und ein wenig langweilige Leben der »guten, alten Zeit«, sondern es bot viel mehr Abwechslung als früher. Immer mehr Leute konnten sich ein Auto leisten und vom eigenen Telefonapparat Tante Olga in Königsberg oder sogar Onkel Jonathan in New York anrufen. Wer ganz auf der Höhe der Zeit war, konnte auch schon die ersten Rundfunkübertragungen verfolgen oder die Stimme des 1921 gestorbenen Enrico Caruso über ein Grammophon wieder zum Leben erwecken. Am meisten aber faszinierte die Menschen eine andere Erfindung: Das Kino begann seinen Siegeszug durch Europa, zunächst mit Stumm-, dann ab etwa 1930 auch mit Tonfilmen. Stars wie der Engländer Charlie Chaplin, die Schwedin Greta Garbo oder die Deutsche Marlene Dietrich wurden in ganz Europa bekannt.
Hatte man die neuesten Filme alle gesehen, konnte man sich in einem der großen Tanzpaläste vergnügen und bis zur Erschöpfung Charleston tanzen, oder man konnte sich, zumindest in den großen Städten, durch Theater, Kabaretts oder Revuen ablenken lassen. Bekannte Werke entstanden in den zwanziger Jahren, die auch heute noch im europäischen Theater zu Hause

sind, und wieder waren viele europäische Länder daran beteiligt. Da wurde von dem Italiener **Luigi Pirandello** das Stück »Sechs Personen suchen einen Autor« (1921), von dem Deutschen **Bert Brecht** die »Dreigroschenoper« (1928) aufgeführt. Der Ire **George Bernard Shaw** eroberte die Bühnen mit seinem Stück »Die heilige Johanna« (1923). Der Tscheche **Jaroslav Hasek** erzählte in einem Roman die »Abenteuer des braven Soldaten Schweik« (1921), der Deutsche **Thomas Mann** schrieb seinen berühmten Roman »Der Zauberberg« (1924), der Ire **James Joyce** verblüffte Europa mit seinem rätselhaften Werk »Ulysses« (1922). Nicht weniger rätselhaft war die Malerei des Russen **Wassily Kandinsky** (1866-1944), des Schweizers **Paul Klee** (1879-1940) oder des Spaniers **Pablo Picasso** (1881-1973). Auch an die neue Musik, wie sie der Österreicher **Alban Berg** (1885-1963), der Deutsche **Paul Hindemith** (1895-1963) oder der Ungar **Bela Bartok** (1881-1945) komponierten, mußten sich europäische Ohren erst gewöhnen, während der berühmte »Bolero« des Franzosen **Maurice Ravel** (1875-1937) sicher jedem sofort in die Ohren ging. Wer die ernste Musik nicht liebte, wurde mit Schlagermusik und dem aus Amerika nach Europa importierten Jazz bedient.

Es war schon eine bunte, bewegte Zeit, diese »goldenen zwanziger Jahre«, und vielleicht hätte Europa schon damals eine Chance gehabt, wenn es nicht am 25. Oktober 1929 den »Schwarzen Freitag« gegeben hätte, an dem an der Börse von New York die Aktienkurse ins Bodenlose stürzten und viele Menschen schlagartig arm wurden. Die amerikanischen Banken forderten das Geld, das sie ausgeliehen hatten, auch aus dem Ausland zurück. So wurde auch in Europa das Geld knapp, es wurde weniger produziert, Millionen von Menschen verloren ihren Arbeitsplatz. Armut und Hunger waren die Folgen.

Die brutalen Dreißiger

Die demokratischen Regierungen in Europa schienen diese Krise nicht meistern zu können. Kein Wunder, daß immer mehr Menschen denen Glauben schenkten, die behaupteten, sie hätten die Lösung für alle Fragen.

Das waren auf der einen Seite die Kommunisten, die einen Staat nach sowjetischem Muster haben wollten, auf der anderen Seite diejenigen, die meinten, die Länder brauchten einen starken Führer, der für Recht und Ordnung sorgen könnte. Im alten Rom waren dafür die Männer zuständig gewesen, die die hohen Beamten begleiteten und die sogenannten »fasces« trugen. Das waren Bündel von Stöcken mit einem scharfen Beil darin. Nach ihnen benannte sich in Italien die Partei der »Faschisten«. Ihr Führer, Benito Mussolini (1883-1945), wurde schon 1922 Ministerpräsident von Italien, und er behielt die Macht in diesem Staat für über zwanzig Jahre. Die Faschisten glaubten an eine starke Regierung. Sie waren gegen Kommunismus, Demokratie und freie Meinungsäußerung. Um ihre Machtposition im Staat zu festigen, schreckten sie nicht davor zurück, ihre Gegner mit Gewalt einzuschüchtern oder sogar zu ermorden.
Auch wenn wir das heute kaum begreifen können, damals, besonders nach dem Zusammenbruch der Weltwirtschaft, fanden viele es richtig, wenn da jemand versprach, richtig durchzugreifen. In zahlreichen Ländern Europas wie Rumänien, Ungarn, Spanien, Belgien, Frankreich und Großbritannien bildeten sich faschistische Parteien, denen viele Wähler ihre Stimme gaben. Übrigens auch Wählerinnen, denn im ersten Weltkrieg und in den Jahren danach hatten auch die Frauen in vielen europäischen Ländern das Stimmrecht erhalten.
Besonders verhängnisvoll war die Entwicklung in Deutschland. Hier liefen die Leute zu Beginn der dreißiger Jahre in Scharen einem gewissen Adolf Hitler, geboren 1889, zu, dem Vorsitzenden der Nationalsozialistischen Deutschen Arbeiterpartei (NSDAP). Er war ein guter Redner, und wenn er in Wahlversammlungen versprach, er würde unter den Kommunisten und Juden aufräumen, die an allem Unglück schuld seien, und er würde Deutschland wieder groß machen und allen Arbeit geben, dann jubelten ihm die Menschen zu. Bei einer Reichstagswahl im November 1932 erhielt er ungefähr jede dritte Stimme. Das waren etwa doppelt soviel, wie die Kommunisten auf der anderen Seite erreichten. Gegen die Radikalen auf beiden Seiten hätten die gemäßigten Parteien in der Mitte nur dann eine

Chance gehabt, wenn sie sich einig gewesen wären. Das waren sie nicht. Am 30. Januar 1933 wurde Adolf Hitler vom Reichspräsidenten zum Kanzler ernannt. Sofort begannen die Sturmabteilung (SA) und die Schutzstaffel (SS), private Polizeitruppen der Nationalsozialisten, alle politischen Gegner einzuschüchtern. Als am 27. Februar 1933 der Reichstag in Berlin in Flammen aufging, behauptete man, Kommunisten hätten den Brand gelegt. Um die Ordnung wiederherzustellen, ließ sich Hitler am 23. März 1933 durch den Reichstag dazu ermächtigen, vier Jahre lang ohne Zustimmung des Parlaments zu regieren. Wenige Wochen später waren die Gewerkschaften und außer der NSDAP alle Parteien in Deutschland verboten, viele Kommunisten wurden verhaftet. Hitlers Propagandaminister, Joseph Goebbels, kontrollierte Presse, Radio und Film. Bücher, die nicht dem neuen Denken entsprachen oder die von jüdischen Schriftstellern stammten, wurden öffentlich verbrannt. Damals flohen viele der bedeutendsten Künstler, Wissenschaftler und Schriftsteller, wie der Physiker Albert Einstein, die Dirigenten Otto Klemperer und Bruno Walter, wie Bertolt Brecht und Thomas Mann, aus Deutschland in Länder, in denen sie noch frei denken durften und ihres Lebens sicher waren. In Deutschland war das nicht mehr der Fall. Hier wurde den Menschen von Kind an eingehämmert, was sie zu denken hatten, und daß sie vor allen anderen Dingen tun mußten, was der Führer Adolf Hitler von ihnen verlangte. Allein der Verdacht, daß man nicht voll hinter der nationalsozialistischen Idee stand, reichte, um die Geheime Staatspolizei (Gestapo) auf den Plan zu rufen. Viele Kommunisten, Sozialdemokraten und engagierte Christen wurden ohne Gerichtsurteil in Konzentrationslager verschleppt, aus denen sie oft nicht mehr zurückkehrten.

Was bedeuteten den Nationalsozialisten schon die Menschenrechte, für deren Durchsetzung die Europäer, auch die Deutschen, so lange gekämpft hatten? Ein Recht auf Leben hatte für sie nur, wer der deutschen Herrenrasse angehörte und gesund war. So wurden körperlich und geistig Behinderte in bestimmten »Krankenhäusern« ermordet, was man mit dem Wort Euthanasie (Gnadentod) umschrieb. Völlig unfaßbar ist auch, was in einem Land, das sich bis dahin mit Recht zu einem der zivilisiertesten Länder Europas

zählte, den Juden angetan wurde. »Deutsche, kauft nicht bei Juden!«, hieß es schon unmittelbar nach der nationalsozialistischen Machtergreifung 1933. Im Jahr 1935 wurden alle Juden aus dem Staatsdienst entlassen und Ehen zwischen Juden und Nicht-Juden verboten. In der Nacht vom 9. zum 10. November 1938 gingen überall in Deutschland jüdische Synagogen, Geschäfte und Wohnhäuser in Flammen auf, wurden 26 000 männliche Juden in Konzentrationslager verschleppt. Schwimmbäder, öffentliche Verkehrsbetriebe, Kinos und Schulen blieben Juden von nun an verschlossen. Wehe denen, die nicht spätestens jetzt aus Deutschland auswandern wollten oder konnten. Das folgende Grauen überlebten nur wenige. In Vernichtungslagern starben bis 1945 fast sechs Millionen europäische Juden durch Krankheit, Unterernährung, Folterung, Erschießung oder vor allen Dingen in den Gaskammern, regelrechten Tötungsfabriken. Hier starben auch viele Zigeuner und Angehörige anderer Minderheiten, die den Nationalsozialisten in die Hände fielen.
Warum nur wenige Leute in Deutschland Widerstand gegen das verbrecherische Tun der Nationalsozialisten leisteten und die meisten zu den Vorgängen geschwiegen haben, ist schwer zu entscheiden. Da es keine freie Presse gab, werden viele nicht gewußt haben, was sich in ihrem Land abspielte, andere werden Angst um sich und ihre Familie gehabt haben, andere werden bewußt die Augen verschlossen haben. Aber sicher ist, daß wir heutigen Bewohner des europäischen Hauses, die wir von den Greueltaten wissen, es nie mehr zulassen dürfen, daß Menschen wegen ihrer Herkunft, ihrer Rasse, ihrer politischen Überzeugung, ihrer Homosexualität oder ihrer Gebrechen verfolgt werden.

Der totale Krieg

Was die anderen Länder in Europa von seiner Politik dachten, interessierte Hitler herzlich wenig. Er war der Meinung, daß man dort um des lieben Friedens willen manches hinnehmen würde. Darin täuschte er sich nicht. Als er entgegen den Bestimmungen des Versailler Vertrages im März 1935 die allgemeine Wehrpflicht in Deutschland wieder einführte, konnte man im

Ausland nichts weiter tun, als zu protestieren. Als deutsche Truppen 1938 in Österreich einmarschierten und Hitler den Anschluß Österreichs ans Reich verkündete, fand man sich unter Protest damit ab. Als Hitler im September 1938 von der Tschechoslowakei das überwiegend von Deutschen bewohnte Sudetenland forderte, wurde ihm dieses im sogenannten »Münchner Abkommen« durch die Regierungschefs von Italien, England und Frankreich ausdrücklich zugestanden. Als er im März 1939 auch den Rest der Tschechoslowakei von deutschen Truppen besetzen ließ, nahm man selbst das hin. Erst als am 1. September 1939 die deutsche Wehrmacht in Polen einmarschierte, war die Geduld der europäischen Nachbarn erschöpft. England und Frankreich erklärten Deutschland den Krieg, aus dem binnen wenigen Wochen der zweite Weltkrieg entstehen sollte.

Es wurde ein »totaler Krieg« mit noch viel wirkungsvolleren Massenvernichtungswaffen als im ersten Weltkrieg. Man nimmt an, daß mindestens 55 Millionen Menschen beim Kampf an der Front, bei Bombenangriffen, auf der Flucht und an anderen Folgen des Krieges starben. Allein die Sowjetunion verlor über zwanzig Millionen, Polen über sechs Millionen Menschen. In Deutschland lagen zahlreiche Städte in Schutt und Asche. Der Krieg endete 1945 mit der totalen Niederlage Deutschlands. Das »Tausendjährige Reich«, das Hitler bei seinem Amtsantritt versprochen hatte, hatte gerade zwölf Jahre überdauert. In vielen Städten und Dörfern Deutschlands wurden die siegreichen Engländer, Franzosen, Amerikaner und andere mit ihnen verbündete Armeen als Befreier begrüßt, während im Osten Hunderttausende von Menschen vor der heranrückenden Roten Armee Stalins nach Westen flohen. Seit Mai 1945 schwiegen die Waffen.

Im nächsten und letzten Kapitel wollen wir sehen, ob Europa jetzt endlich die Chance zu einem friedlichen Zusammenleben genutzt hat.

DIE LANGE MAUER DES WALTER U.

Kein Loch mehr im Eisernen Vorhang

Eigentlich hatte Europa diesen Montag, den 13. August 1968, angehen wollen wie jeden anderen Montag, ein bißchen langsamer vielleicht, schließlich war es sonntags wieder einmal spät geworden. Viele Europäer waren im Sommerurlaub, nur wenige hatten schon frühmorgens ihr Radio eingeschaltet, aber eigentlich mehr, um den Wetterbericht mitzubekommen. Wen interessierte schon die Politik mitten in den Ferien?

Wer so spät ins Bett kam und so früh aufstehen mußte wie Ursula Heinemann, vermied morgens ohnehin jedes überflüssige Geräusch. Ursula lebte in Ost-Berlin, jenem Teil der großen Stadt, den die Deutsche Demokratische Republik als ihre Hauptstadt ansah und der von russischen Soldaten besetzt war. Arbeiten tat sie aber in West-Berlin, wo sich Amerika, Großbritannien und Frankreich die Verantwortung teilten. Sie war Kellnerin, und ihr Dienst begann gerade jetzt in den Ferien, wo viele Touristen in der Stadt waren, schon sehr früh am Morgen. Ein wenig beunruhigt war Ursula Heinemann ja. Über zweieinhalb Millionen Menschen waren in den letzten zwölf Jahren aus der

DDR geflohen, weil sie keine Lust mehr hatten, sich bespitzeln und sich vorschreiben zu lassen, was sie zu denken hatten. Die meisten hatten den Weg über Berlin gewählt, weil man hier einfach in die S-Bahn ein- und an einem West-Berliner Bahnhof wieder aussteigen konnte. Vom Flughafen Tegel aus trug einen dann ein Flugzeug in die Bundesrepublik Deutschland, wo ein freieres Leben und bessere wirtschaftliche Möglichkeiten winkten.

Ursula Heinemann hatte keine Absicht, es ihnen gleichzutun. Sie war zufrieden mit ihrer Arbeitsstelle, aber sie fühlte sich auch wohl in ihrer Wohnung in Ost-Berlin in einem schönen neuen Wohnblock. Was ihre West-Berliner Kolleginnen über die Mieten erzählten, die sie bezahlen mußten, war auf keinen Fall ein Anreiz, in den Westen überzusiedeln. Natürlich hatte sie bemerkt, daß sie und die anderen, die täglich zur Arbeit nach West-Berlin fuhren – 50 000 mochten es wohl sein –, in den vergangenen Tagen von den Grenzsoldaten mißtrauischer beobachtet wurden, aber daß etwas Entscheidendes passieren würde, glaubte sie nicht. Mochte man auch einen Eisernen Vorhang durch ganz Europa ziehen, eine Stadt wie Berlin läßt sich einfach nicht in zwei Hälften teilen. Hatte nicht der Staatschef der DDR, Genosse Walter Ulbricht, noch am 15. Juni auf einer Pressekonferenz erklärt: »Niemand hat die Absicht, eine Mauer zu bauen«?

Die Sonne ging gerade im Osten auf, als Ursula Heinemann die Bahnhofshalle der S-Bahn erreichte. Energisch wie immer, ging sie zum Fahrkartenschalter und legte drei Zehnpfennigstücke hin. Aber die Beamtin hinter der Glasscheibe schüttelte nur den Kopf und schob die Münzen zurück. Ursula hatte die Frau schon oft zuvor um diese Zeit hinter dem Schalter gesehen. Normalerweise nahm sie ohne jede erkennbare Gefühlsregung das Geld und schob die Fahrkarte hinüber. Aber dieses Mal war es anders. Ein bösartiger Ton lag in ihrer Stimme, als sie sagte: »Nein, nein. Nehmen Sie Ihr Geld zurück. Es ist vorbei mit den Fahrten nach West-Berlin.« Beinahe gleichzeitig hörte Ursula hinter sich die fünf Polizisten, die im Gleichschritt durch die Bahnhofshalle marschierten. Sie drehte sich um und sah, daß jeder von ihnen ein Gewehr mit aufgepflanztem Bajonett trug, und plötzlich begriff sie, was los war. Man kam, um sie zu verhaften, zu verhaften, weil sie angeblich nach West-Berlin fliehen wollte.

Etwa fünfzig Meter mochten sie noch entfernt sein. Ursula lief. Sie lief, so schnell sie konnte, und sie hörte nicht auf zu laufen, bis sie den Wohnblock erreichte hatte, wo sie wohnte. Sie war so außer Atem, daß sie kaum etwas sehen konnte, aber das war ihr egal. Sie drückte auf einen Klingelknopf, dann auf noch einen und dann auf alle zusammen. Jeder hat ein Recht auszuschlafen, aber was bedeutete das schon an einem Tag wie diesem?

Bald meldeten sich die ersten verschlafenen Stimmen an der Sprechanlage: »Wer ist da? Was ist los?« »Sie haben die Grenze geschlossen. Sie haben die Grenze geschlossen«, war ihre hysterische Antwort, und sie schrie sie durch das ganze Haus, als endlich jemand den automatischen Türöffner betätigt hatte. »Sie haben die Grenze geschlossen«, keuchte sie, als sie die Treppe hinaufeilte.

Es dauerte nur einen Moment, bis alle Wohnungstüren offenstanden. Auf den Treppenabsätzen und Korridoren hörte man lautes Stimmengewirr. Viele konnten die Tränen nicht zurückhalten.

Ursula Heinemann brauchte über zwei Stunden, um sich ein wenig zu beruhigen. Dann aber beschloß sie, die freie Zeit zu nutzen. Auch Einkaufen in West-Berlin war ja wohl vorläufig nicht möglich, und hier in Ost-Berlin tat man gut daran, sich frühzeitig anzustellen, wenn man etwas Vernünftiges haben wollte. Im Milchladen war es voll, aber es herrschte nicht die übliche resignierte Stimmung, in der jeder seinen Gedanken nachhing, sondern ein lautes Gewirr von Stimmen empfing Ursula Heinemann. Niemand, der nicht davon zu berichten gewußt

hätte, wo die Baukolonnen angerückt waren, um eine Mauer zu ziehen, wie sich ein Freund gerade noch im Sprung über die neuen Grenzanlagen in die Freiheit gerettet hatte, was der RIAS, der **R**undfunk **I**m **A**merikanischen **S**ektor, über die Entwicklung zu sagen hatte. Da hörte man von der weinenden Mutter mit ihrem Kind in West-Berlin, die nicht mehr hinüberkonnten zur Großmutter, die im Sterben lag. Da war die Rede von dem frisch getrauten Ost-Berliner Brautpaar, das über die Straßensperren hinweg den Eltern im Westen zuwinkte, die nicht an der Trauung teilnehmen konnten. Da hörte man von den Zigarettenpäckchen, dem Kaffee und den Apfelsinen, die über die noch niedrigen Grenzbefestigungen flogen, und den Volkspolizisten, von denen die einen menschlich waren und so taten, als ob sie nichts sahen, während die anderen die Gaben auffingen und einsteckten oder höhnisch lachend zertrampelten. Es war eine Schande, eine Stadt in dieser Weise zu zerteilen. Darüber waren sich die Kunden im Milchladen einig, und eisige oder auch wütende Blicke trafen die fünf Volkspolizisten, die gerade den Laden betraten.

Sie konnten nichts dafür, waren auch gerade erst nach Berlin versetzt worden, weil der Staat den Berliner Polizisten, von denen sich viele in den Westen abgesetzt hatten, nicht traute, aber die jungen Männer aus Sachsen bekamen dennoch den Zorn der Berliner und vor allem der Berlinerinnen zu spüren. Als Ursula endlich an der Reihe war, hörte sie, wie hinter ihr eine der Hausfrauen, die eigentlich schon bedient waren, aber noch laut miteinander diskutierten, vernehmlich zu einem der Volkspolizisten sagte: »Ihr Scheiß-Sachsen! Ihr seid immer die ersten, die unser Leben unerträglich machen!« »Halten Sie den Mund«, hörte Ursula diesen antworten, »oder Sie werden sehen, was passiert!« »Sie wollen uns den Mund verbieten, Sie großspuriger Lümmel!« Und mit diesen Worten nahm die Frau Ihre Milchkanne und ließ deren Inhalt über dem Kopf des Polizisten niedergehen, der nicht wußte, wie ihm geschah. Wenige Sekunden später trieften auch die Uniformen seiner Kollegen, denn die anderen Hausfrauen, deren Milchkannen schon gefüllt waren, schienen nur auf ein Kommando gewartet zu haben. Der geballten Kraft der Frauen waren die Vopos nicht gewachsen. Sie zogen sich zurück.

Der Vorgang ist von einem amerikanischen Journalisten geschildert worden. Was daraus geworden ist, weiß ich nicht. Die Geschichte zeigt, welche Wut gegenüber den Machthabern in Ost-Berlin damals herrschte. Auch im Westen war man entrüstet. Aber was sollte man tun? Etwa einen Krieg riskieren? Niemand wollte das ernsthaft, und insgeheim gab es manche, die Verständnis dafür hatten, daß die DDR verhindern wollte, daß ihre Bürger auch weiterhin mit den Füßen abstimmten und sich in den Westen absetzten. Aber viele westliche Politiker fanden den Weg nach West-Berlin und sahen mit Erschütterung, wie aus Stacheldraht und Straßensperren eine meterhohe Mauer wurde, über die niemand mehr hinüberschauen konnte, ohne auf eine erhöhte Pattform zu steigen. Von dort sah man dann, wie hinter dieser Mauer Häuser niedergerissen wurden und ein breiter Streifen entstand, der für Flüchtlinge nicht mehr zu überwinden war. Wenn sie es doch versuchten, riskierten sie, von den Grenzbeamten erschossen zu werden. Der Eiserne Vorhang, der zuvor schon Ungarn, die Tschechoslowakei und die DDR von Österreich und der Bundesrepublik Deutschland getrennt hatte, wurde nun auch in Berlin geschlossen. West-Berlin war endgültig eine Insel in dem von der Sowjetunion bestimmten Teil Europas, allerdings eine Insel, auf der man selbstbewußt und stolz darauf war, daß man in einer feindlichen Umwelt den Mut nicht verlor. Es fehlte nicht an Anerkennung für diese Haltung. Als der amerikanische Präsident John F. Kennedy am 26. Juni 1963 Berlin besuchte, beschloß er seine denkwürdige, auf Englisch gehaltene Rede mit dem deutschen Satz: »Ich bin ein Berliner.« Die Menge belohnte ihn dafür mit Jubelstürmen. Es gab niemanden, der nicht forderte, daß die Mauer wegmüsse, und der nicht voller Entsetzen reagierte, wenn erneut Menschen ihren Versuch, die Grenzanlagen zu überwinden, mit dem Leben bezahlen mußten. Aber über die Jahre lernte man, mit der Mauer zu leben und damit zufrieden zu sein, wenn man in zähen Verhandlungen mit Erich Honecker, dem Nachfolger Walter Ulbrichts, die Besuchsmöglichkeiten von West- nach Ost-Berlin verbesserte. 25 Jahre nach dem Mauerbau, am 13. August 1986, wagte wohl niemand zu hoffen, daß er noch einmal ungehindert und von beiden Seiten durch das berühmte Brandenburger Tor in Berlin würde schreiten können.

»Das glücklichste Volk der Welt«

Aber dann kam die Nacht vom 9. auf den 10. November 1989. Danach war auf einmal alles anders, nicht nur in Berlin. Daß etwas passieren würde, ahnte man. Es war unglaublich viel geschehen im letzten Vierteljahr, vor allem in den letzten Wochen. Der Eiserne Vorhang, der Ost- und Westeuropa trennte, hatte in Ungarn ein großes Loch bekommen. Im Mai des Jahres hatten ungarische Soldaten damit begonnen, die Grenzzäune und Beobachtungstürme an der Grenze zu Österreich abzubauen. Tausende von Bürgern der DDR hatten ihr Recht, nach Ungarn zu reisen, dazu ausgenutzt, um über Österreich in die Bundesrepublik Deutschland zu gelangen, manche sogar, um dann nach West-Berlin weiterzufliegen. Ein Umweg von anderthalbtausend Kilometern, um ans andere Ende der Straße in einer Stadt zu gelangen. Ganz schön absurd, dieses Europa des Jahres 1989!

Auch die Menschen, die in der DDR blieben, wollten sich das nicht mehr bieten lassen. Am 7. Oktober feierte ihr Staat seinen vierzigsten Geburtstag, den einundvierzigsten erlebte er nicht mehr. Immer mehr Menschen gingen in Leipzig, Ost-Berlin und anderen Städten der DDR auf die Straße und forderten die Erlaubnis, zu reisen, wohin sie wollten. Auch wollten sie frei darüber entscheiden können, welche Partei in Zukunft die Regierung stellte, denn die herrschende SED, die Sozialistische Einheitspartei Deutschlands, hatte über vierzig Jahre lang freie Wahlen verhindert.

Um zu retten, was noch zu retten war, zwangen die Herrschenden den 77jährigen Erich Honecker zum Rücktritt. Sein Nachfolger Egon Krenz versprach, daß es bald großzügigere Regelungen für Reisen in den Westen geben würde. Aber auch zu ihm hatte das Volk kein Vertrauen. Jeder wußte, daß er es begrüßt hatte, daß im Juni des Jahres in Peking die chinesische Regierung Menschen rücksichtslos hatte zusammenschießen lassen, nur weil sie für mehr Demokratie demonstriert hatten. Weiterhin versammelten sich die Menschen auf den Straßen, am 4. November in Ost-Berlin waren es rund eine Million. Was würde passieren? Würde auch hier geschossen werden?

Die Lage wurde immer gespannter. Dann kam der 9. November. Es war kurz vor 19 Uhr. Im DDR-Fernsehen wurde eine Pressekonferenz übertragen. Was die DDR dagegen tun wolle, daß immer mehr Menschen über Ungarn in den Westen ausreisten, wurde der Sprecher der Regierung gefragt. Dieser antwortete, etwas sei ja schon geschehen. Die Regierung habe beschlossen, daß ab sofort jeder Bürger der DDR von den Behörden ein Visum erhalten und jederzeit über jeden Grenzübergang zwischen Ost- und West-Berlin und zwischen der DDR und der Bundesrepublik ausreisen könne. Nur wenige begriffen sofort, was das hieß. Dann aber ging es wie ein Lauffeuer durch die Straßen von Ost-Berlin: »Wir können in den Westen.« Tausende setzten sich in ihre Autos oder strömten zu Fuß zu den Grenzübergängen zwischen West- und Ost-Berlin und verlangten von den Polizeidienststellen dort die Ausreisestempel. Das dauerte und dauerte, und unterdessen wurde der Andrang immer größer. Es bestand Gefahr, daß die Menschen sich gegenseitig erdrückten. Da gab um 23.14 Uhr ein Hauptmann den Befehl, die Grenze zu öffnen und die Kontrollen einzustellen.

Rund 50 000 Menschen stürmten hinüber. Es spielten sich unbeschreibliche Szenen ab. Menschen aus Ost und West, die sich nie zuvor gesehen hatten, fielen sich um den Hals. Tränen flossen, Sektkorken knallten. Junge Leute kletterten auf die Mauer, die fast dreißig Jahre lang Berlin geteilt hatte, und tanzten und sangen auf der Mauerkrone. Auf dem Kurfürstendamm, West-Berlins großer Pracht- und Einkaufsstraße, drängten sich die Besucher aus dem Osten, um leibhaftig zu sehen, was sie bisher allenfalls aus dem Fernsehen kannten. In Berlin schlief wohl kaum jemand in dieser Nacht; aber auch anderswo in Deutschland harrten die Menschen vor den Fernsehschirmen aus, um diese historische Nacht mitzuerleben, von der der Regierende Bürgermeister von Berlin, Walter Momper, am nächsten Tag sagte: »Gestern nacht war das deutsche Volk das glücklichste Volk auf der Welt.«

Erst früh am Morgen kehrten viele der Besucher aus dem Westen nach Ost-Berlin zurück. Zu dieser Zeit hatten sich schon lange Schlangen vor den Dienststellen der Polizei an vielen Orten in der DDR gebildet. Ungeduldig warteten die Menschen darauf, daß man ihnen ein Visum für Privatreisen ausstellte. Aber mehr als 250 Bewilligungen pro Stunde waren für die Behörden einfach nicht zu schaffen. Dann teilte man den Wartenden mit, für Kurzbesuche könnten sie einfach zur Grenze fahren. Wieder war der Ansturm ungeheuer, wieder wurden die Menschen einfach durchgewinkt.

Auch der Ingenieur Heinz Kurowski aus einer kleinen Stadt in Brandenburg hatte mit seiner Familie die Nacht am Fernseher verbracht. Einen Moment lang hatten sie überlegt, ob sie sich gleich ins Auto setzen und ins etwa fünfzig Kilometer entfernte Berlin fahren sollten, dann waren sie doch »vernünftig« gewesen, denn schließlich mußten Mutter und Vater am nächsten Morgen zum Dienst und die Kinder in die Schule. Aber kann man in einer solchen Situation seine normale Arbeit tun? Muß man nicht die neu gewonnene Freiheit ausnutzen, ehe sie wieder beschnitten wird?

Heinz Kurowski war hin- und hergerissen, als er am nächsten Morgen in seinem kleinen Trabant in die Firma fuhr. Am liebsten hätte er sich krank gemeldet und wäre nach Berlin gefahren. Aber er war ein pflichtbewußter Mann, und er wollte auch nicht seinen Arbeitsplatz aufs Spiel setzen.

Aber als er in der Firma ankam, wurde er zum Chef gerufen. Eine Kollegin war einige Tage zuvor bei der Arbeit verunglückt und so schwer verletzt worden, daß sie in die Charité, das berühmte Krankenhaus in Ost-Berlin, eingeliefert werden mußte. Jetzt sollte einer der Kollegen sie dort besuchen und im Namen der Belegschaft Genesungswünsche überbringen. Der Chef fragte Heinz Kurowski, ob er diese Aufgabe übernehmen wollte.

Er wollte, und wenige Minuten später saß er in seinem Trabant und rollte mit achtzig Stundenkilometern über die holprige Autobahn nach Berlin. Je näher er an die Stadtgrenze kam, desto dichter wurde der Verkehr, aber bis zur Charité kam Heinz Kurowski noch gut durch, nur um hier zu erfahren, daß es der Kollegin noch so schlecht ging, daß er nicht länger als fünf Minuten zu ihr durfte. Unter normalen Umständen hätte er sich geärgert. Über eine Stunde Fahrt für einen so kurzen Besuch! Aber heute war die Sache anders. Er wollte die gewonnene Zeit ausnutzen, um wenigstens einmal zu schauen, wie es an der

Grenze aussah. Er würde immer noch früh genug in die Firma zurückkommen.

Als er sich wieder ins Auto setzte, brauchte er nicht lange zu überlegen, in welche Richtung die Reise gehen sollte. Es war, als ob alle Trabis und Wartburgs nur ein Ziel hätten, und Heinz Kurowski brauchte sich nur in die Schlange einzureihen, die sich langsam fortbewegte. Dann ging nichts mehr. Der Verkehr stand, und bis zum Kontrollpunkt waren es bestimmt noch zwei Kilometer. Zurückfahren war jetzt auch nicht mehr möglich. Hoffentlich würde das keinen Ärger in der Firma geben! Plötzlich ertönte hinter ihnen ein Martinshorn. Die in der Schlange wartenden Fahrzeuge fuhren, so gut es ging, zur Seite und machten die Straße in der Mitte frei. Heinz Kurowski vergaß seine guten Manieren. Als der Rettungswagen mit Blaulicht an ihm vorbeibrauste, scherte er aus und nutzte die entstandene Gasse, um voranzukommen. Schon war der Kontrollturm an der Grenze in Sicht. Da rechts war eine Seitenstraße. Schnell den Blinker gesetzt und die kleine Lücke in der Schlange genutzt! Dann fuhr auch noch dieser Lieferwagen aus der Parklücke hinaus. Ehe ihm jemand zuvorkommen konnte, hatte Heinz Kurowski seinen Wagen abgestellt. In der Firma würde er behaupten, daß er in einen unglaublich langen Stau geraten sei, was ja der Wahrheit entsprach, aber jetzt wollte er die Gelegenheit nutzen.

Zu Fuß ging er zum Kontrollpunkt, zu Fuß durch die Grenzsperren. Die Polizisten hatten es schon längst aufgegeben, Ausweise zu kontrollieren. Dann war Heinz Kurowski im Westen, zum ersten Mal in seinem nun vierzigjährigen Leben. Er quetschte sich in einen Bus der Berliner Verkehrsbetriebe. Niemand fragte ihn nach einer Fahrkarte. Dann war er am Kurfürstendamm. Er sah nicht viel, weil sich so viele Menschen um ihn herum drängten. Aber allein die Möglichkeit, hier zu sein, schien ihm wie ein Traum. Plötzlich wurde er aufgehalten. Ein Fernsehteam des Senders Freies Berlin war bei der Arbeit und befragte die Passanten, was sie an diesem Tage fühlten. Ein Reporter mit einem Mikrofon kam direkt auf ihn zu. Dazu aber ließ Heinz Kurowski es nun doch nicht mehr kommen. Er bereute zwar nicht, daß er hierhergekommen war, aber die Kollegen und der Chef brauchten nicht unbedingt am Abend aus dem Fernsehen zu erfahren, wo er den Tag verbracht hatte. Er hatte auch genug gesehen. Müde, aber glücklich machte er sich auf den Weg zurück durch die Grenzsperren, die ihren Schrecken verloren hatten, zurück zu seinem Wagen, zurück nach Hause. Er hat die Geschichte meinem Mann erzählt, und von dem habe ich sie. Den Namen habe ich allerdings geändert.

Er war einer von drei Millionen Bürgern der DDR, die in den ersten Tagen nach der Öffnung der Mauer die Gelegenheit zu einem Besuch in West-Berlin oder in der Bundesrepublik Deutschland nutzten. Was in Ungarn begonnen hatte, war nun endgültig für jeden sichtbar: Der Eiserne Vorhang, der West- und Osteuropa über vierzig Jahre lang getrennt hatte, existierte nicht mehr. Seit dem 9. November 1989 hat Europa die Chance, zu einem Haus zusammenzuwachsen.

Viele Länder – ein Europa

Die Stunde Null

Als im Mai 1945 der zweite Weltkrieg in Europa mit der totalen Niederlage Deutschlands endete, war Europa fast wieder da, wo dieses Buch begonnen hat: in den Höhlen. In vielen Städten lag kaum noch ein Stein auf dem anderen. Zwar jubelten die Menschen in England, Frankreich, der Sowjet-

union und bei den anderen Verbündeten, die den Krieg gewonnen hatten, über den Sieg, und auch in Deutschland war man froh, daß die Bombenangriffe und die Nazi-Herrschaft ein Ende hatten, aber die Sorgen waren größer. Auch die Sieger hatten im Krieg viele Menschen verloren, die Sowjetunion über 20 Millionen, in ganz Europa herrschten Hunger und Not. Deutschland war in vier Abschnitte, sogenannte Zonen, geteilt. Der östliche Teil war von der Sowjetunion besetzt, der westliche im Norden von den Briten, in der Mitte von Amerika und im Westen von Frankreich. Auch in der von der russischen Zone umgebenen Hauptstadt Berlin verwaltete jede der vier Siegermächte je einen Teil, einen sogenannten Sektor.
Millionen von Menschen waren auf der Flucht. Viele Deutsche hatten schon in den letzten Monaten des Krieges versucht, vor den vorrückenden sowjetischen Armeen nach Westen zu entkommen, weil man sich von den Westmächten eine bessere Behandlung versprach. Jetzt kamen Millionen dazu, die aus Ostpreußen, Schlesien und Pommern vertrieben wurden. Die Sowjetunion hatte nämlich das deutsche Gebiet um Königsberg ihrem eigenen Staatsgebiet zugeschlagen und das deutsche Gebiet östlich von Oder und Neiße unter die Verwaltung der Republik Polen gestellt, während sie selbst im Osten Polens Gebiete für sich beanspruchte. Von dort wurden polnische Familien nach Westen umgesiedelt in Gebiete, aus denen zuvor deutsche Familien zwangsweise ausgesiedelt worden waren. Auch aus der Tschechoslowakei und aus den südosteuropäischen Staaten wurden zahlreiche Deutsche, deren Familien zum Teil jahrhundertelang hier ihre Heimat gehabt hatten, vertrieben. All diese Menschen strömten in den westlichen Teil Deutschlands und mußten hier versorgt werden.

Ein Eiserner Vorhang zwischen West- und Osteuropa

Schon bald zeigte sich, daß die Gegensätze zwischen der Sowjetunion, wo die kommunistische Partei unter Stalin herrschte, und den drei Westmächten unüberwindlich waren, nachdem der gemeinsame Feind, Nazi-Deutschland, besiegt war. An eine große europäische Friedenskonferenz, auf der alle Fragen hätten besprochen werden können, war wieder nicht zu denken. Vielmehr zerfiel Europa in zwei Blöcke. Im Osten übernahmen mit Ausnahme von Griechenland im Süden und Finnland im Norden überall kommunistische Parteien die Macht, nicht weil sie in Wahlen eine Mehrheit gewannen, sondern weil die »Rote Armee« der Sowjetunion jeden Widerstand im Keim erstickte. Auch der östliche Teil Deutschlands, soweit er nicht ohnehin unter russischer und polnischer Verwaltung stand, wurde 1949 zu einem kommunistisch regierten Staat, der »Deutschen Demokratischen Republik« (DDR). Die kommunistischen Parteien empfingen ihre Anweisungen aus Moskau von Stalin.

Lediglich Jugoslawien unter Marschall Tito bewahrte eine gewisse Selbständigkeit; aber auch hier herrschten die Kommunisten. In all diesen Ländern war es den Menschen nicht erlaubt, offen ihre Meinung zu äußern. Zeitungen, Radio und Fernsehen wurden von den Regierungen kontrolliert. Nur das, was die Kommunistische Partei für richtig hielt, durfte veröffentlicht werden. Überall sorgte die Geheimpolizei dafür, daß Leute, die es wagten, Kritik zu äußern aufgespürt und eingesperrt, wenn nicht sogar umgebracht wurden. Das alles geschah angeblich, um das Zusammenleben der Menschen besser und gerechter zu gestalten.

Europa im Ganzen und Deutschland speziell waren von nun an geteilt, durch einen Eisernen Vorhang. So bezeichnet man in einem Theater den Schutzvorhang zwischen Zuschauerraum und Bühne, den man bei Feuergefahr hinunterläßt, um ein Übergreifen der Flammen zu verhindern. Aber der Begriff des Eisernen Vorhangs in Europa war nicht nur bildlich zu verstehen. Dieser Vorhang war wirklich eisern. Er bestand aus Stacheldraht, Zäunen, Wachttürmen und Todesstreifen, die jede Flucht in den Westen unmöglich machen sollten. Die Berliner Mauer, die seit 1961 gebaut wurde, verschloß das letzte Schlupfloch.

Mutige Versuche der Bevölkerung, sich gegen die Herrschenden zur Wehr zu setzen, wurden brutal unterdrückt, so 1953 in der DDR, 1956 in Ungarn, 1968 in der Tschechoslowakei und mehrfach in Polen. Daran, daß die Sowjetunion den Esten, Letten und Litauern, die vor dem zweiten Weltkrieg

noch in eigenen Staaten lebten, ihre Selbständigkeit zurückgegeben hätte, war ohnehin nicht zu denken.
Im Westen betrachtete man all dies mit Mißtrauen. Man glaubte, daß man sich vor einer weiteren Ausdehnung des Kommunismus nur schützen könnte, wenn man militärisch stark sei. Die USA, Kanada und viele westeuropäische Staaten schlossen sich 1949 zur NATO, der Nordatlantischen Verteidigungsgemeinschaft, zusammen, der 1955 auch die Bundesrepublik Deutschland beitrat. Der Osten antwortete mit der Gründung des »Warschauer Pakts«, dem neben der Sowjetunion Albanien, Bulgarien, Rumänien, Ungarn, die Tschechoslowakei und die DDR angehörten. Andere europäische Länder, so die Schweiz, Österreich, Jugoslawien, Finnland, Schweden, Irland und Spanien, schlossen sich keinem der beiden Bündnisse an.
Man rüstete auf, vor allem mit den neuen, schrecklichen Atomwaffen. Jede Seite versuchte, die andere zu übertreffen, beide hatten Angst voreinander, und das verhinderte möglicherweise einen Krieg. Das gegenseitige Mißtrauen war aber so groß, daß man von einem »Kalten Krieg« sprach. Auch wenn seit den sechziger Jahren unseres Jahrhunderts Ost und West wieder mehr miteinander sprachen, glaubte noch 1985 wohl niemand, daß der Eiserne Vorhang in Europa bald ausgedient haben würde.

Im Westen was Neues

Auf der westlichen Seite des Eisernen Vorhangs allerdings bekam Europa endlich eine Chance. Am 7. Mai 1948 trafen sich 750 Delegierte aus vielen europäischen Ländern in Den Haag zu einem Europa-Kongreß, den Winston Churchill eröffnete, der während des zweiten Weltkriegs englischer Premierminister gewesen war. Wenn Europa neben den Vereinigten Staaten von Amerika und der Sowjetunion in der Weltpolitik noch mitreden wolle, sagte er, müsse es sich zusammenschließen. Der Europa-Gedanke fand viele Anhänger; allerdings waren die einzelnen Staaten nicht bereit, Macht an ein europäisches Parlament abzutreten. Am 5. Mai 1949 unterzeichneten Belgien, Dänemark, Frankreich, Großbritannien, Irland, Italien, Luxemburg,

die Niederlande, Norwegen und Schweden in London den Vertrag, mit dem der Europarat gegründet wurde. Er besteht heute noch und hat seinen Sitz in Straßburg. In den folgenden Jahren traten ihm fast alle westeuropäischen Länder bei.
Viel Macht hat er nicht, aber immerhin treffen sich die Außenminister der zusammengeschlossenen Länder in bestimmten Abständen. Es gibt auch eine beratende Versammlung, in die die Parlamente der einzelnen Mitgliedsstaaten Vertreter entsenden. Jedes Land, das dem Europarat angehören will, muß sich verpflichten, die Menschenrechte und Grundfreiheiten zu wahren, und jeder Bürger der Mitgliedsstaaten, der sich in diesen Rechten verletzt fühlt, kann die Europäische Kommission und den Europäischen Gerichtshof für Menschenrechte anrufen.
Politisch allerdings wurden andere Zusammenschlüsse europäischer Staaten bedeutender. Im Herbst 1949 wurde in den drei Westzonen die Bundesrepublik Deutschland gegründet. Ihr erster Kanzler wurde Konrad Adenauer, ein großer Anhänger des Europa-Gedankens. Am Anfang jeder Einigung Europas mußte, davon war er überzeugt, die Aussöhnung zwischen Deutschland und Frankreich stehen, den beiden Nachbarn, die im Laufe von weniger als einem Jahrhundert drei verheerende Kriege gegeneinander geführt hatten.
Genau das war auch der Gedanke, der den französischen Außenminister Robert Schumann leitete, als er am 9. Mai 1950 einen aufsehenerregenden Vorschlag machte. Um Kriege zu führen, meinte er, braucht man Waffen aus Stahl. Um Stahl herzustellen, braucht man Eisen und Kohle. Schumann schlug vor, man sollte die Kohle- und Stahlindustrie – man spricht auch von der Montanindustrie – von Deutschland und Frankreich von einer gemeinsamen Behörde beider Länder überwachen lassen und dafür sorgen, daß deutsche Erzeugnisse ungehindert nach Frankreich und französische nach Deutschland gelangen könnten. Dann wäre keines der beiden Länder mehr in der Lage, unabhängig vom anderen eine Rüstungsindustrie aufzubauen. So müßte sich ein für alle Mal ein neuer Krieg zwischen beiden Ländern verhindern lassen.

Der Schumann-Plan stieß nicht nur in Frankreich und Deutschland auf Interesse. Schon ein Jahr später, am 18. April 1951, schlossen sich diese beiden Länder mit Italien und Belgien, den Niederlanden und Luxemburg zur sogenannten Montanunion zusammen. Diese sechs Staaten waren es auch, die am 25. März 1957 in Rom die Europäische Wirtschaftsgemeinschaft (EWG) und die Europäische Atombehörde (EURATOM) gründeten. Ihr Ziel war es, untereinander alle Zollschranken abzubauen, gemeinsam die friedliche Nutzung der Atomenergie voranzutreiben und schließlich zu einer gemeinsamen Politik in allen Bereichen zu kommen.

Anderen Ländern in Europa ging das zu weit. Sie wollten sich nicht von irgendwem in Europa in ihre Politik hineinreden lassen. Aber auch sie waren dafür, daß man Handel treiben konnte, ohne daß an jeder Grenze Zölle zu bezahlen waren. Dänemark, Großbritannien, Norwegen, Österreich, Portugal, Schweden und die Schweiz gründeten daher 1960 die Europäische Freihandelsgemeinschaft (englisch: **E**uropean **F**ree **T**rade **A**ssociation), kurz EFTA genannt.

Die drei Gemeinschaften der »Sechs«, seit 1967 zur Europäischen Gemeinschaft (EG) vereinigt, erwiesen sich als erfolgreicher. 1973 traten Dänemark, Großbritannien und Irland, 1981 Griechenland und 1986 Portugal und Spanien bei. Am 1. Januar 1993 sollen zwischen diesen zwölf Ländern alle Grenzkontrollen entfallen. Jedes Land wird selbständig bleiben, aber wichtige Entscheidungen werden schon jetzt und werden in Zukunft immer mehr von europäischen Einrichtungen getroffen. Das sind die Kommission der Gemeinschaft in Brüssel, in die alle Mitgliedsstaaten Beamte entsenden, der Rat der Europäischen Regierungschefs oder ihrer Fachminister, der sich jeweils in dem Land trifft, das für ein halbes Jahr den Vorsitz in der Gemeinschaft führt, und das Europäische Parlament, das in Straßburg tagt. Seine Mitglieder werden seit 1979 alle fünf Jahre bei Europawahlen direkt von der Bevölkerung gewählt.

Außerdem gibt es noch einen Europäischen Gerichtshof in Luxemburg, der dafür sorgt, daß das europäische Recht in der ganzen Gemeinschaft in gleicher Weise ausgelegt wird, und einen Europäischen Rechnungshof, der

darauf achten soll, daß mit dem Geld der Gemeinschaft sparsam umgegangen wird.
Viele Probleme sind noch nicht ideal gelöst in der Europäischen Gemeinschaft. So versucht man, den europäischen Bauern ein gutes Einkommen zu verschaffen, indem man ihnen Mindestpreise für bestimmte Produkte verspricht. Das führt dazu, daß diese manchmal zuviel von solchen Gütern produzieren. Was zuviel ist, muß dann von der Gemeinschaft aufgekauft werden und wird entweder vernichtet, was angesichts des Hungers in der Welt ein Skandal ist, oder eingelagert. So kommt es, daß die höchste Erhebung in Europa bisweilen der »Butterberg« ist.
Es wird sicher noch Jahre oder Jahrzehnte dauern, bis aus der Europäischen Gemeinschaft ein Vereintes Europa mit einer Regierung und einem Parlament wird, das wirklich etwas zu sagen hat, ein Europa auch, in dem man überall mit dem gleichen Geld bezahlen kann, ein Europa, dem sich auch noch weitere europäische Länder anschließen. Aber auf dem Wege dahin scheinen wir zu sein, und die zahlreichen Begegnungen zwischen Jugendlichen aus verschiedenen europäischen Ländern tragen dazu bei, daß immer mehr Menschen es nicht mehr für so wichtig halten, welche Staatsangehörigkeit sie haben, sondern sich als Europäer empfinden.

Ein buntes, vielfältiges Europa

Die Geschichte der europäischen Gemeinschaften ist wichtig, aber wir haben gesehen, daß Europa in seiner langen Geschichte nicht wegen, sondern trotz der Politik seiner Regierungen als Gedanke in den Köpfen der Menschen lebendig war. Kunst, Literatur und Musik, Entdeckungen und Erfindungen, aber auch gemeinsame Probleme wie Seuchen und Armut oder der Kampf um Mitbestimmung machten vor Ländergrenzen nicht halt. Das war auch in den fast fünfzig Jahren, die in diesem Kapitel behandelt werden, nicht anders. Nie zuvor in der Geschichte Europas hat es wohl ein halbes Jahrhundert gegeben, in dem sich das Leben so verändert hat wie in der Zeit seit dem Ende des zweiten Weltkriegs. Im Jahr 1945 besaßen nur wenige Leute einen kleinen Schwarzweißfernseher, auf dem man ein Programm empfangen konnte, heute gehört das Farbfernsehgerät, mit dem man über Kabel oder Satellit oft zwischen mehr als zwanzig Sendern europäischer Sendeanstalten wählen kann, zur Grundausstattung fast jeden Haushalts. Das gleiche gilt für das Telefon und den Kühlschrank, um nur zwei Geräte zu nennen, die zwar schon lange erfunden waren, aber erst nach 1945 eigentlich ihren Siegeszug antraten. Europa ist in diesen Jahren auch viel beweglicher geworden. Die Zahl der Autos ist so hoch wie nie, viele Leute können es sich leisten, im Urlaub in fremde Länder zu fliegen, Expreßzüge verkürzen die Fahrtzeiten zwischen den großen Städten Europas. Computer, die immer kleiner und dabei immer schneller werden und mit immer mehr Daten arbeiten können, verändern fast jeden Tag unser Leben.

Auch die Bevölkerung hat sich verändert. Zahlreiche Familien, vor allem aus Afrika und Asien, sind in europäische Länder gezogen. Sie kamen aus den früheren Kolonien dieser Länder, die mittlerweile fast alle selbständige Staaten sind. Aber auch nach Deutschland, das schon seit 1919 keine Kolonien mehr besaß, kamen viele Ausländer, zum Beispiel Türken, als hier Arbeitskräfte gebraucht wurden. In den letzten Jahren fliehen auch immer mehr Menschen in die in ihren Augen friedlichen und reichen Länder Europas, weil sie in ihrer Heimat politisch verfolgt werden, weil hier Krieg herrscht, oft vielleicht auch, weil sie in ihren eigenen Ländern keine Möglichkeit haben, sich und ihre Familien ordentlich zu ernähren. All diese Menschen bringen ihre eigenen Sitten und ihre eigene Kultur mit nach Europa, so daß hier das Leben abwechslungsreicher wird, als es je war. Ob man nun chinesisch oder indonesisch, türkisch oder ägyptisch essen will, in fast jeder europäischen Großstadt hat man reichlich Auswahl, von italienischer Pizza oder spanischer Paella ganz zu schweigen. Neue und für europäische Ohren noch ungewohnte Klänge halten in die Pop-Musik Einzug. Auf den Straßen sieht man Turbane, Kopftücher und Saris. Neben christlichen Kirchen entstehen muslimische Moscheen oder buddhistische Tempel. So bunt und vielfältig wie heute war Europa noch nie.

Das gilt auch für Musik, Kunst und Literatur, die allerdings schon so international geworden sind, daß man sie kaum noch auf den Erdteil Europa beschränken kann. Ohne genaue Kenntnis kann man oft nicht mehr entscheiden, ob etwas in New York oder Rom, in Hollywood oder London entstanden ist.

Was sind nun die großen kulturellen Leistungen der Nachkriegszeit? Das ist für jemanden wie mich schwer zu entscheiden, denn für mich, die ich kurz vor Ende des zweiten Weltkriegs geboren bin, ist das alles ja noch nicht Geschichte, die ich aus der Entfernung betrachten kann, sondern Teil meines eigenen Lebens.

Die englische Pop-Gruppe der Beatles verdient sicher einen Platz in der Ruhmeshalle europäischer Kultur. Die Eltern meiner Generation sahen das damals allerdings anders. Für sie war die Musik der Beatles Gekreische, und den Haarschnitt dieser jungen Männer empfanden sie als provozierend. Heute spielen selbst große Orchester Songs der Beatles, wie das berühmte Lied »Yesterday«, und niemand nimmt mehr Anstoß daran. Ob ein Musical wie »Cats«, das heute in Europa jeder kennt, ebenfalls einen so dauerhaften Erfolg haben wird, bleibt abzuwarten. Auch die »moderne Musik« von Komponisten wie dem Italiener Luigi Nono (geboren 1924) und dem Deutschen Karl-Heinz Stockhausen (geboren 1928) findet ihre Anhänger in Europa, ist allerdings nicht jedermanns Geschmack. Aber die moderne Technik bietet ja heute jedem an, was ihm gefällt. »CD« heißt gegenwärtig das Zauberwort, das es ermöglicht, Europas ganze musikalische Vergangenheit und Gegenwart jederzeit in einer Klangqualität hörbar zu machen, von der ein Mozart oder ein Beethoven nur geträumt hätten, und die Entwicklung geht immer noch weiter.

In der Malerei fällt einem, wenn man auf das 20. Jahrhundert angesprochen wird, wohl immer noch der Spanier Pablo Picasso ein, der am 8. April 1973, im Alter von 91 Jahren gestorben ist. Andere große Künstler, die schon vor dem Krieg berühmt waren, aber auch noch die Nachkriegszeit in Europa bestimmten, waren der Spanier Salvador Dalí (1904-1989), der Österreicher Oskar Kokoschka (1886-1980) und der Franzose George Braque (1882-1963). Sie und manche andere fehlen in keinem größeren europäischen Museum moderner Malerei. Auch sie haben geholfen, das europä-

ische Haus interessanter und farbiger zu machen. An ihre Bilder, die zunächst für viele Menschen unverständlich waren, haben wir uns gewöhnt. Neuere Kunstformen stoßen oft noch auf Ablehnung. Aber wo wäre Europa heute, wenn die Künstler immer nur das geschaffen hätten, was der Mehrzahl ihrer Zeitgenossen gefiel?
In der Literatur hat jemand, der grundsätzlich nur die Werke von Nobelpreisträgern lesen will, die Auswahl unter Schriftstellern und Dichtern aus fast jedem europäischen Land. In den Jahrzehnten nach dem Ende des Weltkriegs gibt es Preisträger aus Bulgarien, Deutschland, Frankreich, Griechenland, Großbritannien, Irland, Island, Italien, Polen, Rußland, Spanien und Schweden, und die Liste ist bestimmt nicht vollständig. Es wäre ungerecht, wenn man hier einzelne Namen hervorheben würde. Darum lasse ich es lieber ganz bleiben. Aber ich möchte wenigstens zwei Frauen erwähnen, die fast allen europäischen Kindern ein Begriff sind: die Engländerin Enid Blyton, deren spannende Bücher auch heute noch in ganz Europa verschlungen werden, und vor allem die Schwedin Astrid Lindgren, der Europa die wunderbare Figur der Pippi Langstrumpf verdankt. Auch sie haben geholfen, das bunte und vielfältige Europa zu schaffen, das keine Grenzen kennt.

Ein bedrohtes Europa

Leider kennen allerdings auch viele Probleme keine Grenzen. Als 1987 das Kernkraftwerk von Tschernobyl in der Ukraine explodierte, verbreiteten sich die gefährlichen radioaktiven Wolken über Tausende von Kilometern. Ihre Folgen werden noch jahrzehntelang spürbar sein. Abgase aus Autos, Industrieschornsteinen und Heizungsanlagen vergiften die Luft und lassen Bäume sterben, Pflanzenschutz- und Düngemittel und Abwässer aus Haushalten und Fabriken belasten Bäche, Flüsse und Seen. Das Klima der Welt droht sich durch unser Verhalten zu verändern. Wir ersticken im Müll. Eine Krankheit wie AIDS breitet sich aus, ohne daß die Ärzte bisher ein wirksames Gegenmittel hätten.
Die Schäden sind sichtbar. Mit vielen werden die Europäer für lange Zeit

oder für immer leben müssen. Aber ein Vereintes Europa bietet eine Chance, wirksamer gegen die Ursachen anzugehen und in ganz Europa die gleichen strengen Umweltvorschriften einzuführen. Es wäre schön, wenn wir auf diese Weise ein gemeinsames europäisches Haus schaffen könnten, in dem es Spaß macht zu leben und in dem auch Tiere und Pflanzen zu ihrem Recht kommen.

Manchmal machen Männer Geschichte

Als ich Anfang 1989 daranging, dieses Buch zu entwerfen, wollte ich an dieser Stelle eigentlich noch den Wunsch hinzufügen, daß auch die Trennung zwischen Ost- und Westeuropa eines Tages aufhören würde, und damit zum Ende des Buches kommen. Die Ereignisse haben mich überrollt. Als 1985 Michail Gorbatschow in der Sowjetunion die Macht übernahm, ahnte niemand dort oder im Westen, was sich in den nächsten fünf Jahren ereignen würde. Nur wenig war über ihn bekannt. Auch als er mit zwei Schlagworten, »Glasnost« und »Perestroika« an die Öffentlichkeit trat, war man skeptisch. Aber er meinte es ernst. »Glasnost« bedeutete, daß von nun an alle Mißstände im Land auch in der Presse offen diskutiert wurden, »Perestroika«, daß Wirtschaft und Gesellschaft völlig umgestaltet werden sollten.

Um dem Land die riesigen Rüstungsausgaben zu ersparen, brachte Gorbatschow die Abrüstungsverhandlungen mit den USA und der NATO voran. Er zog die sowjetischen Truppen aus Afghanistan ab, wo sie im Dezember 1979 einmarschiert waren. Er gestand den europäischen Ostblockstaaten zu, daß sie ihre Angelegenheiten selber regeln konnten. All das führte dazu, daß er der erste sowjetische Führer seit Lenin war, dem die westlichen Staaten vertrauten. Bei Besuchen in westlichen Staaten, besonders in der Bundesrepublik Deutschland, wurde er begeistert gefeiert. Er war es, der das Bild von dem europäischen Haus prägte, in dem west- und osteuropäische Staaten gemeinsam unter einem Dach leben könnten.

Dann kam das Jahr 1989. Die Sowjetunion griff nicht ein, als in Polen erstmals Parlamentswahlen stattfanden, deren Ergebnis nicht von vornherein durch die kommunistische Partei festgelegt war, als Ungarn die Grenzsperren zu Österreich abbaute, als in Berlin die Mauer geöffnet, als in Bulgarien der Chef der kommunistischen Partei, Todor Schiwkow, gestürzt, als in der Tschechoslowakei eine Regierung gebildet wurde, in der die Kommunisten in der Minderheit waren, als in Rumänien der Diktator Nicolae Ceausescu hingerichtet wurde. Sie ließ es zu, daß am 3. Oktober 1991 die Deutsche Demokratische Republik dem Grundgesetz der Bundesrepublik Deutschland beitrat und Deutschland so wiedervereinigt wurde. Das östliche Militärbündnis, der Warschauer Pakt, existiert seit dem Jahre 1991 nicht mehr; die sowjetischen Truppen werden aus den ehemaligen Ostblockstaaten abgezogen.

Auch die Sowjetunion selbst blieb nicht unverändert. Viele der in ihr zusammengeschlossenen Republiken pochten auf ihre Selbständigkeit, besonders die drei baltischen Staaten, die im zweiten Weltkrieg besetzt worden waren. Auch die größte der Republiken, Rußland, mit dem frei gewählten Präsidenten Boris Jelzin war nicht mehr bereit, Befehle von der übermächtigen Zentrale der Kommunistischen Partei der Sowjetunion entgegenzunehmen. Die Welt hielt den Atem an, als Ende August 1991 Anhänger des alten Systems versuchten, den sowjetischen Präsidenten Gorbatschow und den russischen Präsidenten Jelzin zu entmachten. Der Putsch brach zusammen, weil Jelzin energisch Widerstand leistete und Tausende von Menschen für ihn auf die Straße gingen. Damit hörte die über siebzigjährige Herrschaft der Kommunistischen Partei auf. Seitdem heißt die Stadt an der Ostsee, die Peter der Große als Hauptstadt anlegen ließ, wieder St. Petersburg und nicht mehr Leningrad; seitdem hat Europa drei neue selbständige Mitglieder: Estland, Lettland und Litauen.

Ob damit die staatliche Ordnung in Europa nun endgültig ist, weiß heute niemand zu sagen. Die Lage in Jugoslawien ist nach wie vor unklar. Auch wie sich die Nachfolgestaaten der früheren Sowjetunion, die sich heute zur Gemeinschaft Unabhängiger Staaten (GUS) zusammengeschlossen haben, entwickeln werden, ist noch nicht abzusehen. Ebenso ungewiß ist das Schicksal des ehemals deutschen Ostpreußen, das nun zwischen Polen und

Litauen liegt und von der russischen Republik aus nicht mehr auf dem Landweg zu erreichen ist. Aber auch im westlichen Teil Europas gibt es Probleme. In Irland und Schottland, im Baskenland und in Katalonien, aber auch in Südtirol sind viele mit der bestehenden staatlichen Gliederung nicht zufrieden.

Sie haben zum Teil für diese Haltung gute Gründe, aber daß für die Durchsetzung ihrer Ziele Menschen ermordet oder gar Kriege geführt werden, ist abscheulich und Europas nicht würdig. Es sollte uns alle noch mehr anspornen, ein Vereintes Europa von Rußland bis zum Atlantik, von Finnland bis nach Sizilien zu schaffen, in dem Grenzen nur noch aus der Geschichte bekannt sind. Die großen Veränderungen der Jahre 1989 bis 1991 lassen hoffen, daß sich die Vernunft in Europa doch noch durchsetzt. Dieses Buch begann, als Europa fast am Ende war. Ich wünsche mir, daß da, wo es endet, Europa am Anfang einer friedlichen Entwicklung steht.

NACHWORT

War ich froh, als ich den letzten Satz meines Manuskripts getippt hatte. Es war spät geworden, ich war todmüde und freute mich auf mein Bett und war auch tatsächlich nach wenigen Minuten eingeschlafen. Ich schlief in dem europäischen Haus, das ich beschrieben hatte, und ich fand den Bau, abgesehen von den Schreckenskammern, ganz ansehnlich.

Plötzlich wurde ich jäh aufgeschreckt, weil jemand an die Tür hämmerte. Auch waren Sprechchöre zu vernehmen, die ich nicht genau verstehen konnte. Vorsichtig öffnete ich die Tür zu einem Balkon, von dem aus ich hinaussehen konnte.

Der Platz vor dem Haus stand voll von Männern und Frauen, die teils wütend, teils traurig dreinschauten. Zwei Leute, in denen ich die frühere englische Premierministerin Margaret Thatcher und den früheren französischen Präsidenten Charles de Gaulle erkannte, schwenkten ein Spruchband mit den Worten: »Wir wollen ein anderes Europa«. Andere hielten Transparente hoch, auf denen stand: »Wir sind auch Baumeister Europas!« und »Wir verdienen ein besseres Zimmer!« oder »Europa bauen, ohne Frauen?« Ich erkannte in der Menge den großen italienischen Maler Raffael, den österreichischen Komponisten Franz Schubert, die englische Schriftstellerin Jane Austen, die schwedische Königin Christine, den italienischen Politiker

Alcide de Gasperi und viele andere bekannte Persönlichkeiten, aber ich sah auch viele mir unbekannte, einfache Leute.

Plötzlich war ich mit meinem Werk nicht mehr zufrieden, denn ich mußte zugeben, daß auch sie alle es verdient gehabt hätten, unter den Baumeistern des Hauses Europa genannt zu werden. Ich erkannte auch, daß ich dem norwegischen und dem polnischen, dem bulgarischen und dem isländischen Zimmer dieses Hauses, um nur einige zu nennen, bei weitem nicht soviel Aufmerksamkeit geschenkt hatte, wie sie es verdient hätten, und ich bekam ein sehr schlechtes Gewissen. Schon wollte ich hinuntergehen und leise die Tür aufmachen, um alle Demonstranten hineinzulassen. Aber bevor ich meine Absicht in die Tat umsetzen konnte, wachte ich auf.

So bleibt mir nichts anderes übrig, als mich bei allen zu entschuldigen, die auch noch ein Recht darauf gehabt hätten, als Baumeister Europas genannt zu werden. Die Leserinnen und Leser dieses Buches fordere ich auf, an unserem gemeinsamen europäischen Haus nach Kräften weiterzubauen, damit wir uns alle darin wohlfühlen können, zugleich aber auch, nicht zu vergessen, daß dieses nur eines von mehreren Häusern ist und daß wir auch für die anderen mitverantwortlich sind.

Register